"陕西网络社会发展与思想政治教育创新研究基地"
和"大学生人文素质教育研究中心"资助项目

2019 年度国家社会科学基金项目
"中国革命文化的美学意蕴与弘扬发展研究"（19XKS014）的研究成果

2023 年度陕西省社科著作出版资助项目
"斗争精神研究"（2023SKZZ027）的研究成果

陕西社科丛书

斗争精神的
理论阐释

THEORETICAL INTERPRETATION OF
THE SPIRIT OF STRUGGLE

鲁君 著

社会科学文献出版社
SOCIAL SCIENCES ACADEMIC PRESS (CHINA)

前　言

斗争精神与中国共产党相伴而生，内蕴在中华民族和中国人民长期以来形成的伟大奋斗精神、伟大创造精神、伟大团结精神、伟大梦想精神之中，贯穿中国共产党百年奋斗历程始终。在革命、建设、改革不同历史阶段的武装斗争、建设斗争、改革斗争中，中国共产党人以"越是艰险越向前"的精神奋勇搏击、迎难而上，在急难险重的任务中淬炼"钢筋铁骨"，在复杂严峻的环境中锻造"烈火真金"。中国共产党在斗争中求生存、谋发展、得胜利，不断发展与壮大，成就百年伟业，也必然要依靠斗争赢得未来，实现中华民族伟大复兴这个伟大梦想。充分发扬和践行斗争精神、增强斗争本领，才能筑牢党在应对各种风险和考验中的核心地位，才能凸显中国特色社会主义事业的时代生命力和巨大优越性，才能为实现第二个百年奋斗目标和建设现代化强国汇聚磅礴力量。

本书围绕中国共产党伟大斗争精神这一主题，运用文献研究法和比较研究法，收集了学界关于斗争精神的研究成果，整理了马克思主义经典作家的斗争学说、中华民族传统文化的优秀基因、党的历任主要领导人的斗争哲学，为把握斗争精神的本质意蕴提供了充实的理论指导。通过运用多学科综合研究法、"史论结合"考证法，全面梳理中国共产党斗争精神的历史演进脉络，归纳总结出永葆斗争精神的主要经验。通过借鉴政治学、社会学、历史学等多学科理论，论证发扬斗争精神与推进伟大复兴的内在逻辑关系，并提出了新时代发扬斗争精神的路径选择，为增强斗争制胜本领提供了正确的精神指引。

本书力图解答以下五个基本命题：第一，解答中国共产党的斗争精神"是什么"的问题，对斗争精神在共时态中的理论意蕴、现实价值及美学特征进行界定和阐释；第二，解答中国共产党的斗争精神"从哪里来"的问

1

题，明晰斗争精神产生的思想起源、文化渊源、直接来源和实践基础，为分析把握斗争精神的历史生成提供理论指导；第三，解答中国共产党的斗争精神"如何形成"的问题，梳理和归纳斗争精神的百年演进脉络、阶段性特征和历史经验；第四，解答"为什么要发扬中国共产党的斗争精神"的问题，从历史必然性、时代必要性和现实挑战性三个维度，深刻阐释发扬斗争精神与实现民族伟大复兴的内在逻辑关系；第五，解答中国共产党的斗争精神"如何发扬"的问题，即立足新时代的环境、任务和要求，从坚定斗争意志、把准斗争方向、讲求斗争方法、增强斗争本领四个方面拓展发扬斗争精神的新视野，讨论如何让斗争精神在传承中汇聚起更强大的精神力量。

本书的创新之处首先是尝试丰富党的斗争精神引领民族伟大复兴的政治哲学价值，积极探究斗争精神政治理论的哲学基础，在此基础上关注中国共产党斗争精神的美学意蕴和价值意义，提出了一些新见解；其次是突出内容上的全方位、立体式和多维度，力求克服片面、局部的认识，为斗争精神本质意蕴、演进历史、样态特质、经验传承的阐释，充实了一些新资料；最后是坚持从理论到实践的推理式双重逻辑思维，将斗争精神放置于挽救民族危亡、推进民族复兴、实现复兴梦想的逻辑中进行理论论证和实践检验，紧贴"复兴"主题总结历史经验，增强了理论阐释的说服力，克服了脱离使命主旨的单向度局限性，提出了一些新观点。

目　录

导　论

斗争精神贯穿中国共产党百年奋斗历史始终，在不同历史阶段体现出不同的时代内涵，凝结成一个内在统一的精神整体。随着中华民族伟大复兴进程中社会主要矛盾的变化，中国共产党带领中国人民坚持遵循符合社会历史发展规律的斗争原则，丰富和升华着党的斗争思想，不断调整提升斗争策略、改革创新斗争方法，迎来了实现中华民族从站起来、富起来到强起来伟大飞跃的光明前景。

一　选题依据与研究意义

习近平总书记指出："敢于斗争、敢于胜利，是中国共产党不可战胜的强大精神力量。"① 100多年来，中国共产党团结带领人民践行初心、担当使命，谱写了波澜壮阔的光辉篇章，开辟了伟大道路、创造了伟大事业、取得了伟大成就。今天，为统筹国内国际两个大局，办好发展和安全两件大事，化解和防范各种风险挑战，我们必须进行具有许多新的历史特点的伟大斗争，更加需要发扬党充沛顽强的斗争精神，夺取新时代的伟大胜利。

（一）选题依据

从历史的百年跨越到现实的风险考验，对中国共产党斗争精神的研究是一项重大的时代课题。对其进行深入研究，既体现了党百年奋斗的光辉历程和伟大成就，具有理论意义和学理价值，又提供了持续拼搏进取的实践指导和精神指引，具有现实启示和深远影响。唯有进行全方位的科学探索、多角度的系统研究、深层次的归纳总结，才能深入认识和深刻把握斗争精神的实质、理论精髓和时代意义。

---

① 《习近平谈治国理政》（第4卷），外文出版社，2022，第12页。

1. 建设更加强大的马克思主义执政党必须发扬伟大斗争精神

纵观历史，从中国共产党成立到推进新时代中国特色社会主义事业，我党是在发扬"越是艰险越向前"的斗争精神中发展壮大的。辩证唯物主义和历史唯物主义的科学指导思想"激活了"中国共产党人彻底革命的斗争精神，引导着党始终坚持在实践中辩证否定地批判和继承，形成了马克思主义执政党的鲜明特征。革命时期，中国共产党客观分析当时社会政治经济的发展状况和发展潜力，深刻了解人民大众的生活水平、发展机会、改变因素，形成了彻底地反对帝国主义和封建主义的斗争精神，成为党早期执政的重要精神支柱。在探索社会主义现代化的进程中，中国共产党领导人民相继完成三大改造，逐步推进改革开放，在敢闯敢拼、敢作敢为的斗争劲头和创新精神鼓舞下，确立了建设"中国式的四个现代化"的斗争目标，为新时代的伟大斗争提供了直接经验，成为巩固中国共产党执政地位的实践精神动力。进入新时代，我们党要始终成为中国特色社会主义建设的坚强领导核心，成为具有时代先锋、民族脊梁式的马克思主义执政党，必须自身始终过硬，继续推进新时代党的建设新的伟大工程离不开继承和发扬斗争精神。只有认真把握斗争精神对推进党的伟大自我革命提出的要求，清醒认识斗争精神在增强全面从严治党中反腐败斗争力度和节奏的作用，深刻理解斗争精神是加强党的政治建设自觉性和坚定性的保证，才能把党建设成永不变质、不变色、不变味的强大的马克思主义执政党。

2. 实现伟大复兴的梦想离不开伟大斗争精神的支撑

实现中华民族伟大复兴是党的历史使命，要靠一代又一代中华儿女拼搏奋斗来实现，会遇到很多不熟悉、不确定的因素，会面临很多难以预见、难以想象的风险和考验，在中国共产党领导人民进行的革命、建设和改革过程中，斗争精神以其独特的精神内涵、先进的精神品格、强劲的精神力量，在党进行宏大的战略调整和总体建设中引领伟大复兴使命的历史走向，在党为各领域精心谋划和创新发展中推进中国特色社会主义伟大事业劈波斩浪、奋勇向前，在中国共产党人审时度势、力争主动的复兴实践中激活革命创业的主动性、积极性和创造性。立足于世情、国情、党情，充分认识伟大斗争的必然性、长期性、复杂性、艰巨性，引导人民以更加积极主动的斗争精神推动民族复兴，需要从理论维度、历史维度、现实维度去研究发扬党的伟大斗争精神的路径，保证党获得源源不断的斗争力量，抢占先机、赢得主动,实现新的跨越式发展,早日完成复兴伟业。

3. 新时代增强斗争制胜本领需要斗争精神提供正确的精神指引

发扬斗争精神是中华民族积极进取思想和敢于实践品格的重要体现,是党和人民百年奋斗史凝结的宝贵经验和精神财富,更为新时代增强斗争的制胜本领提供正确的精神指引和强大的精神动力。革命时期,党的斗争精神是点燃革命火种的"催化剂",激励和鼓舞党领导的人民军队不畏艰险、攻坚克难,在夺取一个又一个胜利中积累精神的力量。进入新时代,斗争的范围更加广泛、斗争的对象更加多样、斗争的形式更加复杂,既有有形的、公开的斗争,也有无形的、隐蔽的斗争,对斗争能力的要求也越来越高。如何在开拓进取中练就钢筋铁骨、在服务国家和社会的战略中敢战能胜、在向第二个百年奋斗目标奋勇前进中逢山开路和遇水架桥,对全体党员干部增强斗争本领提出了新的要求。要深刻学习领会习近平总书记关于发扬斗争精神、增强斗争本领的一系列重大理论和实践的论述,思考如何夯实斗争的思想根基。为什么要把握斗争的正确方向,怎样才能站稳斗争的根本立场和掌握斗争的高超技艺,最终在提振斗争精神的状态中淬炼、历练、锻炼斗争的本领,不但要知道在哪里斗争,了解斗争的发展趋势、斗争的表现形式,更要知道如何才能敢于斗争,夺取新时代伟大斗争的新胜利。

(二) 研究意义

深入研究党的斗争精神,有利于全面构建中国共产党人的精神谱系、拓展发扬党的斗争精神的方法和路径,有利于推进党的建设新的伟大工程、发挥马克思主义执政党的政治优势,不断夺取伟大斗争的新胜利。

1. 系统梳理和归纳中国共产党斗争精神的历史生成、内在意蕴和精神特质,深化党的精神谱系构建

研究本选题,对于我们深入领悟斗争精神实质、科学把握斗争精神内涵、全面了解斗争精神的发展历程具有重要意义。其一,党的斗争精神具体形态有微观和宏观之分,从宏观的角度来看,党的斗争精神内蕴于伟大奋斗精神、伟大创造精神、伟大团结精神、伟大梦想精神之中,贯穿在中国共产党人精神谱系内;从微观的角度来看,党的斗争精神有其形成的理论和实践基础,表现出不同的理论意蕴、实践意蕴、时代意蕴和美学意蕴

等丰富内涵，但不管是从宏观的还是从微观的角度来看，我们党敢于斗争、勇于斗争且善于斗争的本质内核始终保持不变，历经百年，一直是激励中国人民不断前行的伟大动力。其二，斗争精神鼓舞党和人民踏过坎坷荆棘，在实现伟大复兴过程中先后经历新民主主义革命、社会主义革命和建设、改革开放和社会主义现代化建设、中国特色社会主义新时代四个历史时期，由于各个时期的环境和条件不同，党要应对的时代问题也不同，意味着我们党的斗争任务和目标也会随着时代的发展而不断调整，呈现鲜明的阶段性，但其又凝结成一个内在统一的精神整体，丰富了精神谱系。

2. 继承发扬中国共产党斗争精神中有特性、有根基、可传承的内容，推进党的建设新的伟大工程

研究本选题，有助于唤醒党员干部的斗争意志，赓续传承斗争精神，对推进党的建设新的伟大工程具有重要意义。其一，中国共产党带领人民书写史诗般的历史成就的原因有很多，始终发扬好和传承好党的斗争精神是重要原因之一。党的十八大以来，党中央站在历史的高度强调了进行伟大斗争、推进伟大事业、实现伟大梦想，必须建立一个坚强有力的政党。关于建立一个什么样的党、怎样建立党的历史性问题，中国共产党人进行了不懈斗争和艰辛探索。习近平总书记指出："实现伟大梦想，必须建设伟大工程。这个伟大工程就是我们党正在深入推进的党的建设新的伟大工程。"① 100 多年来，伟大斗争精神为党的建设伟大工程的推进注入了澎湃的动力、凝聚了强大的合力。在新的征程上，斗争精神要转化为我们党无往不胜的战斗力，保持"愈大愈惧，愈强愈恐"的斗争态度，有效地应对"四种考验"、克服"四种危险"，是新时代引领和支撑党的建设伟大工程高质量推进的政治保证。其二，发扬斗争精神对提高党的领导水平和执政能力的作用举足轻重，斗争本领是党的执政能力的具体体现，并寓于党的执政能力之中，"凝心聚魂"地继承和发扬党的斗争精神中有特性、有根基、可传承的内容，是培养忠诚干净、政治过硬的高素质干部队伍的关键，是确保党始终保持先进性和纯洁性的法宝，是加强党的执政能力建设的重要举措。

---

① 《习近平谈治国理政》（第 3 卷），外文出版社，2020，第 13 页。

3. 推动马克思主义中国化研究进程，发挥马克思主义执政党的政治优势

研究本选题，有助于深刻把握斗争精神在马克思主义中国化研究进程中的推动力量，更好地发挥马克思主义执政党的政治优势，把中国特色社会主义伟大事业推向前进。马克思主义深刻地改变了中国面貌，中国的发展也极大地丰富了马克思主义。中国共产党的百年发展历史，是一部将马克思主义中国化不断向前推进的历史，也是一部不断进行理论创新的历史。其一，党的斗争精神贯穿于马克思主义中国化发展的全过程，同时也成为推进中国化马克思主义理论发展的精神力量。我们要坚持以马克思主义斗争学说为指引，"用马克思主义观察时代、把握时代、引领时代，继续发展当代中国马克思主义、21世纪马克思主义！"① 其二，党的斗争精神在把握马克思主义中国化的基本要求上不断继承和发展。党的斗争精神回应时代发展需要，有效解决时代课题，成为马克思主义中国化发展的内在动力；立足于实践的斗争精神，孕育于实践之中，又要运用到实践中去，成为推进马克思主义中国化的支撑力量；植根于人民的斗争精神，从群众中汲取智慧和力量，发挥马克思主义执政党的政治优势，凝聚起了推进马克思主义中国化的创造力。其三，马克思主义中国化的理论成果是中国共产党人敢于斗争的实践的产物，"斗争"是思想洗礼和成长的条件，习近平新时代中国特色社会主义思想就是在伟大斗争中对马克思主义的坚持和发展，成为我们党一往无前地推进中华民族伟大复兴的行动先导。

4. 深化和拓展发扬党的斗争精神的方法和路径，不断夺取伟大斗争新胜利

研究本选题，有利于从多个角度不断深化和拓展发扬党的斗争精神的方法和路径，最终为夺取伟大斗争新胜利提供科学指导。习近平总书记已经向新时代的年轻干部提出了当前发扬斗争精神、增强斗争本领的要求。我们要依靠斗争精神，为实现中华民族伟大复兴凝聚更为主动的精神力量。首先，彻底夯实敢于斗争的思想根基，为新时代斗争实践的开展提供思想理论武器。其次，提高政治意识，保持政治定力，强烈的政治意识是我们党团结统一的政治保证。最后，斗争本领的提高是斗争精神发扬的底气所

---

① 《习近平谈治国理政》（第4卷），外文出版社，2022，第10页。

在，发扬斗争精神最终要落实到行动中去，要在纷繁复杂的斗争实践中强化责任担当、历练斗争本领，只有这样，我们才能在变幻莫测的斗争形势中把握正确的斗争方向，才能对艰巨复杂的斗争环境进行科学预判，才能在繁重的斗争任务中攻坚克难。

二　国内外研究现状

近年来随着习近平总书记相关系列讲话的发布，尤其是党的十九大召开之后，中国共产党的斗争精神逐渐成为学术界研究的焦点和热点问题。学者们从不同的视角、不同的研究领域出发形成的研究成果，为本命题的研究提供了重要理论参考和借鉴。分析和掌握所研究命题的中外研究现状和达到的程度，并对已有的研究成果进行综合述评，较好地拓展了全书的研究视野，对进一步推动研究走向深入、增加厚度、延伸广度大有裨益。

（一）国内研究现状

在梳理国内学术界的研究成果后，发现学者们多从内涵、生成逻辑、演进历程、时代特征、伟大意义、发扬路径六个方面对中国共产党斗争精神进行了多角度的探讨和解析。

1. 对于中国共产党斗争精神内涵的研究

在关于斗争精神内涵的界定中，学者们主要是从内在意蕴、构成角度进行阐释，普遍认为斗争精神有着丰富的内涵，也有少数学者开辟了在哲学层面诠释的新视野。

从内在意蕴角度来看，学者们认为中国共产党斗争精神在革命、建设、改革开放时期虽然有不同的体现，却有着共同的意蕴内涵，主要表现在理想、信念、意志、能力等方面。胡洪彬从五个方面提出了新时代斗争精神内蕴着的创新内涵，即信念坚定、政治忠诚是根本灵魂，奋发图强、勇往直前是内在精髓，坚守初心、勇担使命是本质核心，临危不惧、敢于碰硬是集中体现，人民立场、团结合作是重要特征，这些既是集体意识，又是时代精神的重要组成部分。[①] 郭国祥、郑放主张从"四史"学习教育中汲取斗争精神共有的红色基因和共有的价值意蕴，其具有勇于抗争、甘于奉献、

---

① 胡洪彬：《论新时代斗争精神的内蕴与践行路径》，《思想理论教育》2020 年第 2 期。

勤于奋斗、乐于开拓四个方面的共同内涵，发扬新时代的斗争精神就是发扬"三牛精神"。① 程又中、赵长峰认为，斗争精神具有据理力争、坚定不移的品格和公正无私、英勇无畏的气魄。②

从要素构成角度来看，李照雨提出，斗争精神"不是孤立和抽象的哲学概念或宣传口号，它是基于不同环境和条件下的斗争意识、斗争意志、斗争艺术的有机统一体"③，这三者分别是斗争精神的前提基础、主体构成和实践路径。吴超晟从理想信念、政治品格、战略思维、专业能力等各方面素养出发，提出党员领导干部在斗争中应具备敢于担当、敢于负责、敢于拼搏的斗争精神。④ 陈春莲遵循整体视域下认识斗争精神的多维内涵和生成逻辑，认为斗争精神的基本内涵是直面劲敌的亮剑精神，在当前国际斗争日趋激烈的背景下，为维护国家利益要敢于亮剑；斗争精神的普遍内涵是坚持不懈的奋斗精神，不断解决新时代已经变化的主要矛盾的需要，为实现美好生活而奋斗；斗争精神的具体内涵是迎难而上的英雄精神，敢于同各种突发事件和危险抗争的精神；斗争精神的深层内涵是自我革命的改革精神，解决党内存在的问题，需要刀刃向内自我革命。⑤ 曹开华认为斗争精神形成于伟大斗争实践中，是共产党人所具有的"精神状态、工作作风、意志品质的总和"⑥。

从哲学角度来看，唐爱军认为斗争精神"是体现事物矛盾运动的规律、既唯物辩证又坚毅能动的意志思维"⑦，并从哲学的知、情、意三个维度把握斗争精神的内涵，即形成斗争认知、发扬斗争豪情、坚定斗争意志。徐茂华和代渝渝从马克思主义哲学的精髓出发，发现斗争精神蕴含着丰富的共产党人的斗争哲学，即坚持实事求是，一心一意谋发展；坚持对立统一，增强斗争本领；坚持以人民为中心，人民利益至上；坚持马克思主义认识

① 郭国祥、郑放：《从"四史"学习教育中汲取斗争智慧》，《理论月刊》2021 年第 5 期。
② 程又中、赵长峰：《习近平的"伟大斗争"论断与中国外交》，《华中师范大学学报》（人文社会科学版）2021 年第 5 期。
③ 李照雨：《在新时代继续发扬斗争精神》，《学习时报》2018 年 1 月 10 日，第 A2 版。
④ 吴超晟：《新时代斗争精神的内涵实质与实践路径》，《领导科学》2019 年第 7 期。
⑤ 陈春莲：《整体视域下的斗争精神：多维内涵·生成逻辑·培育进路》，《中学政治教学参考》2020 年第 30 期。
⑥ 曹开华：《斗争精神：中国共产党百年奋斗的精神密钥》，《广西社会科学》2021 年第 7 期。
⑦ 唐爱军：《斗争精神的哲学阐释》，《学习时报》2019 年 9 月 16 日，第 A2 版。

论，净化思想空间。①

2. 对于中国共产党斗争精神生成逻辑的研究

斗争精神的生成发展历经百年，大部分学者主要从理论逻辑、历史逻辑、现实逻辑方面展开了较为深入的研究，部分学者以不同的视角展开研究，如陈春莲主要从主导、主体和动力等三方面因素分析了斗争精神生成的逻辑。②

关于理论逻辑的研究。国内学者一致认为中国共产党斗争精神源于对马克思主义理论的科学继承。王绍霞指出，中国共产党斗争精神植根于党领导人民长期的实践进程中，因而形成了积极向上的精神状态，同时斗争精神也具有具体、深邃、科学的内涵，它来源于对理论的探索，尤其体现在中国共产党的历届领导人的报告、讲话、著作、文章中。③ 胡洪彬认为，新时代斗争精神的出场逻辑是源于对马克思主义斗争理论科学继承的理论逻辑、对近代以来中华民族及中国共产党斗争经验科学传承的历史逻辑，以及对新时代党和国家内外环境科学研判的实践逻辑。④

关于历史逻辑的研究。学者们认为中国共产党的斗争精神是党在艰辛的伟大斗争实践中生成的。刘舒皓、靳玉军认为，中国共产党斗争精神是在革命、建设、改革的伟大斗争实践中生成的，有其自身历史逻辑的连续性和统一性。⑤ 穆佳滢认为，我们党百年的历史就是一部攻坚克难的斗争史，斗争精神在革命战争年代发扬、在和平建设年代淬炼、在改革开放年代传承。⑥

关于现实逻辑的研究。赵丽媛、翟继军指出，原则性问题是中国共产党人在任何历史时期都要面对的重要问题，需要共产党人始终坚定立场、

---

① 徐茂华、代渝渝：《从毛泽东到习近平：共产党人的斗争精神及斗争哲学》，《毛泽东邓小平理论研究》2020 年第 3 期。

② 陈春莲：《整体视域下的斗争精神：多维内涵·生成逻辑·培育进路》，《中学政治教学参考》2020 年第 30 期。

③ 王绍霞：《习近平对毛泽东斗争精神的继承与发展》，《思想理论教育导刊》2020 年第 2 期。

④ 胡洪彬：《论新时代斗争精神的内蕴与践行路径》，《思想理论教育》2020 年第 2 期。

⑤ 刘舒皓、靳玉军：《新时代斗争精神的生成逻辑、科学内涵与实践路径》，《理论导刊》2020 年第 2 期。

⑥ 穆佳滢：《新时代中国共产党斗争精神：生成维度·理论特性·践行路径》，《中学政治教学参考》2021 年第 19 期。

勇于斗争，保持党的先进性和战斗力，促进党的发展。① 饶武元、刘建光分析我国面临的危机与困难，指出新形势下发扬马克思主义斗争精神、维护人民利益、确保党执政安全，必须进行伟大斗争。②

3. 对于中国共产党斗争精神历史演进和表现的研究

关于斗争精神历史演进的研究。国内部分学者对此看法不尽相同，但大多数学者都认为中国共产党斗争精神经历了四个阶段，即新民主主义革命时期（1921~1949 年）、社会主义革命和建设时期（1949~1978 年）、改革开放和社会主义现代化建设时期（1978~2012 年）、中国特色社会主义新时代（2012 年至今）。有学者对中国共产党斗争精神的演进历程进行了研究，并提出类似的观点。③

关于斗争精神表现的研究。王艳景、闫仕杰深入分析了陕西红色文化斗争精神在军事斗争精神、经济斗争精神、文化斗争精神等三个方面的主要表现。④ 曹洪滔、王惠萍分析了新时代斗争精神的主要表现，认为在实现民族复兴和满足人民对美好生活的向往的过程中，斗争精神表现为敢于涉险滩、敢于啃硬骨头的攻坚克难的精神状态。⑤

4. 对于中国共产党斗争精神时代特征的研究

在不同时期、不同时代背景和条件下形成的中国共产党斗争精神有其独特的特征，但都集中体现了党的性质和宗旨，是党长期坚韧不拔、艰苦奋斗的精神写照，这说明中国共产党斗争精神有着共同的优秀特质。因此，学者们普遍认为党的斗争精神具有人民性、革命性、实践性、方法性、时代性等特征。田菲菲和张建军认为，新时代党的斗争精神具有勇于刀刃向

① 赵丽媛、翟继军：《中国共产党斗争精神的生成逻辑、核心要义与战略意蕴》，《学术交流》2021 年第 6 期。
② 饶武元、刘建光：《新时代伟大斗争的生成逻辑与实践路径》，《求实》2020 年第 3 期。
③ 赵亚楠、安俭：《中国共产党百年斗争精神的历史诠释与现实建构》，《理论视野》2021 年第 4 期；何玲玲：《中国共产党斗争精神的百年演进及其主要经验研究》，《西南大学学报》（社会科学版）2021 年第 1 期；徐俊：《中国共产党斗争精神的百年演进及其规律昭示》，《理论探索》2021 年第 4 期；张纯、袁琳：《斗争精神是中国共产党百年奋斗的精神武器》，《齐齐哈尔大学学报》（哲学社会科学版）2021 年第 5 期；鲍瑞阳：《中国共产党人斗争精神的百年演变与经验启示》，《理论建设》2021 年第 3 期。
④ 王艳景、闫仕杰：《陕西红色文化斗争精神：科学内涵·主要表现·当代启示》，《中学政治教学参考》2021 年第 27 期。
⑤ 曹洪滔、王惠萍：《论习近平关于斗争精神重要论述的内在逻辑》，《思想教育研究》2020 年第 10 期。

内进行自我革命、不忘初心密切联系群众和呈现构建人类命运共同体的斗争建构性的时代特征。① 徐茂华、代渝渝通过重温毛泽东、邓小平、江泽民、胡锦涛、习近平关于斗争的重要论述，在总结中把握斗争精神的规律，发现其具有目的性、策略性、群众性、持久性的特征。②

5. 对于中国共产党斗争精神意义的研究

国内学者对新时代发扬斗争精神的意义研究多从必要性和重要性两个角度来进行。学者们一致认为新时代发扬斗争精神对防范各种风险挑战、加强党的建设、推动中国特色社会主义事业发展、实现民族复兴具有十分重要的意义。

从必要性角度来看。邱海平认为，发扬斗争精神是实现党的奋斗目标的客观需要，是新形势下有效应对各种风险挑战的重大举措，是新时期改革攻坚克难的内在需要，是新时代推进全面从严治党的强大思想武器。③ 廖小琴、王美霞清晰回答了永葆党的斗争精神的内在逻辑，认为永葆斗争精神是历史和时代的选择、是坚持党和国家理论的必然要求、是抓住伟大历史机遇和应对重大风险挑战的现实需求。④ 赵亚楠、安俭在回答"百年大党强调斗争精神的动力体系是什么？"问题时，强调发扬斗争精神是马克思主义政党历史使命的内在规定，是应对社会主要矛盾转化的现实要求，是直面百年未有之大变局的历史需要，更是防范化解风险的关键之举。⑤ 侯长林从研究《共产党宣言》对高等教育高质量发展的启示出发，认为要推进高等教育高质量发展，发扬斗争精神、培育具有斗争精神的人是十分必要的。⑥

从重要性角度来看。有学者认为发扬斗争精神具有重大而深远的意义，从斗争精神本身而言，它是中华民族优秀的精神基因和精神财富；从中国

① 田菲菲、张建军：《新时代中国共产党斗争精神的意蕴及当代价值》，《中共南昌市委党校学报》2020年第5期。
② 徐茂华、代渝渝：《从毛泽东到习近平：共产党人的斗争精神及斗争哲学》，《毛泽东邓小平理论研究》2020年第3期。
③ 邱海平：《准确理解新时期斗争精神的实质》，《前线》2019年第11期。
④ 廖小琴、王美霞：《永葆共产党人斗争精神的内在逻辑》，《理论导刊》2020年第4期。
⑤ 赵亚楠、安俭：《中国共产党百年斗争精神的历史诠释与现实建构》，《理论视野》2021年第4期。
⑥ 侯长林：《〈共产党宣言〉对高等教育高质量发展的启示》，《中国高等教育》2021年第17期。

共产党的斗争精神而言，它是中国共产党人鲜明的政治品格，是中国共产党革命实践的精神动力、革命品格的鲜明表现、革命精神的时代旋律，也是防范化解重大风险的精神旗帜和指引新的伟大斗争的思想武器，是百年共产党的强党规律之一。①

6. 对于中国共产党斗争精神发扬路径的研究

纵观国内学术界的研究成果，对于中国共产党斗争精神发扬路径的研究比较丰富，学者们主要从目标、立场、意志、方法、实践等方面探讨新时代斗争精神的发扬路径。

从斗争目标来看，学者们认为发扬斗争精神要明确斗争目标，把好斗争方向。赵卯生在阐述新时代怎样进行伟大斗争时分析了"斗"与"争"的矛盾运动关系，强调中国共产党认为方向决定前途，新时代进行伟大斗争要清晰斗争方向、明确斗争对象，为实现"两个一百年"的奋斗目标而顽强斗争、奋勇向前。② 赵静从价值论、本体论、方法论的哲学维度分析在意识形态领域发扬斗争精神、增强斗争本领首先要明确斗争对象，然后找准斗争方向、明确斗争任务、掌握斗争规律进行斗争。③

从斗争立场来看，学者们认为发扬斗争精神要站稳人民立场，维护人民利益。田菲菲、张建军强调新时代发扬斗争精神必须坚守人民立场，全心全意为人民服务、始终把人民当作最强大的后盾是拥有最广泛、最深厚的群众基础的秘诀。④ 赵金平总结了中国共产党百年的斗争经验，认为人民是党夺取政权和执掌政权的最大底气，要更加自觉地坚持人民斗争立场与党对斗争领导的统一，为正确领导新时代伟大斗争提供坚强政治保障。⑤ 王寿林认为中国革命以弱胜强的奥秘就在于依靠人民的智慧和力量，进行伟

① 聂启元：《新时代斗争精神的内涵、意义及遵循》，《理论导刊》2019 年第 12 期；颜玫琳：《以斗争精神锤炼革命底色》，《红旗文稿》2019 年第 22 期；朱永刚：《新时代中国共产党防范化解重大风险研究》，《学术探索》2021 年第 1 期；刘须宽：《百年来中国共产党纪律建设的经验、规律与启示》，《马克思主义研究》2021 年第 11 期。

② 赵卯生：《新时代怎样进行伟大斗争》，《人民论坛》2020 年第 22 期。

③ 赵静：《意识形态领域发扬斗争精神、增强斗争本领的三维视野》，《学习论坛》2021 年第 3 期。

④ 田菲菲、张建军：《新时代中国共产党斗争精神的意蕴及当代价值》，《中共南昌市委党校学报》2020 年第 5 期。

⑤ 赵金平：《中国共产党百年斗争经验：回望与启示》，《思想政治教育研究》2021 年第 3 期。

大斗争、应对重大挑战、抵御重大风险必须坚持人民主体地位。① 李翔、赵宛颖认为"'人民至上'是判断斗争对象和运用策略的根本价值取向和最终话语归宿"②。

从斗争意志来看，学者们认为发扬斗争精神要坚定斗争意志，保持坚强毅力，新时代要保持斗争精神必须强化斗争意识和勇气，保持共产党人敢于斗争的风骨、气节、操守、胆魄。徐俊、曹桂芝创造性地提出了以"五个敢不敢"为重要标准衡量党员干部有无斗争精神，就是要在面对大是大非、矛盾、危机、失误、歪风邪气时敢于亮剑、敢于迎难而上、敢于挺身而出、敢于承担责任、敢于坚决斗争。③ 饶武元、刘建光认为"信仰、信念、信心，任何时候都至关重要"④，新时代进行伟大斗争，要抱定远大理想和崇高追求，坚持革命理想高于天，坚持用科学理论武装头脑。田芸认为"发扬斗争精神是一项长期的任务"，党员干部必须要有敢于斗争的勇气，坚定理想信念。⑤

从斗争方法来看，学者们认为发扬斗争精神要把握斗争方法，提升斗争本领。王希鹏在斗争方法上突出制度化和针对性，从反贪视角提出要落实主体责任、构建权力监督格局、健全执纪执法工作机制等制度化方法。⑥ 陈锡喜认为不仅要运用矛盾分析法来把握斗争的方向，还要运用唯物辩证法来把握斗争的政策和策略，坚持问题导向和价值取向、战略勇气和战术智慧、战略部署的全面性和突破性、战略规划中创新思维和底线思维的辩证统一。⑦

从斗争实践来看，学者们一致认为，实践是练就过硬本领的必经之路。

---

① 王寿林：《新时代进行伟大斗争需要把握的若干问题》，《学习论坛》2021年第6期。
② 李翔、赵宛颖：《中国共产党斗争话语的百年演进、建构逻辑与价值意蕴》，《重庆社会科学》2021年第8期。
③ 徐俊、曹桂芝：《以"五个敢不敢"涵养党员干部的斗争精神》，《湖湘论坛》2021年第3期。
④ 饶武元、刘建光：《新时代伟大斗争的生成逻辑与实践路径》，《求实》2020年第3期。
⑤ 田芸：《新时代增强党员干部理想信念的途径探析——评〈新时代党员干部如何发扬斗争精神〉》，《领导科学》2021年第5期。
⑥ 王希鹏：《新时代深入推进反腐败斗争的路径思考》，《中国特色社会主义研究》2018年第6期。
⑦ 陈锡喜：《论新时代进行伟大斗争的内涵、外延和战略思维》，《毛泽东邓小平理论研究》2021年第9期。

中核集团李清堂结合核工业作为国家的高科技产业现状，强调走好新的赶考之路要在斗争中练就斗争的真本领、真功夫，牢牢掌握斗争主动权，既要在开拓进取中练就钢筋铁骨，更要在服务国家战略中敢战能胜。① 秦书生、朱双鹏指出进行伟大斗争不能空谈理论，只有在实践中多磨炼、多历练才能长本领。② 钟瑞添、陈宏达认为斗争本领不是与生俱来的，需在应对风险挑战中、在解决实际问题中磨砺斗争精神、提高斗争本领。③

（二）国外研究现状

国外几乎没有针对"中国共产党斗争精神"进行的专门研究，所以国外关于此类研究的文献尚未见到。对"斗争精神"的研究，国外学者主要探讨斗志对疾病患者、对运动员的重要性，以及身份构建中的战争因素。在《斗争的动力》一书中，作者提到了"斗争政治"，主要是指集体性的政治斗争，也就是具有公众性的，政府参与其中的斗争行动，它既可以分为有节制的斗争和逾越界限的斗争两个较大的范畴，又可以分为"制度性的"和"非传统的"政治斗争④，这对我们找准现阶段的主要斗争对象具有启发意义。

但国外有学者对"中国共产党革命精神"进行关注，其成果和观点对本书的研究还是很有借鉴意义的。国外学者对中国共产党革命精神的关注多散见在国外记者或友人的各类报道、回忆录和著作之中。1911 年俄国机关报《涅瓦明星报》开辟了"中国革命"专栏，随后刊登了孙中山的《中国革命的社会意义》和列宁的《中国的民主主义和民粹主义》两篇关于中国革命的文章，列宁对孙中山及其资产阶级的民主革命纲领给予极高评价，具有非同寻常的"世界意义"。美国著名记者洛易斯·惠勒·斯诺亲身经历了中国华北地域的抗日战争，他认为抗战中的敌后游击队发动规模不等的抗日斗争，将日军牢牢钳制在交通线和城镇据点上，反映出敌后抗日游击

---

① 李清堂：《发扬斗争精神 走好新的赶考之路》，《红旗文稿》2021 年第 17 期。
② 秦书生、朱双鹏：《新时代开展伟大斗争的方向立场、原则要求与策略方法》，《当代世界与社会主义》2021 年第 2 期。
③ 钟瑞添、陈宏达：《论新时代共产党人的斗争精神》，《当代世界与社会主义》2021 年第 1 期。
④〔美〕道格·麦克亚当、西德尼·塔罗、查尔斯·蒂利：《斗争的动力》，李义中、屈平译，译林出版社，2006。

斗争淬炼着中华民族不屈的灵魂和伟大的精神。[①] 美国著名作家和记者哈里森·索尔兹伯里，他所写的中国红军长征题材的书中生动地反映了红军在长征路上不畏艰险、勇往直前的革命英雄主义精神，再现了红军战士参加长征时的意志、勇气、智慧和胆量。[②] 塞缪尔·P. 亨廷顿认为，一场革命会导致政治制度、价值追求、政府政策、社会结构和政治领导阶层彻底地、剧烈地转变。转变越彻底，革命也就越彻底。[③] 埃德加·斯诺在其著作《红星照耀中国》中，讲述毛泽东谈到的苏维埃是革命战士赤手空拳从失败的斗争中反复斗争出来的，他赞扬红军始终如一的革命热情，认为红军的革命热情像是一团烈火，说到共产党人"他们都是些正直、无私的人……共产党人则随时准备为他们的理想而献身，他们把这一理想看得比个人的生命还重要"[④]。同时还介绍了 1936 年西北革命根据地在政治、经济、生活等方面的真实情况，准确反映了中国共产党与红军不畏艰苦、勇于斗争的革命历史，盛赞了中国革命和长征精神。斯诺认为，中国的红军具有不怕吃苦、任劳任怨、坚韧不拔的斗争精神，中国革命是无法被打败的。[⑤] 费正清在《伟大的中国革命（1800—1985）》中详细、生动地描述了在 1800 年到 1985 年间中国社会的风云变幻与社会变迁，其中对中国阶级斗争实质的介绍，廓清了一些世人对中国阶级斗争的错误认知，并认为在革命斗争中产生的斗争精神体现了乐观、积极、不怕牺牲的英雄主义精神。[⑥]

学者周杰荣、毕克伟围绕中国共产党执政初期的历史，从理论与实践层面进行了探讨与阐释。他们关注的领域主要有：中国共产党是如何迅速实现从革命党到执政党的转变的，中国共产党是怎样进一步巩固政权的，中国共产党的政治制度是如何逐步构建并形成体系的，以及中国共产党是怎样发动群众并开展群众运动的，等等。其中也内蕴着党从革命斗争向建

① 〔美〕洛易斯·惠勒·斯诺编《斯诺眼中的中国》，王恩光等译，中国学术出版社，1982。
② 〔美〕哈里森·索尔兹伯里：《长征——前所未闻的故事》，过家鼎、程镇球、张援远译，解放军出版社，2005。
③ 〔美〕塞缪尔·P. 亨廷顿：《变化社会中的政治秩序》，王冠华等译，上海人民出版社，2008。
④ 〔美〕埃德加·斯诺：《斯诺文集》（第 1 卷），新华出版社，1984，第 213 页。
⑤ 〔美〕埃德加·斯诺：《红星照耀中国》，董乐山译，作家出版社，2011。
⑥ 〔美〕费正清：《伟大的中国革命（1800—1985）》，刘尊棋译，世界知识出版社，2000。

设斗争过渡过程中，不断突破和探索的斗争精神。① 施拉姆认为，以毛泽东思想为代表的中国共产党革命精神对形成中国式道路具有重大影响。② 美国耶鲁大学教授莫里斯·迈斯纳进一步指出，毛泽东的革命精神对中国向现代工业快速迈进产生了正面的积极影响。牛津大学的拉纳·米特教授指出，中国人民在抗战中展现的团结一致、坚忍顽强、百折不挠、不怕牺牲、誓死不降的精神，给予同样遭受帝国主义侵略的其他国家和人民以极大鼓舞和支持。③

（三）研究述评

综上所述，国内外学者从不同的视角对中国共产党斗争精神进行了研究，其研究的内容和方法值得我们学习和借鉴。

1. 国内研究方面

对于中国共产党斗争精神的相关研究不断增多，尤其是对党的斗争精神的内涵、生成逻辑、演进历程、伟大意义、发扬路径等的研究，为本命题研究提供了重要的理论支撑、有益借鉴和方法论指导。从 2019 年开始，这方面研究成果如同雨后春笋般涌现出来。著作方面，主要有董振华主编的《斗争》，杨瑞勇主编的《发扬斗争精神　增强斗争本领》，刘佳著的《中国共产党"伟大斗争"研究》，郝永平、黄相怀编著的《伟大斗争与新时代共产党人的使命担当》，阮青、马彦涛著的《增强斗争本领》，任仲文编的《新时代党员干部如何发扬斗争精神》，肖光文著的《使命担当：为实现中华民族伟大复兴而进行的伟大斗争》等，这些著作不仅为研究发扬中国共产党斗争精神提供了丰富材料，还为本研究提供了重要的理论借鉴。论文方面，在中国知网上以关键词"斗争精神"检索近 5 年的文献，截止时间为 2021 年 11 月 8 日，共筛选出 465 篇论文，具体情况如下。

（1）从论文的资源类型分布来看，国内学者对中国共产党斗争精神的

---

① 周杰荣、毕克伟编《胜利的困境：中华人民共和国的最初岁月》，姚昱等译，香港中文大学出版社，2011。
② 〔美〕斯图尔特·R. 施拉姆：《毛泽东的思想》，田松年、杨德等译，中国人民大学出版社，2005。
③ 《拉纳·米特：回顾历史，中国共产党为何能产生广泛的世界影响力？》，"中国报道"百家号，2021 年 6 月 23 日，https://baijiahao.baidu.com/s? id = 1703286818268226439&wfr = spider&for = pc。

研究，无论是博硕士学位论文、报纸类论文，还是期刊类论文数量都呈逐年上升趋势（见图0-1），这说明斗争精神已经得到了诸多学者的关注，成为研究的热点。

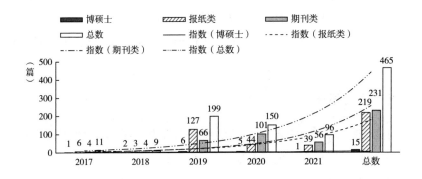

图0-1　2017～2021年"斗争精神"研究论文统计

资料来源：笔者根据知网检索结果绘制。

（2）从论文学科的分布来看，政治学科研究数量最多，共298篇，占比达70.62%，其次是马克思主义理论学科，共54篇，占比12.8%，其余则散见于军事、教育、文学等诸多学科，具体分布情况如图0-2所示。由此可知，对"中国共产党斗争精神"的研究已经涉及多个学科，成为当今学术界研究的热点；对该问题的研究主要集中在政治和马克思主义理论学科，因此，本研究是符合学科发展要求的。

（3）从论文的关键词来看，"斗争精神""新时代""中国共产党""斗争本领"等词位居前四，如图0-3所示。这说明国内大多数学者关注的焦点是"新时代中国共产党斗争精神"，且侧重于发扬斗争精神的策略的研究，特别是"斗争本领"的研究。同时，这也反映出学者对中国共产党斗争精神的研究缺乏系统性和全面性。

（4）从论文来源类别的发表年度趋势来看，在231篇期刊论文中，有核心期刊论文41篇，中国社会科学引文索引（来源期刊）论文40篇。据图0-4数据，相关论文发表的数量也是在逐年增加，不仅数量在增加，研究的质量也在不断提升。

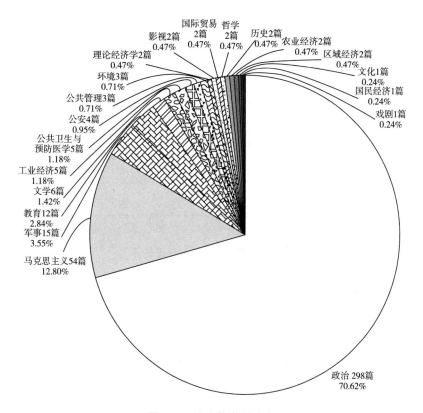

图 0-2　论文的学科分布

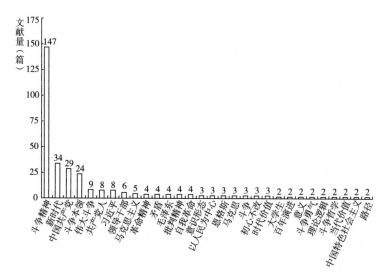

图 0-3　论文的关键词

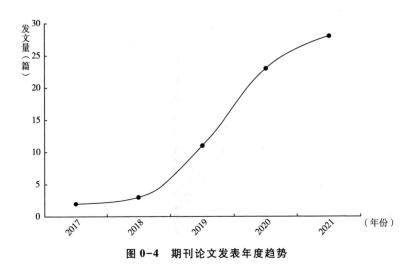

图 0-4　期刊论文发表年度趋势

2. 国外研究方面

在中国知网上以"the Spirit of Struggle"（斗争精神）为关键词检索近5年的相关文献，截至2021年11月8日只有5篇外文文献，分别是2017年1篇、2019年1篇、2020年3篇，如图0-5所示。说明，国外的相关研究甚少。

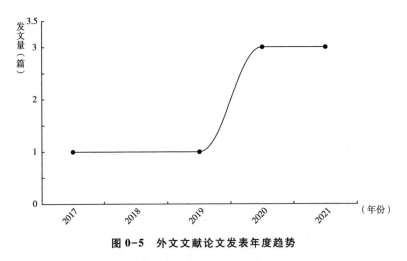

图 0-5　外文文献论文发表年度趋势

综上所述，斗争精神研究是目前学术界探讨较热的课题，但目前国外学者的研究明显缺乏针对性、系统性和深入性，而国内学者的研究也处于初步上升阶段，研究的视角和内容有待拓展和丰富。一是从学术层面去专门系统地研究"中国共产党斗争精神"的学术文献还很少，大多数研究仅涉及中国共产党斗争精神中碎片化的内容，研究尚不够全面和系统，即使有较为全面的论著，也未能紧跟"进入新发展阶段"的时代主题，如此，不便于广大读者全面理解和把握党的斗争精神，更不利于促进党的斗争精神的弘扬和发展。二是从学科层面去研究斗争精神的文献局限于政治和马克思主义理论学科，未发现从美学角度研究的文献，对中国共产党斗争精神的理论来源和历史来源的探究还有待深入，当前学术界对党的斗争精神的历史来源，即中华优秀传统文化基因的研究甚少且尚未深入。三是民族复兴和中国共产党斗争精神的内在逻辑有待进一步分析解读，大多数学者的研究只是简单阐述了发扬斗争精神对实现民族复兴的现实意义。四是对新时代发扬斗争精神的必要性的研究亟待深化，学者们多是从宏观的角度出发进行分析，缺乏微观细致的探讨。因此，以上也是本研究的重点内容和主要目的。

三　研究的主要方法与基本思路

斗争精神贯穿中国共产党百年奋斗史，是集历史性、系统性、综合性于一体而形成的精神基因和优秀品格，既要在宏观的视野下深刻把握，又要在严密的思路指引下运用科学的研究方法进行仔细探讨，才能"研有所获、究有所得"。

（一）研究的主要方法

1. 文献研究法

全书系统收集并借鉴两个方面的文献，一方面是关于斗争精神理论学说、中华民族斗争精神资源的研究文献；另一方面是关于中国共产党斗争精神史和中国共产党政党建设的研究文献。通过前期的详尽收集和整理，对马克思主义斗争理论以及马克思主义中国化进程中的斗争理论进行了仔细解读和全面分析，同时梳理和总结了党的十八大以来国内外关于斗争精神的相关研究成果，由于涉及领域宽广和复杂，故文献调研与考证是全书重要的研究方法之一。

2. 比较研究法

通过对世情、国情和党情的横向对比，准确把握党的斗争精神的时代背景；通过对中国共产党不同时期斗争精神的纵向比较，全面分析不同历史时期对党的斗争精神的继承和发展；通过对不同阶段民族复兴使命实现的比较，认识其观点、视角、眼界的差别。

3. 多学科综合研究法

研究中综合借鉴了历史学、社会学、政治学、思想政治教育学、哲学、伦理学、传播学等多学科理论与科学研究方法。具体而言，考证斗争精神理论渊源和斗争精神史主要依靠历史学、哲学、伦理学的研究方法，在必要性部分主要运用政治学的研究方法，现实挑战性部分主要借鉴社会学的研究方法，路径选择和斗争本领历练主要采用思想政治教育学的研究方法。

4. "史论结合"考证法

一方面，通过对马克思主义经典作家和中国共产党历届主要领导人关于永葆斗争精神的实践探索的梳理和归纳，拓展斗争精神理论基础研究的广度；另一方面，依托重点革命根据地的历史纪念馆、博物馆、史料馆、档案馆、教育研究中心、网络数据库等，对中国共产党斗争精神进行动态性的资料收集和访谈，形成具有实证价值的研究资料，并将其作为新时代发扬斗争精神的理论基础。

（二）研究的基本思路

本研究命题认真分析了中国共产党斗争精神内蕴的精神实质、时代价值及美学特征，以马克思主义斗争学说为指引，根植于绵延千年的中华优秀文化和精神积淀，在马克思主义中国化成果的创新和升华中汲取中国共产党斗争精神形成的理论渊源和历史智慧，系统梳理斗争精神在中华民族伟大复兴百年演进中的演变过程及其阶段性精神特质，全面总结发扬伟大斗争精神对推进民族复兴的历史必然性、时代必要性和现实挑战性。进入新的发展阶段，面对具有许多新的历史特点的"伟大斗争"，以回答"进行什么斗争，为何进行斗争，以什么样的精神状态去斗争"的时代追问为主线，在习近平新时代中国特色社会主义思想的指引下，深刻理解全面建设社会主义现代化强国、坚持全面从严治党、防范化解百年未有之大变局中各种风险挑战必须发扬斗争精神的时代呼唤，系统提出发扬斗争精神、实现民族复兴的崭新路径，为增强斗争制胜本领提供正确的精神指引。

四　学术价值

通过收集和整理有关中国共产党斗争精神的文献，可以发现本选题是目前国内党的精神谱系方面比较热点的研究课题，但学者们主要侧重于斗争精神的内涵、生成、发扬等某一方面、某一环节的局部研究，跨越复兴历程的整体性、系统性、实证性的研究偏少。本书聚焦党的斗争精神与中华民族伟大复兴使命的逻辑必然性，力求立足于整体特征、时代要求、现实路径，在研究思路、研究内容、研究视角等方面有一定的创新。

（1）为学界深化党的斗争精神研究提供新的思路。本书在研究中坚持从理论到实践的推理思维，以民族复兴进程为背景，将斗争精神这一研究对象放置于挽救民族危亡、推进民族复兴、实现复兴梦想的逻辑中进行理论论证和实践检验，紧贴"复兴"主题，分析斗争精神的内在意蕴，总结保持斗争精神的历史经验，开拓发扬斗争精神、增强斗争本领的新视野。

（2）突出对中国共产党斗争精神全方位、立体式、多维度的全景式研究。跨越百年，中国共产党在斗争中求生存、谋发展、得胜利，不断发展与壮大，本书全方位认真梳理中国共产党百年历程中斗争精神的生成脉络，总结不同时期鲜明独特的斗争精神立体样态，多维度探讨斗争精神如何在传承中汇聚起强大的斗争力量，焕发出更夺目的时代光芒。

（3）丰富党的斗争精神引领民族伟大复兴的政治哲学价值。在研究视角上凸显哲理性，本书积极探究中国共产党斗争精神的理论内涵、价值意义、美学意蕴的政治哲学基础，从实现使命传递、支撑价值底蕴、规定实践路向的哲学本质及其发展的一般规律出发，结合哲学与政治学双重特征进行演绎推理，关注斗争精神回应时代新要求、把握时代大趋势、顺应人民新期待等必然选择的政治关系和政治本质，力求以理性逻辑提升研究的哲理性。

第一章　斗争精神的内在意蕴

中国共产党的斗争精神具有鲜明的理论品格、实践担当和时代价值。本章通过界定党的斗争精神的理论意蕴、价值意蕴和美学意蕴，回答党的斗争精神"是什么"的问题，斗争精神中内蕴着共产党人"知重负重、苦干实干、攻坚克难"的斗争品格，凸显了解决现实问题、历史难题、时代课题的重要价值，其中蕴含的信仰之美、正义之美和崇高之美，使斗争精神在民众持续创美中成为勇往直前的不竭动力和精神追求。

第一节　斗争精神的理论意蕴

中国共产党由伟大建党精神的传承而熔铸锻造起一脉相承、接续发展的革命精神谱系，其中都蕴含了在伟大斗争中形成的斗争精神。斗争精神是中国共产党人不可战胜的主动的精神力量，对"斗争精神"本质意蕴的把握关键在于对"斗争"的深刻理解。2020 年，习近平总书记在"不忘初心、牢记使命"主题教育总结大会上阐明了"我们讲的斗争"的含义，即"不是为了斗争而斗争，也不是为了一己私利而斗争，而是为了实现人民对美好生活的向往、实现中华民族伟大复兴知重负重、苦干实干、攻坚克难"①。这为我们把握党的斗争精神的科学内涵指明了方向。党的斗争精神集中体现了中国共产党人"知重负重、自觉担当""苦干实干、甘于奉献""攻坚克难、开拓创新""忠诚干净、矢志不移"的精神魅力和精髓要义，牢牢把握党的斗争精神的鲜明特质，有助于更加明晰实现中华民族伟大复兴需要怎样的精神支撑。

---

① 《习近平谈治国理政》（第 3 卷），外文出版社，2020，第 542 页。

一 知重负重、自觉担当是斗争精神的本质核心

明责才能尽责，知重才能负重，中国共产党尊重历史发展规律、顺应时代发展规律，以知重负重的高度自觉担当起民族复兴的历史重任是中国共产党斗争精神的本质核心，表现为知重负重的使命意识和担责尽责的自觉意识。

（一）知重负重的使命意识

中国共产党清醒认知时代所赋予的重大历史任务和责任，在知重中明责，在负重中尽责，既不回避社会主义建设实践的曲折历史，又不断总结提炼建设实践的成功经验，既不断理解生产力与生产关系矛盾运动推动人类社会发展的基本规律，也不断明晰社会基本矛盾和社会主要矛盾的区别与联系。我们党深刻认识和把握了共产党执政规律、社会主义建设规律、人类社会发展规律，因而总是能够在纷繁复杂的社会现实中担负历史重任。

民主革命时期，党的一大通过的《中国共产党第一个纲领》中宣示中国共产党"以社会革命为自己政策的主要目的"，革命军队的主要任务是"必须与无产阶级一起推翻资本家阶级的政权"[①]。党的二大通过了党的最高纲领和最低纲领，更加明确了中国共产党将"组织无产阶级，用阶级斗争的手段，建立劳农专政的政治，铲除私有财产制度，渐次达到一个共产主义的社会"，实现"消除内乱，打倒军阀，建设国内和平"，"推翻国际帝国主义的压迫，达到中华民族完全独立"[②]。党的三大促进了第一次国共合作的实现，明确了中国共产党有特殊的任务，即"领导工人运动""同资产阶级作斗争"的两个斗争任务需要同时进行，提出了反帝反封建的民主革命纲领，为中国革命指明了方向。党的四大提出在"反对国际帝国主义"的同时，还要"反对封建的军阀政治"，"反对封建的经济关系"。在延安杨家岭，党的七大制定的新民主主义革命的总路线是"无产阶级领导的，人民大众的，反对帝国主义、封建主义和官僚资本主义的革命"，"建立一个独

[①] 屈建军：《中共一大与〈中国共产党第一个纲领〉》，《中国档案报》2017年2月24日，第2版。

[②] 《建党以来重要文献选编（1921~1949）》（第1册），中央文献出版社，2011，第133页。

立、自由、民主、统一、富强的新民主主义国家"①。1956 年在基本完成社会主义改造,社会主义基本制度全面确立时,中国共产党面对"满目疮痍""一穷二白"的国家现状和国内外仍存在各种反动势力的复杂局势,准确分析了我国经济基础的根本变革和阶段性历史重任的转变,明确在现实情况下,我们党的任务"就是要依靠已经获得解放和已经组织起来的几亿劳动人民,团结国内外一切可能团结的力量,充分利用一切对我们有利的条件,尽可能迅速地把我国建设成为一个伟大的社会主义国家"②。此后,在党的坚强领导下,虽经历波折,但中国人民始终为完成这一历史重任而拼搏斗争。改革开放之初,中国共产党直面国民经济濒临崩溃、人民生活依然贫困的现实国情,把握社会主要矛盾的转变,进一步清晰地认识到,"担使命,就是要牢记我们党肩负的实现中华民族伟大复兴的历史使命,勇于担当负责"③。中国共产党正是基于对"三大规律"的把握,所以从建党之日起就"知重负重",团结带领人民义无反顾地肩负起伟大复兴的历史使命,成功开辟了中国特色社会主义道路。

(二) 担责尽责的自觉意识

回望中国共产党的百年历史,虽然不同时期社会革命的使命任务不同,但党作为引领社会革命的坚强领导核心的地位没有改变。中国共产党基于"明责"、自觉"尽责";基于"知重"、自觉"负重",将自觉担当"为中国人民谋幸福、为中华民族谋复兴"的历史重任演化为我们党最根本的精神印记和发展动力,贯穿于我们党推进社会革命的奋斗史中。

首先,担当历史重任的自觉是由中国共产党的特殊性质所决定的。中国共产党是工人阶级政党,五四运动后,工人阶级作为独立的政治力量开始登上历史舞台,各地共产主义小组逐渐建立起一批具有鲜明阶级性、群众性和民主性的现代工会组织,党的一大确定了我们党当前的主要工作是

---

① 《毛泽东选集》(第 3 卷),人民出版社,1991,第 1026~1027 页。
② 《中共中央文件选集(1949 年 10 月~1966 年 5 月)》(第 24 册),人民出版社,2013,第 55 页。
③ 《习近平谈治国理政》(第 3 卷),外文出版社,2020,第 523~524 页。

开展工人运动，并提出"党应在工会中灌输阶级斗争的精神"①，推动全国工人运动走向高潮，拓展并巩固工人阶级的力量。工人阶级的先进性和历史使命始终未变，"是先进生产力的代表，有高度的组织性和纪律性，富于革命的坚定性和彻底性，代表人民群众的根本利益"②。中国共产党全心全意依靠工人阶级，既是工人阶级的先锋队，也是中国人民和中华民族的先锋队。党的这一性质决定了在百年复兴历程中，总是要以强烈的责任感自觉担当时代赋予的历史重任，肩负起人民赋予的时代重任。在民族独立时期，中国共产党团结带领各族人民经过艰苦卓绝的斗争，在不断的战斗中推翻"三座大山"对人民的压迫，主动担当起帮助人民彻底摆脱受压迫受剥削命运、实现民族解放和国家独立的历史重任；新中国成立初期，中国共产党领导人民与饥饿、贫穷不断斗争，奠定了国家工业化的初步基础，建立了社会主义基本制度；改革开放时期，中国共产党为提高人民生活水平不断奋斗，迎来了祖国的腾飞；新时代的伟大斗争仍在继续，中国共产党勇敢经受时代的考验和挑战，主动担当起实现中华民族伟大复兴关键时期的重任，为建成社会主义现代化强国、实现人民美好生活的理想而斗争，为实现第二个百年奋斗目标而奋斗。

其次，中国共产党能够"尽责""负重"是因为它始终为了人民利益而非为了私利而斗争。中国共产党是具有特殊人民性的政党，中国共产党员既具有人民群众的一般性，又具有高于人民群众的特殊性。毛泽东曾在《中国共产党在民族战争中的地位》一文中强调："共产党员无论何时何地都不应以个人利益放在第一位，而应以个人利益服从于民族的和人民群众的利益。因此，自私自利，消极怠工，贪污腐化，风头主义等等，是最可鄙的；而大公无私，积极努力，克己奉公，埋头苦干的精神，才是可尊敬的。"③他在《为人民服务》中讲道，"我们为人民而死，就是死得其所"，表达了对为人民利益而牺牲的崇高品质的无比崇敬。我们党始终把全心全意为人民服务作为党的宗旨、作风、工作方法和道德要求。因此，我们党

---

① 历昕明、朱海波：《中国工会的历史发展和在新时代的使命》，《北京市工会干部学院学报》2018年第2期。

② 习近平：《干在实处　走在前列——推进浙江新发展的思考与实践》，中共中央党校出版社，2006，第430页。

③ 《建党以来重要文献选编（1921~1949）》（第16册），中央文献出版社，2011，第344页。

的斗争是正义的斗争，是为绝大多数人民的利益而斗争。

最后，只有发扬"我将无我，不负人民"的奉献精神才能赢得人民群众的大力支持，才能源源不断地获得"尽责负重"的动力和斗争的能量。经过28年的浴血奋战，党带领人民实现了民族的独立、人民的解放，使人民翻身当家做主人，建立了人民民主专政的共和国；新中国成立，中国共产党领导的多党合作和政治协商制度、民族区域自治制度、基层群众自治制度等基本政治制度，有效保证了人民享有更广泛、更充实的权利和自由；改革开放打响了中国人民和中华民族由"站起来"向"富起来"阔步前进的伟大斗争，把"不断实现好、维护好、发展好最广大人民的利益"作为新时期新阶段党的斗争任务，创造性地提出了"坚持以人为本、执政为民""发展为了人民、发展依靠人民、发展成果由人民共享""多谋民生之利，多借民生之忧"等新理念、新思想、新论断，进一步彰显了中国共产党永葆为民本色、发扬斗争精神的持之以恒性和与时俱进性；党的十八大以来，中国共产党明确指出了"人民对美好生活的向往就是我们的奋斗目标"的斗争任务，习近平总书记创造性地提出了"坚持以人民为中心的发展思想"，新时代中国共产党人经过艰苦努力，显著增强了人民群众的获得感、幸福感和安全感。

二 苦干实干、甘于奉献是斗争精神的内在精髓

中国共产党人在实现中华民族伟大复兴的征程中，以事不避难、义不逃责的决心和以身许国、无私奉献的行动勇毅前行，在国家危难时"常思奋不顾身，而殉国家之急"，将每一份牺牲和奉献都融入中华民族的精神血脉，"苦干实干、甘于奉献"是斗争精神的内在精髓，表现为任劳任怨的奋斗态度和一心为民的奉献情怀。

（一）任劳任怨的奋斗态度

2013年习近平总书记在同全国劳动模范代表座谈时指出："人民创造历史，劳动开创未来。劳动是推动人类社会进步的根本力量。幸福不会从天而降，梦想不会自动成真。实现我们的奋斗目标，开创我们的美好未来，必须紧紧依靠人民、始终为了人民，必须依靠辛勤劳动、诚实劳动、创造

性劳动。"① 这是在长期的生产斗争中，中国共产党领导人民总结出的宝贵经验。中国共产党既尊重人民群众创造历史的主体地位，又依靠人民通过实践活动共同改造主客观世界。劳动是人类生活的本质，劳动是财富的源泉，中国取得的巨大发展成就来之不易，是劳动人民任劳任怨、流血流汗、苦干实干获得的，大力弘扬"崇尚劳动、热爱劳动、辛勤劳动、诚实劳动的劳动精神"②，不断焕发劳动热情，作勇于担当作为的表率。

（二）一心为民的奉献情怀

从入党之日起，中国共产党人就随时准备着为党和人民牺牲一切，秉持为共产主义奋斗终身的精神追求，坚持党和人民的利益高于一切，个人利益服从党和人民的利益的价值标准。革命战争年代的革命精神中都蕴含奉献牺牲的斗争精神，例如，红船精神中的"立党为公、忠诚为民的奉献精神"；井冈山精神、苏区精神中的"无私奉献"；长征精神中的"为了救国救民，不怕任何艰难险阻，不惜付出一切牺牲的精神"；抗战精神中的"视死如归、宁死不屈的民族气节"；沂蒙精神中的"艰苦创业、无私奉献"；抗美援朝精神中的"为了祖国和民族的尊严而奋不顾身的爱国主义精神"，"英勇顽强、舍生忘死的革命英雄主义精神"和"为完成祖国和人民赋予的使命、慷慨奉献自己一切的革命忠诚精神"③。新中国成立后，中国共产党在探索尝试中开始了建设新中国的伟大征程，一系列新的改造、改革的政策举措从制定到实行，中国共产党也在探索中积累了许多独创性的斗争经验。针对苏联模式暴露的问题，毛泽东强调："他们走过的弯路，你还想走？过去我们就是鉴于他们的经验教训，少走了一些弯路，现在当然更要引以为戒。"④ 明确了我们必须独立自主地开拓社会主义的崭新道路。这一时期，各行各业涌现出以雷锋、焦裕禄、王杰、王进喜、华罗庚、邓稼先等为代表的劳动楷模，传递着不计得失、爱岗敬业、甘于奉献的斗争精神，王杰精神中的"一不怕苦、二不怕死"，铁人精神中的"甘愿为党和

---

① 《习近平谈治国理政》，外文出版社，2014，第44页。
② 习近平：《在全国劳动模范和先进工作者表彰大会上的讲话》，人民出版社，2020，第4页。
③ 习近平：《在纪念中国人民志愿军抗美援朝出国作战70周年大会上的讲话》，人民出版社，2020，第7页。
④ 《毛泽东文集》（第7卷），人民出版社，1999，第23页。

人民当一辈子老黄牛",雷锋精神中的"服务人民、助人为乐的奉献精神",老西藏精神中的"特别能吃苦、特别能战斗、特别能忍耐、特别能团结、特别能奉献",老高原精神中的"铁心向党、热爱青海、艰苦奋斗、牺牲奉献、建功高原","两弹一星"精神中的"大力协同、勇于登攀",塞罕坝精神中的"牢记使命、艰苦创业、无私奉献"等都是具体体现。

三 攻坚克难、开拓创新是斗争精神的集中体现

100多年来,中国共产党这艘前进中的红船不管风吹浪打,不怕急流险滩,历经曲折而不畏艰险,带领中国人民闯难关、立潮头,勇当舵手、引领航向。中国共产党人为何能够战胜前进道路上的各种艰难险阻并最终取得决定性的胜利?主要原因在于中国共产党在完成历史重任的过程中,始终发扬不畏艰险、浴血奋战的革命英雄主义精神,始终保持顽强拼搏、奋勇争先的进取精神,始终传承开拓进取、锐意创新的思维品质,这些是斗争精神的集中体现。

(一) 不畏艰险、浴血奋战的革命英雄主义精神

革命英雄主义是中国共产党人内蕴的一种崇高的思想品质,在内忧外患、民族危难的革命时期,中国共产党人表现出压倒一切敌人而不被任何敌人所压倒、"为有牺牲多壮志,敢教日月换新天"的英雄斗志。在战斗中,面对数倍于己、武器精良、强悍残忍的敌人,中国共产党人不怕牺牲、浴血奋战,不被气候恶劣、物产贫乏、地广人稀、交通闭塞等问题困扰,英勇战斗、不屈不挠,一次又一次抵御了敌人的疯狂进攻,打击了侵略者的嚣张气焰。长征途中,红军战士穿越高山险峰、雪山草地,挑战"死亡陷阱"和"生存极限",连续突破敌人四道封锁线,冲出包围圈,创造了血战湘江、四渡赤水、巧渡金沙江、强渡大渡河、飞夺泸定桥、攻占腊子口等辉煌战绩,最后顺利会师会宁。

(二) 顽强拼搏、奋勇争先的进取精神

在社会主义建设时期,共产党人为改变社会落后面貌,自力更生、发奋图强,表现出"宁肯少活二十年,拼命也要拿下大油田"的斗争决心。在改革开放时期,中国共产党人为把党和国家的工作中心转移到经济建设

上来，表现出"坚持实践是检验真理的唯一标准"和"贫穷不是社会主义"的斗争勇气。党的十一届三中全会拉开了我国改革开放的大幕，在世界社会主义出现严重曲折的关键时刻，为了捍卫社会主义的发展道路，党带领人民靠着一股不服输的拼劲、打不垮的韧劲，坚持大胆地试、大胆地闯，从"摸着石头过河"到"满怀信心大步走"，从封闭半封闭的局部试点到全面推广全方位开放，从计划经济到市场经济，从经济体制改革到全面深化改革，中国共产党人在实践中顽强拼搏，推动了中国特色社会主义事业的伟大飞跃。进入新时代，共产党人抵御风险、直面困难，为解决不平衡不充分发展的矛盾，统筹推进"五位一体"总体布局、协调推进"四个全面"战略布局，凝心聚力、奋勇争先，表现出"越是艰险越向前"的英雄气概。"一百年来，在应对各种困难挑战中，我们党锤炼了不畏强敌、不惧风险、敢于斗争、勇于胜利的风骨和品质。这是我们党最鲜明的特质和特点。"[①]

（三）开拓进取、锐意创新的思维品质

党的十一届三中全会以后，在小岗村"包干到户"创新做法的带动下，国家大胆实行各种形式的经济责任制，推进社会主义改革开放和现代化建设，并设立经济特区进行试点，经济特区创造了举世惊叹的奇迹，表现出"改革、开放、创新、创业、拼搏、关爱、奉献"的"特区精神"。中国共产党顺应人民期待，大胆探索，勇于开拓，不断进行思想理论创新，党的十二大提出"建设有中国特色的社会主义"；党的十三大提出"一个中心，两个基本点"的社会主义初级阶段的基本路线；党的十四大明确提出"建立社会主义市场经济体制"；党的十五大提出"党在社会主义初级阶段的基本纲领"；党的十六大明确了"全面建设小康社会的目标任务"；党的十七大提出"以改革创新精神全面推进党的建设新的伟大工程"；党的十八大提出"两个一百年"奋斗目标；党的十九大提出"中国特色社会主义进入了新时代"，为努力解决"人民日益增长的美好生活需要"要全面深化改革，中国共产党带领人民始终坚持正确的政治方向，发扬开拓创新的斗争精神。女排精神中的"勇攀高峰"，载人航天精神中的"特别能攻关"，抗击"非典"精神中的"迎难而上"，劳模精神中的"勇于创新"，科学家精神中的

---

① 《习近平谈治国理政》（第4卷），外文出版社，2022，第514页。

"敢为人先的创新精神"等都内蕴着在理论创新和实践创新的互动中不断开辟伟大事业新局面的斗争精神。

四 忠诚干净、矢志不移是斗争精神的重要特征

"忠诚干净、矢志不移"强调中国共产党以理想信念为支撑,知敬畏守底线、存戒惧守规矩,坚定不移忠诚于为民造福伟大事业的思想精髓,反映了中国共产党牢牢扛起责任和使命,自省自律、勤政务实地创造出经得起历史、人民、实践检验的功绩,是党的斗争精神的根本灵魂,主要体现为纪律意识和斗争信念。

(一) 知敬畏守底线、存戒惧守规矩的纪律意识

中国共产党面临的"四种考验"与"四种危险"的矛盾尖锐、形势严峻,使我们十分清醒地认识到全面从严治党永远在路上,党的建设要求党员领导干部要不断进行自我革命,深入推进反腐败斗争,同一切影响党的先进性、弱化党的纯洁性的因素作坚决斗争。

1. 知敬畏方能守底线

"心有敬畏,行有所止。"历经百年风云变幻,在复杂的斗争环境中,中国共产党人始终将个人理想与党的命运紧密相连,内心对党和人民常怀敬仰之情、畏惧之感,练就了头脑清醒察于微、从严要求禁于微、治患疾于未、断诱惑于始、绝蜕变于隐的斗争觉悟,激发出一种"知敬畏"的底线意识。对党员干部而言,只有对党和组织敬畏、对党制定的政治纪律和政治规矩敬畏、对人民群众切身利益敬畏,才能守住政治门阀、筑牢思想高地、加固作风堤坝。"心弱则志衰,志衰则不达。"那些忽视党性身份、无视规矩纪律、漠视群众福祉的人,那些常将个人利益凌驾于集体和群众之上的人,甚至为谋取私利而无所不用其极的人,最明显的特质就是"毫无敬畏心和羞耻心"。中国共产党既要求党员坚决守住政治、思想、纪律、作风、修养的底线和原则,又要求党员坚持高标准,在政治上把党的理想信念宗旨立起来、挺起来,在行为上秉公用权、做好公仆,只有对党和人民的伟大事业常怀敬畏之心,才能参悟担当使命、践行崇高宗旨。

2. 存戒惧方能守规矩

"中国共产党是靠革命理想和铁的纪律组织起来的马克思主义政党,纪律

严明是党的优良传统和独特优势。"① 中国共产党的各级组织严格执行和维护党的纪律，并要求共产党员要"存戒惧"，即对党的纪律要严格遵守，自觉接受党的纪律的约束，将外在的准则内化于心、外化于行。党的十八大以来，以习近平同志为核心的党中央严抓党的纪律建设，相继出台"八项规定""六项禁令"等管长远、固根本的制度和纪律，并认真贯彻落实，严厉整治"四风"问题，坚决反对特权思想和特权现象。在与不良作风展开的斗争中，党中央既有常抓的韧劲，又有严抓的耐心，既聚焦"护民生"，整治群众身边的腐败和作风问题，又关注"促脱贫"，把专项治理扶贫领域作风问题作为重中之重。共产党员和干部心存戒惧表现在三个方面：一是对标自己对党的纪律的了解程度，测试掌握是否全面、准确和深刻；二是检视自己对纪律的"惧怕"程度，在纪律尊重和谨慎程度中找差距；三是观察自己对党中央要求、党章党规要求的执行程度，自觉维护党的利益，惩处各类错误。

（二）坚持初心、勇作表率的斗争信念

中国共产党人坚持的初心既是对马克思主义的坚定信仰、对共产主义理想的执着追求，也是对党和人民事业的永远忠诚。"忠诚干净"是中国共产党人的优秀政治品质，共产党员应真心实意听党话、旗帜鲜明跟党走，矢志不移地保持忠诚于党、忠诚于人民的斗争清醒，更要在忠诚马克思主义信仰和共产主义理想中坚定斗争信念。

1. 坚持在斗争中忠诚于党、忠诚于人民不动摇

"对党忠诚、永不叛党"是每个共产党员入党时的庄严承诺和永恒誓言，对党的"忠诚"是彻底的、无条件的绝对忠诚。一方面，对党忠诚是基于对中国共产党先进性的清醒认识和理性自觉，应在思想政治中接受洗礼，在道德规范中追求高尚，在素质能力中磨炼品质。对党忠诚要求在思想上与对党"不忠不诚""阳奉阴违""口是心非""表里不一"和"搞两面派""做'两面人'"的思想表现作坚决斗争；在政治上要与不遵循组织原则的作斗争、与事关重大原则问题时立场不坚定的作斗争、与大是大非面前旗帜不鲜明的作斗争；在行动上，要与对重大决策不执行、选择性执

---

① 中央党史研究室理论研究中心：《严明的纪律和规矩是党从胜利走向胜利的根本保证》，《光明日报》2015年12月7日，第1版。

行，甚至有令不行、有禁不止的行为作斗争。另一方面，中国共产党清醒认识到党同人民群众的血肉联系，确定了正确的行动纲领和发展战略，领导人民群众在革命、建设、改革开放的特定历史时期，为完成站起来、富起来、强起来的特定历史任务，时刻进行具有许多新的历史特点的伟大斗争，并为实现人民对美好生活的向往不懈努力。

2. 坚持在斗争中做马克思主义、共产主义的忠实信仰者

马克思主义作为科学的理论，深刻改变了世界，也深刻改变了中国，中国共产党人始终做马克思主义的忠实信仰者，这是百年来的斗争历史和现实决定的。中国共产党人始终坚信"我们的斗争需要马克思主义"。"马克思主义是随着时代、实践、科学发展而不断发展的开放的理论体系，它并没有结束真理，而是开辟了通向真理的道路。"① 中国共产党始终忠诚于马克思主义的初心，不断开辟马克思主义新境界，发展和指导斗争。中国共产党员是久经考验的忠诚的共产主义战士，"我们共产党人的最高理想是实现共产主义"②，这体现了共产党人对共产主义最朴素的信仰。中国共产党之所以经受一次次挫折而又一次次奋起斗争，归根结底是因为中国共产党在斗争中清醒地认识到共产主义是现实性、超越性和过程性的辩证统一，其现实性和超越性是统一的，既不是遥不可及的，也不是一蹴而就的，中国共产党成立以来 100 多年的历史、中华人民共和国成立以来 70 多年的历史都充分证明，共产主义是一个必须经过漫长过程才能实现的远大理想，它激励了一代又一代具有高度共产主义觉悟、坚定共产主义信念和矢志不渝献身精神的共产党人英勇奋斗，成千上万的英烈把自己的一生奉献给了对共产主义道路的艰辛探索，实现了他们的共产主义理想。

第二节　斗争精神的价值意蕴

马克思在《〈政治经济学批判〉序言》中写道："不是人们的意识决定人们的存在，相反，是人们的社会存在决定人们的意识。"③ 中国共产党把

---

① 《习近平关于社会主义文化建设论述摘编》，中央文献出版社，2017，第 79 页。
② 《邓小平年谱（1975~1997）》（下卷），中央文献出版社，2004，第 1152 页。
③ 《马克思恩格斯选集》（第 2 卷），人民出版社，2012，第 2~3 页。

马克思主义的唯物史论运用到中国发展实际中，准确把握时代脉搏，赋予党的斗争精神重要的价值意蕴。

一　践行初心使命的必然要求

"初心和使命是激励中国共产党人不断前进的根本动力"，"中国共产党人的初心和使命，就是为中国人民谋幸福，为中华民族谋复兴"。① 不忘初心、勇担使命既是加强党的建设的一项永恒课题，更是全体党员和干部面临的一项不断深化的终身课题。为中国人民谋幸福的"初心精神"和为中华民族谋复兴的"使命精神"是新时代中国共产党斗争精神的根本遵循，从初心出发，以现实的人为幸福前提、以人民对美好生活的向往为幸福内容、以人的全面发展为幸福目标，不断增强人民的幸福感和获得感是中国共产党人义不容辞的历史担当，为人民谋幸福不仅需要党领导人民始终不渝为人民利益而奋斗，也离不开与危害人民根本利益的问题作坚决斗争，比如"四风"问题就是新时代斗争的对象；从使命出发，实现第二个百年奋斗目标、实现中华民族伟大复兴中国梦仍然任重而道远，必须准备付出更为艰巨、更为艰苦的努力，直面一切问题，战胜一切风险挑战，共赴新征程、共担新使命、开辟新天地。

守初心、担使命的斗争精神表现为坚持党的领导和社会主义制度，与"危害中国共产党领导和我国社会主义制度的各种风险挑战"作斗争；坚持总体国家安全观，以政治安全为根本，与"危害我国主权、安全、发展利益的各种风险挑战"作斗争；坚持独立自主地走和平发展道路，与"危害我国核心利益和重大原则的各种风险挑战"作斗争，与用各种卑劣手段等阻滞中国发展进步的行径作斗争；坚持以人民为中心，与"危害我国人民根本利益的各种风险挑战"作斗争；坚持直面问题，与"危害我国实现'两个一百年'奋斗目标、实现中华民族伟大复兴的各种风险挑战"作斗争。

二　破解历史难题的根本所在

习近平总书记指出："中华民族振兴，中国人民幸福，必须依靠自己的

---

① 《习近平谈治国理政》（第 3 卷），外文出版社，2020，第 1 页。

英勇奋斗来实现，没有人会恩赐给我们一个光明的中国。"① 新时代中国共产党的斗争精神就是为破解历史难题，继续保持奋发图强、勇往直前的精神。中国共产党带领人民取得革命胜利、建立新中国、建设社会主义、实行改革开放、挺进新时代，始终保持奋斗姿态，正因为保留了一贯的斗志与干劲，才能推动中国特色社会主义事业不断前进。

"一个国家实行什么样的主义，关键要看这个主义能否解决这个国家面临的历史性课题。"② 我们党清醒认识到，今后的斗争既要面对现实问题也要继续破解历史难题，各种斗争"至少要伴随我们实现第二个百年奋斗目标全过程"③。中国共产党能否跳出"其兴也勃焉，其亡也忽焉"的"历史周期率"？这是党的历代领导人在执政中都必须考虑和不得不面对的"历史难题"。习近平总书记曾提出"四个不容易"，为化解风险、迎接挑战提供了基本思路。中国共产党从成立时只有 50 多名党员成长为已经拥有 9500 多万名党员的世界最大政党，党领导人民从贫穷落后的农业国发展为世界第二大经济体，从实现贫困人口全部脱贫到稳步推进乡村振兴，在巨大成就中居安思危，党仍然要保持创业初期那种忧患意识、奋进态度和励精图治的精神状态不容易；无论是在新中国极端困难的条件下，还是在社会主义建设和改革取得巨大成就时，无论是实现全面建成小康社会，还是建设社会主义现代化国家，在执掌政权后，广大党员领导干部仍能从一而终地保持"节俭内敛、敬终如始"的作风不容易；面对错综复杂的国际形势、艰巨繁重的国内改革发展稳定任务，党员领导干部需常思战火硝烟、艰难困苦中革命前辈的高尚品德和高贵人格，懂得富足而慵懒、安乐而放纵等为政为官的"棘轮效应"，因此，承平时期要做到"严以治吏、防腐戒奢"不容易；在中国共产党民主革命 28 年、新中国成立 70 多年、改革开放 40 多年的时间里，无论是在苏区、在延安、在长征途中，还是在脱贫攻坚和抗洪救灾的"战场"上，都始终密切联系群众、全心全意为人民服务，新时代在新机遇、新挑战并存的条件下，在干事创业的关键时期党仍能解民忧、谋民利，满足人民群众对美好生活的需求，在"重大变革关头顺乎潮流、

① 《十九大以来重要文献选编》（中），中央文献出版社，2021，第 28 页。
② 《习近平谈治国理政》，外文出版社，2014，第 22 页。
③ 《习近平谈治国理政》（第 3 卷），外文出版社，2020，第 226 页。

顺应民心"不容易。以上"四个不容易"代表了几代中国共产党人在破解"历史周期率"难题上所付出的不懈努力。进入新时代，不但要破解"历史周期率"难题，还有马克思主义意识形态建设难题，在资本主义生产关系占据世界主导地位的情况下坚定不移地推进改革开放的难题，社会主义和资本主义两种社会制度长期合作和斗争的难题等，回应"四个不容易"有着特定的内涵和要求，需要激发大局意识和"奋发图强、勇往直前"的斗争精神，立足历史发展全局，释放更大活力。

三　献身时代课题的现实需要

进入新时代，在建设社会主义现代化新道路的征程中，斗争精神的发扬与时代的主题和境遇相呼应，深受时代环境和条件的影响，奋斗的征程往往充满荆棘，发扬"临危不惧、敢于碰硬"的精神，将忠诚于党、热爱人民、报效伟大祖国作为终身课题是新时代应对国际、国内复杂形势的必然要求。一方面，世界正在经历百年未有之大变局，国际格局和国际体系正在发生深刻调整，经济全球化进程中隐含着逆全球化和反全球化相互交织的局面，国际力量对比由"一家独大"向多极世界转变，现代化发展道路从一元向多元进化，世界范围呈现影响人类历史进程和趋向的重大态势。这些外在的表象给新时代党的执政带来巨大挑战。另一方面，从国内环境看，推进改革开放向纵深发展，需要应对社会主义市场经济发展中遇到的要素配置不合理、开放格局不全面、金融风险和污染治理等问题，以及从脱贫攻坚向全面推进乡村振兴迈进时，如何发挥农村巨量资源和庞大消费群体的作用、启动国内大循环的现实选择问题，还有合理分配教育资源、缩小社会贫富差距、消除看病难看病贵、缓解就业压力等问题，这些内在矛盾对新时代党的执政提出更高的要求。

国际形势的深刻变化、国内改革发展形势的纷繁复杂，要求共产党深刻认识新时代斗争的重要性，占领斗争领域的主动权，把握斗争方式、凝聚斗争力量、力求斗争成效。历史早已证明，唯有坚持斗争，才能开辟一条新路，正如列宁所言，共产党以争取、维护无产阶级利益和实现共产主义为最终目标，从来都"不是争论俱乐部，而是战斗的无产阶级的组织"①。

① 《列宁全集》（第 26 卷），人民出版社，2017，第 228 页。

及时了解新变化和新特点，时刻保持临危不惧、敢于碰硬的斗争精神，不断提高斗争本领，才能为实现共产党在新时代的使命提供坚强保障。

第三节　斗争精神的美学意蕴

中国共产党领导中国人民在革命、建设和改革过程中形成的伟大斗争精神，以不断夺取理想胜利的真为基础，以实现民族独立、人民解放和国家富强、人民富裕的善为内容，充满着对美的崇尚和追求，它摒弃了美的实体性，将美放置在须臾难离、共生共荣的中国伟大斗争史之中，突出了审美主体的具有整体性特征的创造能力和强大的精神力量。从审美角度分析和解读中国共产党斗争精神的历程本身就是接受心灵洗礼、智慧启迪和精神升华的过程。

斗争精神是我们党在前进道路上战胜各种困难和风险，不断夺取新胜利的强大精神力量和宝贵精神财富。中国共产党人对斗争精神的塑造无不充满着对信仰之美、正义之美、崇高之美的创造和理解，始终遵循马克思主义美学的审美规律。马克思主义作为民族解放的行动指南、政治斗争的锐利武器，马克思主义美学也表现出最鲜明的"斗争"立场。中国共产党人将"变革旧社会、建立新政权"的审美需要转化为寻找真理、捍卫信仰的精神追求，将"反抗压迫、寻求解放"的审美实践活动与主观斗争精神完美统一，竖起为正义而战的精神丰碑，在"爱国为民、无私奉献"的审美理想现实化的自我实现中彰显崇高的审美人格。对马克思主义美学思想创造性的吸收和运用使斗争精神的美学话语与政治意识形态融通耦合，革命者经过审美实践活动，在斗争精神的升华中不断追求崇高的审美境界。

一　斗争精神的信仰之美

马克思说："不是人们的意识决定人们的存在，相反，是人们的社会存在决定人们的意识。"① 马克思关于社会存在决定社会意识的历史唯物主义原理是马克思主义美学的哲学基础。马克思主义以其真理性揭示了人类社会发展的规律，照亮了人类前进的道路。尤其是中国共产党把马克思主义

---

① 《马克思恩格斯选集》（第2卷），人民出版社，2012，第2~3页。

的唯物史论运用到中国革命实际，使"变革旧社会、建立新政权"的审美需要被革命者清楚地意识到，并转化为一种自觉的精神追求。

（一）以变革的精神定义中国共产党斗争精神的美学参照

美虽是一种"无关利害的愉悦"，但审美主体对美的现象进行感受体验、观照鉴赏的审美过程却实质存在一定的参照。在新民主主义革命时期，中国共产党的斗争精神正是基于这种美学参照嬗变而确证其自身存在的合理性的。一是斗争话语和斗争思想的变革。以《新青年》的创刊为标志，"德先生"（民主）和"赛先生"（科学）的话语变革代表了中与西、传统与现代文化取舍的美学参照，五四运动作为新旧民主主义革命的分界线，其蕴含的这种话语变革、思想变革，正是以"变革精神"重新定义斗争精神美学参照的发端。二是斗争主体的变革。从旧民主主义革命到新民主主义革命的历史性跨越，客观上说，是适应了中国社会变革的需要，在主观上，是因为出现了能够领导中国社会变革的先进社会力量——中国的无产阶级，自此斗争精神的美有了新的创造主体——中国共产党。相较于资产阶级，中国共产党以强烈的变革精神要求反对帝国主义、封建主义和官僚资本主义的彻底革命，建立一个"无产阶级领导的各民主阶级联盟的民主联合政府"[①]。正如毛泽东指出："判断一个地方的社会性质是不是新民主主义的，主要地是以那里的政权是否有人民大众的代表参加以及是否有共产党的领导为原则。"[②] 毛泽东认识到资产阶级革命派救不了中国，中国的革命需要在先进的社会力量领导下、在科学的革命理论指导下，进行一次荡涤半殖民地半封建污泥浊水的更加猛烈、更加彻底的革命，才能获得胜利。三是斗争态度的变革。在新旧民主主义革命思想的参照和互现中，中国共产党斗争精神之美被审视和清晰表达，这种蕴含变革思想的"参照和互现"不仅仅表现在革命理想上，更表现在斗争态度上，即坚决的"暴力革命"的态度。马克思和恩格斯在《共产党宣言》中提出："共产党人不屑于隐瞒自己的观点和意图。他们公开宣布：他们的目的只有用暴力推翻全部现存

---

① 《毛泽东选集》（第4卷），人民出版社，1991，第1313页。
② 《毛泽东选集》（第2卷），人民出版社，1991，第785页。

的社会制度才能达到。"① 与资产阶级的软弱性、妥协性不同，新民主主义革命是马克思主义关于人类社会改造理论与中国当时的革命斗争实际相结合的产物，是"为摆脱一定形式的剥削和压迫而进行的斗争的历史"②。四是斗争方式的变革。面对彼时中国社会的动荡和阶级矛盾的突出，以及革命对象的异常强大与残暴，必须"以武装的革命反对武装的反革命"③，毛泽东在八七会议上提出了"枪杆子里面出政权"的科学论断，指引着中国共产党坚决选择了"武装斗争"这一摧毁旧制度、破坏旧势力、催生新事物的战斗武器，正如恩格斯批判杜林把暴力一概视为"坏事"的观点时指出的，"暴力，用马克思的话说，是每一个孕育着新社会的旧社会的助产婆；它是社会运动借以为自己开辟道路并摧毁僵化的垂死的政治形式的工具"④。党从独立领导中国革命时起，就经历着斗争方式的转变，从工人运动到武装斗争，从以城市革命为中心到在农村创建革命根据地开展土地革命，从"坚决开展反投降反分裂反倒退的斗争"到明确建立"抗日民族统一战线"进行全面抗战，正是在思想变革、主体变革、态度变革、方式变革相结合的"不断革命"及其转向中，唤醒了斗争精神特殊的审美价值。

（二）以真理的精神浇筑中国共产党斗争精神的美学根基

中国共产党斗争精神之美作为共产党人改造中国能动创造的革命表现，就其历史的发生和起源来看，是以对革命真理的审美观照为前提的。审美观照是审美主体在对眼前对象的审美注意中，审美期望被唤醒、激活和初步满足的美感体验，这个过程激励着主体进入了"细细审视"和比较欣赏的审美理解阶段。研究真理、认识真理和相信真理乃是人性中最高的美德。⑤ 中国共产党人充分认识、掌握马克思主义的普遍真理，不断汲取科学智慧和理论力量，并从"真理"这一眼前的注意对象中获得认识和改造现实的独特经验，产生强烈的共鸣，体验到一种与普通感知不同的"超越状态"，从真理中获得的独特经验越深刻，敬畏和尊重真理的美感体验越丰

---

① 《马克思恩格斯选集》（第1卷），人民出版社，2012，第435页。

② 〔英〕伊格尔顿：《马克思主义与文学批评》，文宝译，人民文学出版社，1980。

③ 习近平：《在庆祝中国共产党成立100周年大会上的讲话》，人民出版社，2021，第4页。

④ 《列宁全集》（第31卷），人民出版社，2017，第18页。

⑤ 〔英〕弗·培根：《培根论说文集》，水天同译，商务印书馆，1984。

富，抛弃经验主义、唯心主义的决心便会越彻底。中国共产党人使整个身心沉醉于追求马克思主义真理的激情和热情中，这种激情和热情就形成了人强烈追求自己的对象的本质力量，即真理精神。作为我国最早的马克思主义传播者，李大钊主张一方面固然要研究实际的问题，另一方面也要宣传理想的主义，这种理想"在人类的精神里，终能留下个很大的痕影，永久不能消灭"①。这一先声让大批先进的中国知识分子坚信马克思主义"确实是真理，确能救中国"，遵循中国人民自身所处的社会环境及其历史发展的普遍规律，"真理精神"与"开展中国革命新局面"的审美期望在信仰共产主义的先驱者那里达到了和谐统一，中国人民实现了从精神解放到精神信仰的伟大历史转变。

（三）以热血的生命赓续中国共产党斗争精神的美学实践

为了满足中国最广大人民在政治上要求当家作主、经济上要求解放农业生产力的根本利益。中国共产党人始终把心中的"向善"精神与为人民谋幸福的"求美"事业相观照，最终汇聚施力于积极地为无产阶级和劳动群众现实的美好生活而服务的历史使命中。革命时期，中国共产党人坚持维护中华民族和中国人民的根本利益，使革命道德的"善"不断在革命实践中得到实现，成为对象化了的"善"。党在不断思考"为谁斗争"的重大问题时，也深信"革命是艰苦的亦是伟大的"，面对无数的风险和挑战，须定心立志、以善明志，用生命和鲜血诠释革命者的信念，立志报国。正如马克思明确指出的，"我有权利表露自己的精神面貌，但是首先必须使这种面貌具有一种指定的表情！"② 千千万万共产主义的先驱者用自己热血的生命奉献革命，构成"向善则美"的精神个性形式，赓续革命薪火，永续革命血脉。

二 斗争精神的正义之美

100多年来，中国共产党团结带领人民为争取民族独立、人民解放经历了无数次巨大挫折和考验，在历史发展的不同阶段竖起了一座座精神丰碑，

---

① 《李大钊全集》（第3卷），人民出版社，2013，第50页。
② 《马克思恩格斯全集》（第1卷），人民出版社，1995，第111页。

形成完整的精神序列，内蕴着以客观事实为依据的存在论审美意蕴。在这种审美活动中，客观现实生活与主观斗争精神达到完美的统一，革命者对审美对象的能动反映总是以人类的命运为目的，以个体和个体命运的形式来表现人类，是按照"美的规律"来把握现实的一种创造性的伟大实践。

传统审美的认识论界定是一种建立在"主客二分"之上的美学，而马克思主义美学则是在人与自然、人与社会、人与人的关系把握中实现由认识论到存在论的重大转变，这是马克思对美的本质的理解从"感觉的完美性"转向"存在的完美性"的表现。马克思说过："人的本质不是单个人所固有的抽象物，在其现实性上，它是一切社会关系的总和。"① 人生存于由物质生产所决定的人与社会、人与自然这两个关系之中，因此，人的精神生活和精神活动，包括人的生存意识、对"终极价值"和"精神家园"的寻求，也是由这两个关系决定的。如果这两个关系与人们自身的生存发展是一致的，是人的自我实现所必需的形式，人们就会对这两个关系采取肯定的态度，就会肯定人的生存是有意义的、有价值的，反之，就会采取否定的态度，寻求改变的途径。接受马克思主义新思想的进步青年，认识到利用军阀打军阀的救国路是走不通的，还得依靠人民群众，建立无产阶级革命政党。蔡和森主张"先组织党——共产党"，他鲜明地指出："中国共产党的政治环境是资产阶级德莫克拉西尚未成功，而是半殖民地和半封建的中国，共产党不仅负有解放无产阶级的责任，并且负有民族革命的责任。"② 1921 年 7 月"中国产生了共产党，这是开天辟地的大事变"③，中国共产党的诞生，给因辛亥革命失败而迷茫的人民群众带来了光明和希望，使中国人民从精神上由被动转为主动，此后，中国共产党带领中国人民，为彻底推翻帝国主义、封建主义、官僚资本主义三座大山进行了艰苦卓绝的革命斗争，无数的志士仁人为"索我理想之中华"矢志不渝，孜孜不倦地寻找着适合国情的政治制度模式和能够让最广大人民群众"翻身解放、当家作主"的新道路。

① 《马克思恩格斯选集》（第 1 卷），人民出版社，2012，第 139 页。
② 《蔡和森文集》（下），人民出版社，2013，第 143 页。
③ 《习近平谈治国理政》（第 4 卷），外文出版社，2022，第 4 页。

（一）"正义之美"体现在反抗压迫的斗争立场中

哪里有压迫，哪里就有反抗。对于人与现实的审美关系，马克思并没有孤立地把它看作一个摆脱自我束缚、实现主观自由的问题，而首先将其当作一个现实领域的问题加以关注，即主观和内部的束缚其实（说到底不过）是客观、外部的束缚的一种反映。他指出，"有意识的生命活动把人同动物的生命活动直接区别开来"，也"仅仅由于这一点，他的活动才是自由的活动"，"自由的有意识的活动恰恰就是人的类特性"。① 当人在现实领域中冲破重重束缚、种种强制和压迫之后，人的活动的"有意识"动机才能与"自由"的需求获得有机而完美的结合。相较于直观的、机械的反映，这种反映使"革命"在阶级斗争中升华为推动历史前进的深层美学结构，并变得更加丰富，成为充满了正义性的积极审美因素。无产阶级要从根本上改变自己的处境，就必须改变政治上的无权地位，必须清醒地看到阶级斗争和革命行动的必要性。抗日战争时期，所有爱国的中国人和中国共产党人无不产生了誓死卫国的责任感，孕育出了以"天下兴亡、匹夫有责的爱国情怀，视死如归、宁死不屈的民族气节，不畏强暴、血战到底的英雄气概，百折不挠、坚忍不拔的必胜信念"为核心的抗战精神，表现出一种雄浑壮阔、荡气回肠的正义之美。"正义"来自人身上的"正义感"，唯有"正义感"拥有超越任何局部利益的普遍性。中国人民坚信正义事业必然胜利，将正义的理念纳入主体对社会现实的审美感知，触发了从"身体"感性经验到社会正义伦理的情怀和精神。

（二）"正义之美"体现在实事求是的思想路线中

马克思指出："动物只是按照它所属的那个种的尺度和需要来构造，而人却懂得按照任何一个种的尺度来进行生产，并且懂得处处都把固有的尺度运用于对象；因此，人也按照美的规律来构造。"② 所谓美的规律，存在于人的目的的自我实现和客观事物本身规律的统一中。在长期的斗争过程中，党致力于遵从、践行"一切从实际出发，理论联系实际、实事求是、

---

① 《马克思恩格斯选集》（第1卷），人民出版社，2012，第56页。
② 《马克思恩格斯选集》（第1卷），人民出版社，2012，第57页。

在实践中检验和发展真理"的基本要求和根本规律，提出"从斗争中创造新局面"的思想路线，逐步摸索出一条具有中国特色的发展道路和总体战略，使中国革命的道路逐步由遮蔽走向澄明。中国共产党坚持从客观事实出发，不谨守于既有教条，其以精神高度反作用于现实世界的"参与式"的"共生"审美观，构成了正确理解中国革命问题和探索中国式革命道路的本体论出发点。毛泽东反复阐明的"农村包围城市、武装夺取政权"的思想是对马克思主义的重大发展，他明确指出，中国革命必须以军事发展暴动，必须采取"有根据地的，有计划地建设政权的，深入土地革命的，扩大人民武装的路线"①。他有意识地、自觉地发展和强化了中国革命的实现手段和主要途径，率先提出了马克思主义中国化的历史任务。他在《中国革命和中国共产党》一文中指出，"认清中国社会的性质，就是说，认清中国的国情，乃是认清一切革命问题的基本的根据"，并据此形成了新民主主义革命理论的总路线，即"无产阶级领导的，人民大众的，反对帝国主义、封建主义和官僚资本主义的革命"②。中国共产党致力于具体地研究中国的现状和中国的历史，这种"实事求是"的革命精神不仅凸显了以客观事实为依据的存在论审美观，也体现了从历史唯物主义出发，基于"事实—价值"辩证法建构的马克思主义的正义之美。

（三）"正义之美"体现在人民解放的奋斗历程中

马克思把个人追求自由和自我发展的真正的人类需要提到历史的高度进行考察，强调只有达到"人自身的解放"，才能实现一切人的自由而全面的发展，表达了解放道德的正义论思想。党在新民主主义革命时期形成的一系列反映民族精神、体现时代要求、彰显政党性质、凝聚革命力量的伟大革命精神在基本内涵方面是完全一致、一脉相承的，是党团结带领人民持续推进以民族独立、人民解放为中心的伟大斗争的审美反映。这种审美反映转变为审美经验在人的意识深处积淀下来，并丰富和充实着人的审美心理结构，不断调整和改变着人自身内在的美的尺度。每一次审美活动的终点反过来又成了日后审美活动的起点，而且这些审美经验不仅作为审美

---

① 《建党以来重要文献选编（1921~1949）》（第7册），中央文献出版社，2011，第2页。

② 《建党以来重要文献选编（1921~1949）》（第25册），中央文献出版社，2011，第410页。

者个人的精神财富保存在意识中，还会通过社会交往和传递的方式，把个人的经验变成社会的，达到共产党人个体与类的统一，以及共产党员与全体人民的统一。① 因此，中国共产党的革命精神是审美经验不断延续和超越的过程式的审美反映，当革命的审美需要被革命者清楚地意识到，并转化成一种自觉的精神追求时，它才真正构成一种推动革命发生并取得胜利的正义力量。

三　斗争精神的崇高之美

崇高不仅是道德至善的标志，更是"伟大"美学精神的象征。真实具体的审美对象（革命政权、革命军队、革命战役、革命英雄等）的客观性内涵，不仅再现了共产党领导的现实革命实践，而且完美体现了共产党人的理想信念和崇高精神，是一种与革命者主观性融为一体的客观性。"最丰富的东西是最具体的和最主观的。"② 共产党人不仅在改造现实世界中把自己的本质力量外化到对象中，创造了革命奇迹、实现了斗争胜利、取得了巨大成就，而且将具有斗争性审美精神的生命构想成一种对现实存在的审美反映与欣赏。生命从这种主动精神中获得一种强有力的特性，对现实的实际情况，特别是对其自身展示出各种标准与目的；对那些标准与目的提出要求，承担改变现实状况的任务。每个人的斗争理想与现实之间会产生心理激荡、情感起伏，与共产党人精神的坚强不屈以及实践行为赋予的韧性，共同铸成了富有魅力的审美人格，表现为崇高思想境界、优秀道德风范、巨大人格力量及浩然革命正气。

（一）"为中国人民谋幸福，为中华民族谋复兴"崇高使命的审美意识

马克思说审美需要是人所独有的一种具有内在必然性的生命需要，而不仅仅是感官欲求的享受，所反映出来的总是主体对对象的一种直接或间接的肯定态度，亦即"应如何"的问题。共产党人的审美需要从改造现实的革命斗争中获得满足，并产生出更高层次的精神追求，进而推动人们去

---

① 王元骧：《审美自由与人的解放——兼论马克思对德国古典美学的继承与革新》，《杭州大学学报》（哲学社会科学版）1998 年第 3 期。

② 〔德〕黑格尔：《逻辑学》，杨一之译，商务印书馆，1976，第 549 页。

从事一切有益活动。

人的精神具有感应优美、壮美、崇高等感情的特性，这取决于具有审美价值的现实生活。马克思在《资本论》中为人类指明了"从必然王国走向自由王国的途径"，虽然人类最终摆脱"必然性王国"的统治，真正实现人的自由而全面的发展，还需要漫长的时间，但关于人类社会发展前途的设想："自由联合体中每个人的全面发展"、"普遍人的解放"、建立"更合理的制度与更美的人性"及"按照美的规律生产"等重要取向，给了受压迫人民希望，是为之奋斗的崇高理想。尽管革命的生活是艰难、艰苦、艰辛的，但共产主义战士们仍然保持着革命乐观主义精神，革命的火种被点燃，希望的火炬在传递着解放的心声。"延安五老"之一谢觉哉曾说："艰苦是有味道的，只要你是为着正义的事业，为了社会的前进。……艰苦与快乐是一事的两面，也往往在同一个时间空间存在。"① 从"为民族争生存而奋斗"到"为民族争崛起而奋斗"，这种共产主义者的精神一代又一代，生生不息。这也是每个共产党人的审美理想，它作为一种人生修养，直接使革命中的审美活动成为革命者人生实践的重要组成部分。

（二）追求崇高精神境界的审美文论

马克思说："忧心忡忡的穷人甚至对最美丽的景色都没有什么感觉。"② 说明美不是无条件的，审美作为一种活动必须有特定的心理时空的关系组合，在不同的时间、不同的空间，对不同的人，审美反映的效果是不同的。在对现实的反映和把握中，共产党人会受到他的时代、他的民族、他的阶级以及他的人格的限定，认识对象被主体的需要、意志、思想、目的甚至情感、想象所渗透。革命精神的形成和发展过程既是一种将共产党人的感受、感知、感情等感性体验融入审美对象的情感活动，又是一种显示马克思主义政治观点、道德评价、意志品质的认识活动和实践的功能性活动。中国共产党的革命精神在感情与思想的相互融合中，既渗透着感性的、具象的审美体验，又显示着政治的、道德观念的思想评价，感性体验是审美反映的前提和基础，思想评价使审美反映获得深层意义，大大地改造、丰

---

① 谢觉哉：《革命传统中的艰苦与愉快》，《人民论坛》1994 年第 4 期。
② 《马克思恩格斯全集》（第 42 卷），人民出版社，1979，第 126 页。

富、提高和深化了革命的意义。

李大钊在《美与高》一文中首先把审美范畴与革命斗争相联系，追问"何以吾之民族，日即消沉于卑近暗昧之中，绝少崇宏高旷之想"①，"吾其为'美'之民族乎？'高'之民族乎？抑为'美'而'高'之民族乎？"针对中外反动势力的政治压迫、经济剥削和思想毒害，他提出了自己的"崇高美学观"，认为美"有秀丽之美，有壮伟之美，前者即所谓'美'，后者即所谓'高'也"②，希望通过崇尚以爱国主义为主题的崇高壮美，唤起民众的觉悟，促进国民精神的发展，达到"振奋国群"、"再造中华"的革命目的。面对最黑暗、最残酷的现实，只有依靠全民族的觉醒，依靠全民族勇于牺牲的斗争精神，才能将其彻底扫除。所以，李大钊极鲜明地赞颂和推崇"慷慨悲壮"的斗争精神，寻求社会与人生崇高境界的审美情趣。

（三）坚定民众持续创美的崇高信念

斗争精神的形成发展过程是中国共产党人情感想象与斗争实践不断融合的过程，渗透着感性的、具象的审美体验，显示着政治的、道德观念的思想评价，这使得审美反映获得更深层意义，大大地改造、丰富了革命的价值，同时彰显了革命者追求崇高审美境界的精神意志。进入新时代，中国共产党的革命精神仍然是具有持久活力的优质基因，整合革命精神文化资源的美学元素使之成为激励人们在事关国家和民族前途命运问题上敢于斗争、善于斗争的鲜活素材，以感官感受、感性体验为基础，重现活生生的"个体生命"与"革命事业"相结合带来的"真情化泪"的审美感性愉悦、"先国难后私仇"的审美领悟愉悦和"人民当家作主"的审美精神愉悦，这种审美感受虽不是审美活动的全部，却是引导当代审美主体认识和体验"崇高美"之须臾不可脱离的宝贵经验。

中国共产党的斗争精神激励着中国人民从屈辱和灾难中苏醒，大踏步走向民族的独立和解放。这种精神随着革命态势的变化不断流动、发酵，又随着共产党人的主观性、创造性的增强，得到进一步丰富与充实。它包容着感知和认识、感情和思想、想象和意志、愉悦和评价的双向变化，突

① 《李大钊全集》（第 2 卷），人民出版社，2013，第 99 页。
② 《李大钊全集》（第 2 卷），人民出版社，2013，第 99 页。

出了马克思主义能动的、革命的、科学的审美特质。"人类的美好理想，都不可能唾手可得，都离不开筚路蓝缕、手胼足胝的艰苦奋斗。"① 斗争精神是中国共产党人初心的生动体现，在新的历史条件下必将永葆生命力，并成为激励中国人勇往直前的不竭动力和精神追求。

本章小结

本章主要对中国共产党斗争精神进行内在意蕴的概括，解答党的斗争精神"是什么"、内蕴"什么特质"的问题。

一是重点阐释了中国共产党斗争精神的理论意蕴，依据习近平总书记强调的为满足人民美好生活的需要、为实现伟大复兴要进行"知重负重、苦干实干、攻坚克难"的斗争，概括出知重负重、自觉担当是斗争精神的本质核心，苦干实干、甘于奉献是斗争精神的内在精髓，攻坚克难、开拓创新是斗争精神的集中体现，忠诚干净、矢志不移是斗争精神的根本灵魂。

二是本着积极应对具有"五个更加自觉、五个坚决"的新的历史特点的斗争需要，从解决现实问题、历史难题、时代课题的角度对斗争精神的价值意蕴进行阐释。

三是遵循马克思主义美学的审美规律，领悟党的斗争精神中蕴含的信仰之美、正义之美和崇高之美，使斗争精神在人民群众持续创美中成为勇往直前的不竭动力和精神追求。

---

① 《习近平谈治国理政》，外文出版社，2014，第52页。

第二章　斗争精神的形成基础

斗争精神与中国共产党相伴而生，马克思列宁主义斗争学说为斗争精神的形成奠定了理论基础，是其产生的思想渊源和根本指导思想。斗争精神根植于伟大的民族精神，坚守传承了中华民族的斗争基因，反映了中华儿女不屈不挠、勇于追求理想和实现梦想的优秀品质。在长期的执政过程中，中国共产党人不断推进马克思主义中国化、时代化、大众化成果的创新和升华，经历过革命、建设和改革时期的淬炼，斗争精神与时代相呼应，汲取到足够的力量和智慧，培养和形成了新时代中国共产党伟大斗争精神。

第一节　思想起源：马克思恩格斯列宁的斗争学说

马克思主义是科学真理，100多年来，马克思列宁主义为追求自身解放和整个人类解放的无产阶级提供了精神指引、科学指导，更为中国共产党在领导实现民族复兴进程中形成的斗争精神提供了坚实的理论基础。

一　马克思和恩格斯关于斗争精神的理论学说

马克思用尽一生为实现全人类解放而不懈斗争，恩格斯曾评价他，"马克思首先是一个革命家"，"斗争是他的生命要素。很少有人像他那样满腔热情、坚韧不拔和卓有成效地进行斗争"[1]。马克思和恩格斯在斗争中结下了亲密无间、真诚而无私的友谊，他们始终站在革命斗争的最前沿，为被压迫民族和被压迫人民消灭剥削、实现解放进行不懈斗争。马克思和恩格斯在《共产党宣言》中强调，在资产阶级和无产阶级的斗争中，共产党是始终代表着整个革命运动利益的政党。马克思和恩格斯一贯强调的斗争主

---

① 《马克思恩格斯选集》（第3卷），人民出版社，2012，第1003页。

要指"阶级斗争",虽然在他们的经典著作里并未明确提出"党的斗争精神"的概念,但他们在指导以工人阶级为代表的无产阶级政党斗争过程中,通过对抗性矛盾与矛盾斗争性、阶级对抗性与阶级斗争、辩证否定观与革命批判论的坚持和发展,始终充满追求崇高价值和永葆实践品格的无产阶级政党斗争精神,并针对政党在革命斗争中应持有何种政治思想、奋斗目标、策略原则、精神品质等问题提出了诸多批判性斗争理论和观点。在与其他非马克思主义、反马克思主义理论学说的斗争中,马克思和恩格斯实现了对人类文明思想形态的伟大超越,这对研究中国共产党斗争精神形成的思想理论渊源具有重要的指导意义,体现在以下三个方面。

(一)马克思主义矛盾斗争性理论是中国共产党斗争精神产生的认识论根源

马克思认为斗争就是事物内部或事物之间矛盾的双方既对立又统一的关系,与之对应,斗争精神的产生就是肯定事物矛盾运动规律的生动体现。

1. 马克思和恩格斯发现了产生现代社会的一切矛盾的基本矛盾

根据矛盾性质的不同,矛盾斗争可以区分为对抗性矛盾和非对抗性矛盾两种基本形式。对抗性矛盾的双方在本质属性和根本利益上是"水火不容"的状态,针对这类相互敌对的绝对矛盾只能借助激烈斗争和外部冲突的方式来解决,非对抗性矛盾则与之相反。在马克思看来,将矛盾双方的内在联系外在化,进而理解为外部冲突,是肤浅的、缺乏真理性的;相反,把握矛盾双方内在的、本质的必然联系,从而实现矛盾双方从力量不平衡状态的量的积累向质的飞跃过渡,最终促使矛盾实现由对立向统一的自然转化,而这一目标的顺利实现离不开斗争,并且旧的矛盾的分解伴随新的矛盾统一体的出现,矛盾斗争性理论是事物向前迈进而永不停息的理论根源,这种文明思想中从对抗到非对抗的文明矛盾论,使对文明社会史前历史的认识跨入了一个新的时期。

2. 马克思矛盾斗争性理论是从各国革命和建设的具体实践中总结概括出来的,并指导着不同国家的斗争实践

中国共产党自诞生之日起,就汲取马克思主义关于矛盾的普遍性与特殊性的辩证关系原理思考解决中国的现实问题,当固有矛盾日益尖锐,矛盾双方相互排斥、相互对立的矛盾斗争性就驱使着反对资本主义压迫的运

动如火如荼地进行，抨击封建专制制度的斗争日益激烈。不同时期中国共产党斗争精神的产生，根源于对每个阶段社会主要矛盾的正确认识和判断，党带领人民在解决社会主要矛盾的斗争中，激发了顽强充沛的斗争精神，并统筹把握矛盾斗争的历史性与过程性的衔接耦合，向坚决打赢为实现中华民族伟大复兴而斗争的"持久战"和"长期战"提供了精神支撑。

（二）马克思主义阶级斗争理论是中国共产党斗争精神丰富和发展的动力性指导

马克思和恩格斯所提及的"斗争"不仅是矛盾双方的既对立又统一的关系，在阶级社会中，它更表现为推翻旧制度、建立新社会的"阶级斗争"。1883 年，恩格斯在修改《共产党宣言》后指出："人类的全部历史（从土地公有的原始氏族社会解体以来）都是阶级斗争的历史。"[①] 马克思科学把握人类社会发展的一般规律及其根本动力，揭示出对抗阶级（阶级利益根本冲突）之间的根本对立和坚决斗争是阶级社会不断向前发展的根源。阶级斗争理论指导无产阶级作为一个具有自身利益和要求的单独阶级同资产阶级相对抗，目的就是消灭剥削和压迫，进一步解放和发展生产力，从而促进人的全面发展。"没有对抗就没有进步，这是文明直到今天所遵循的规律。"[②] 马克思主义还指出阶级的存在是同生产发展的一定历史阶段相联系的，生产方式内在矛盾的对抗性，必然导致阶级斗争尖锐化，而阶级斗争必然导致无产阶级专政，"专政"是达到消灭一切阶级和进入无阶级社会的必然过渡，无产阶级作为伟大革命阶级从一开始就是作为全社会的代表，而不是仅作为一个对抗的阶级出现的，工人阶级是实现社会根本改造的真正的社会力量，肩负着彻底改造旧世界的历史使命。马克思主义阶级斗争理论指导着中国共产党斗争精神的形成，表现为以下三点。

1. "共产主义"斗争目标是永葆无产阶级政党斗争精神的思想指引

中国共产党作为无产阶级政党，自成立之日起就锚定"实现共产主义"的目标，组织起来与对抗阶级进行革命斗争，彻底推翻"三座大山"，从根

---

① 《马克思恩格斯全集》（第 28 卷），人民出版社，2018，第 530 页。
② 《马克思恩格斯全集》（第 4 卷），人民出版社，1958，第 104 页。

本上消灭阶级差别、消除剥削制度，以"实现共产主义及人类解放"① 为最高理想和最终目标。在马克思和恩格斯看来，共产主义作为一种斗争理论，"是无产阶级立场在这种斗争中的理论表现，是无产阶级解放的条件的理论概括"②；实现共产主义作为一种斗争目标，目的是建立一个无产阶级联合体，"在那里，每个人的自由发展是一切人的自由发展的条件"③，而社会主义也只有成为工人运动的斗争目标，才能取得胜利。无论是斗争理论还是斗争目标，归根结底都要求无产阶级政党将实现共产主义作为以革命斗争方式奋不顾身追逐的理想。共产主义作为马克思主义斗争理论和斗争目标是中国共产党人坚定理想信念不动摇，保持永不放弃、坚韧不拔斗争精神的价值追求和思想指引。

2."人民至上"的斗争理念是永葆无产阶级政党斗争精神的政治本色

马克思和恩格斯认为，"历史活动是群众的活动，随着历史活动的深入，必将是群众队伍的扩大"④，在阶级社会，人民为争取主体地位，必须通过发动革命推翻阶级压迫的旧世界。马克思和恩格斯在《共产党宣言》中指出，"共产党人不是同其他工人政党相对立的特殊政党。他们没有任何同整个无产阶级利益不同的利益"⑤，无产阶级开展的运动不是为少数人，而是立足于、根植于广大人民群众，服务于为人民争取主体地位。中国共产党人始终将"为人民谋幸福、为中华民族谋复兴"确立为自己终身的奋斗目标和崇高使命，正如马克思所说："作为确定的人，你就有规定，就有使命，"保持马克思主义"人民立场"的政治本色，"人民立场是中国共产党的根本政治立场，是马克思主义政党区别于其他政党的显著标志"。⑥

3. 敢于斗争、共同战斗的斗争品格是永葆无产阶级斗争精神的力量之源

马克思指出，主张变革的党是在和敌对势力的斗争中才走向成熟，成为真正意义的革命党的，而工人阶级"必须勇敢而坚定地以自我牺牲的精神来争取胜利"⑦，以造成精神上的优势，掌握统治权力、维护自身根本利

---

① 刘先江、韩景云：《马克思的政党观》，解放军出版社，2014，第 85 页。
② 《马克思恩格斯选集》（第 1 卷），人民出版社，2012，第 291 页。
③ 《马克思恩格斯选集》（第 1 卷），人民出版社，2012，第 422 页。
④ 《马克思恩格斯文集》（第 1 卷），人民出版社，2009，第 287 页。
⑤ 沈云锁、潘强恩主编《共产党通史》（第 1 卷·上册），人民出版社，2011，第 105 页。
⑥ 习近平：《在庆祝中国共产党成立 95 周年大会上的讲话》，人民出版社，2016，第 18 页。
⑦ 《马克思恩格斯选集》（第 1 卷），人民出版社，2012，第 559 页。

益。敢于斗争、勇敢无畏的精神品质被马克思和恩格斯多次强调，1848 年，马克思在批驳康普豪森内阁不敢彻底革命的妥协论时，鼓励人们勇敢斗争，他指出："谁最勇敢、最坚定，谁就能取得胜利。"① 申明无产阶级政党应始终保持勇敢、坚决、热情，不断奋勇向前的斗争精神。马克思又强调，工人阶级解放的伟大目标"应该由工人阶级自己去争取"，其他一切政治运动都应作为手段为这一目标服务。他还强调这一目标之所以没有达到预期的效果，根本原因是彼此间"不够团结"，"缺乏亲密的联合"，马克思和恩格斯将共同战斗看作推动革命进程、赢得斗争胜利的强有力的武器。认为个人组成阶级的原因在于"他们必须为反对另一个阶级进行共同的斗争"②，无产阶级只有团结起来建立独立的、整体的组织共同对抗有产阶级的压迫和剥削，才能凝聚强大的动员力、向心力和凝聚力，迸发出无坚不摧、无往不胜的精神力量，相反"忽视那应该鼓励他们在解放斗争中坚定地并肩作战的兄弟团结，就会使他们受到惩罚"③，正如恩格斯在总结巴黎公社经验教训时，对国际无产阶级革命斗争的由衷告诫，"为了保证革命的成功，必须有思想和行动的统一"④，必须齐心协力，组建团结战斗的命运共同体，焕发出强大和充沛的斗争精神。

（三）马克思主义革命批判理论是中国共产党斗争精神产生的内生动力

马克思在《资本论》中阐释了唯物辩证法的精神实质："辩证法在对现存事物的肯定的理解中同时包含对现存事物的否定的理解，即对现存事物的必然灭亡的理解……辩证法不崇拜任何东西，按其本质来说，它是批判的和革命的。"⑤ 这种批判的、革命的斗争精神和斗争实践，推动了马克思主义理论的发展，并将消灭剥削、消灭阶级、实现人的自由全面发展作为核心的价值追求。马克思主义辩证否定观认为，由于保持事物存在的肯定因素和促使事物灭亡的否定因素在矛盾中相互斗争，实现了事物在曲折中不断前进。辩证否定观的实质是"扬弃"，否定是继承基础上的变革，既克

---

① 《马克思恩格斯选集》（第 1 卷），人民出版社，2012，第 439 页。
② 《马克思恩格斯选集》（第 1 卷），人民出版社，2012，第 198 页。
③ 《马克思恩格斯选集》（第 3 卷），人民出版社，2009，第 10 页。
④ 《马克思恩格斯全集》（第 18 卷），人民出版社，1964，第 385 页。
⑤ 《马克思恩格斯选集》（第 2 卷），人民出版社，2012，第 94 页。

服旧事物中消极的因素，又保留旧事物中积极的因素，还增添了新内容，矛盾新方与旧方在激烈的斗争中，促使事物由简单向复杂、由低级向高级逐渐发展和完善。在唯物辩证法看来，没有永恒的、神圣的、不可侵犯的现存事物。新事物与旧事物、统治阶级与被统治阶级、生产力与生产关系、经济基础与上层建筑的矛盾冲突与斗争决定了整个社会历史的变化发展，决定了社会形态从低级向高级不断更迭、飞跃。

马克思主义哲学以革命批判的精神表达它对现实的关注，一方面以"批判的武器"进行阐述、论证、战斗，对事物矛盾进行正确的反映，科学把握其内在的规律性；另一方面主张通过"武器的批判"对事物矛盾进行现实的改造，与内部旧有力量和外部阻碍环境进行坚决斗争，变革社会制度，领导工人运动，将人从异化生存状态中解放出来。无产阶级把"批判的武器"当作自己的精神武器，作为"武器的批判"的主体，自始至终武器由无产阶级掌握。恩格斯曾这样评价科学社会主义理论，他指出："我们党有个很大的优点，就是有一个新的科学的世界观作为理论的基础。"[1] 科学社会主义是无产阶级政党斗争的鲜明旗帜，中国共产党自觉学习和研究马克思主义理论学说，以掌握夺取革命斗争胜利的重要思想武器。马克思强调无产阶级需要通过革命和斗争来争取彼此之间的真正的、自由的联合，并且马克思主义理论也在现实的革命中批判着自身，成为不断发展的无产阶级革命理论，中国共产党批判地抵制非无产阶级思想对党的侵蚀，积极"从严治党"，开展"批评与自我批评"，努力保持党的纯洁性和先进性，以确保无产阶级政党在斗争中不会因受错误思想影响而出现热情淡化或意志弱化等问题。

二 列宁关于斗争精神的理论学说

列宁的一生都表现出其具有一个伟大的无产阶级革命领袖所特有的斗争精神。阶级斗争是推动阶级社会发展进步的直接动力，苏维埃政权就是在斗争中建立的，要进行伟大斗争，必须首先涵养全体共产党人的斗争精神，列宁关于斗争精神的理论学说主要包括以下五个方面。

---

[1] 《马克思恩格斯选集》（第2卷），人民出版社，2012，第10页。

（一）坚强的党性是催生斗争精神的重要源泉

列宁根据俄国具体的实际情况以及对马克思、恩格斯思想成果的批判继承，得出党性原则和斗争精神二者之间的关系是相互联系、相互依赖、不可分割的，并认为斗争精神之所以能产生出来，是因为有坚强的党性这个重要源泉，正是在坚守党性原则的氛围中，无产阶级政党才能保持斗争精神，展开阶级斗争。而党性也不是一直屹立不倒的，需要以各种方法、手段、途径作为支撑，而保持斗争精神就是最有效的途径之一。一方面，列宁在《社会主义政党和非党的革命性》中认为，"严格的党性是阶级斗争高度发展的伴随现象和产物。反过来说，为了进行公开而广泛的阶级斗争，必须发展严格的党性。因此，觉悟的无产阶级的政党——社会民主党，完全应该随时同非党性作斗争，坚持不懈地为建立一个原则坚定的、紧密团结的社会主义工人政党而努力"。① 随着俄国国内工人运动的高涨和阶级斗争的发展，出现了各种反对马克思主义以及要求放弃建立无产阶级独立政党的非党性的组织，其中"经济派"的主张严重危害党的建设。列宁指出，作为一个有觉悟的无产阶级政党，必须发扬斗争精神，和非党性的组织进行斗争，用马克思主义理论武装全党，建立具有坚强党性的先锋队组织；使阶级斗争也成为更加有目标、有底线的斗争。另一方面，在《军队和革命》中，列宁指出："当世界上还存在着被压迫者和被剥削者的时候，我们必须争取的不是废除武装，而是全民武装。只有全民武装才能充分保障自由。只有全民武装才能彻底打倒反动势力。"② 如何加强党性呢？仅仅依靠口头上的口号就能做到吗？答案当然是否定的。要想加强党性，进而催生出斗争精神，必须要求所有入党之人，不论是知识分子还是普通工人，都积极参加党的组织生活，接受党组织监督，严守党的组织纪律性，并且对党组织有高度的认同感和归属感。只有加强了党性，才能在面对修正主义、机会主义、军国主义、无政府主义等各种错误思潮时始终坚持以马克思主义为指导，与错误思想作斗争，最大限度地激发共产党人的斗争精神。因此，在列宁看来，缺乏党性的革命任务只会走向失败，无产阶级只有具有

---

① 《列宁全集》（第 12 卷），人民出版社，2017，第 123 页。
② 《列宁全集》（第 12 卷），人民出版社，2017，第 105 页。

了坚强、严格的党性和高度的政治自觉性，才能开展斗争，才能催生出斗争精神。

（二）重视党内斗争是永葆斗争精神的活力之源

列宁作为马克思主义的继承者和践行者，认为布尔什维克党是在和其他党派的斗争中建立起来的，在建立过程中同样离不开党内斗争，进行党内斗争是非常有必要的，这是永葆斗争精神的活力之源。首先，党内斗争的本质是思想斗争，在布尔什维克成为执政党后，党内环境极其复杂，斗争十分激烈，为了巩固新生政权，提高党的先进性和纯洁性，防止党内滋生腐败因子，列宁认为要重视党内斗争，净化党员心灵，提高党员思想境界，并在确保国家经济平稳运行的基础上最大限度地发挥党员干部的斗争精神，奋勇拼搏、披荆斩棘，让社会主义迈向新征程。其次，列宁认为要重视党内政治斗争，布尔什维主义有两个敌人，一个是向资产阶级倾倒的社会沙文主义，另一个是"左"倾机会主义，在俄国布尔什维克党内有两次规模特别大的斗争，都是对"左"倾错误思想的反对。其中一次斗争的核心在于，是否参加最反动的"议会"。在《共产主义运动中的"左派"幼稚病》中，列宁指出："假使布尔什维克当时没有在最严酷的斗争中坚持一定要把合法的斗争形式同不合法的斗争形式结合起来，坚持一定要参加最反动的议会以及其他一些受反动法律限制的机构（如保险基金会等），那么他们就决不可能在1908—1914年间保住（更不用说巩固、发展和加强）无产阶级革命政党的坚强核心。"① 因此，面对政治上"左"倾、右倾错误的影响，列宁认识到必须发扬党内干部的斗争精神，同党内"左"倾、右倾主义展开积极斗争。此外，为了永葆党的生机与活力，加强其战斗力与凝聚力，列宁提出了"清党"。与斯大林的"清党"不同，列宁的主要目的是加强党内团结，提高党员质量，保持党的先进性与纯洁性，从而提升党的自身建设能力。在苏维埃政权建立初期，党内思想不纯，对社会主义和共产主义理想信念不坚定，贪污腐败奢靡之风严重，非无产阶级思想以及资产阶级思想侵蚀的现象依旧存在，为了净化党内政治生态，清除党内一切利己主义和个人主义，提高党员自身素质，保持党员的斗争精神。列宁在

---

① 《列宁全集》（第39卷），人民出版社，2017，第16页。

《关于清党》中指出：“必须把欺骗分子、官僚化分子、不忠诚分子和不坚定的共产党员以及虽然‘改头换面’但内心里依然敌我的孟什维克从党内清除出去。”① 做好“清党”工作，才能解决党内斗争的诸多问题，党好比人的身体，只有内、外都做了大检查、大清洗，才能保证身体的健康，继而进行顽强的斗争，永葆斗争精神的活力。

（三）加强理论武装是丰富斗争精神的重要基础

马克思和恩格斯对无产阶级的理论武装的重要性进行了系统的阐述，列宁对其进行了继承和发展，列宁认为，用马克思主义理论武装全党，是党树立鲜明旗帜的有效途径，也是党员干部始终保持斗争精神的重要基础。首先，布尔什维克党建立后，党内斗争激烈，对巩固苏维埃政权造成了极大的阻碍，在一系列革命运动中，列宁认为需要保持党的先进性和纯洁性、提升党员质量、提高党员思想觉悟、坚定党内人士对社会主义和共产主义的信念、与各种非无产阶级思想作斗争，从而丰富党内斗争精神，在此基础上他强调必须加强理论武装，坚定不移地坚持马克思的观点、立场和方法。只有用科学的理论武装全党，才能保证政权的稳定和巩固，才能在面对党内外各种斗争中充分发挥党内人士的斗争精神，推动社会主义的发展。其次，根据列宁的“灌输论”可以知道，工人阶级的社会主义意识并不是自发形成的。“这种意识只能从外面灌输进去，各国的历史都证明：工人阶级单靠自己本身的力量，只能形成工联主义意识，即确信必须结成工会，必须同厂主斗争，必须向政府争取颁布对工人是必要的某些法律，如此等等。”② 除此之外，列宁认定马克思主义是“唯一正确的革命理论”，主张以“不怕痛苦和牺牲的精神”去认识和掌握马克思主义，他在为无产阶级文化协会代表大会起草的决议草案中写道：“现代历史的全部经验，特别是《共产党宣言》发表后半个多世纪以来世界各国无产阶级的革命斗争，都无可争辩地证明，只有马克思主义的世界观才正确地反映了革命无产阶级的利益、观点和文化。”③ 他还强调，与以往的空想社会主义不同，马克思主义

---

① 《列宁选集》（第 4 卷），人民出版社，2012，第 562 页。
② 《列宁选集》（第 6 卷），人民出版社，2017，第 29 页。
③ 《列宁全集》（第 39 卷），人民出版社，2017，第 374 页。

是在资本主义的各种弊端日益暴露、经济危机周期性频繁发生的背景下，在面对资产阶级的剥削和压迫、各国工人运动相继发生的条件下产生的，各国工人迫切需要科学的理论指导他们的革命，需要用正确的理论来武装无产阶级政党，只有马克思主义理论才是无产阶级政党进行斗争的正确指导，也是丰富斗争精神的重要基础，在任何时间、任何条件下，必须旗帜鲜明地坚定马克思主义不动摇，依靠马克思主义理论同修正主义、机会主义以及各种非无产阶级思想作斗争。

（四）严守铁的纪律是坚持斗争精神的重要内容

要想坚持斗争精神，必须注重思想建党，加强政治纪律，严守组织纪律。首先，列宁认为，"任何革命运动，如果没有一种稳定的和能够保持继承性的领导者组织，就不能持久"[①]。当时的沙俄是帝国主义链条上力量最薄弱的，也是帝国主义各种矛盾的焦点，要想战胜压迫，打开一条通往光明的缝隙，使俄国从帝国主义的魔爪下逃离，走上充满光明和希望的道路——社会主义道路，没有一个具有铁的纪律的无产阶级政党是不行的，而铁的纪律是无产阶级政党进行党内外斗争的重要保证，也是坚持斗争精神的重要内容。列宁强调的"领导者组织"，它的构成是"以革命活动为职业的人"，是需要铁的纪律约束的。正因为其有严格的纪律，经济、文化落后的俄国才能在如此恶劣的环境下建立起无产阶级专政，开辟新的道路。其次，十月革命后，布尔什维克党内军心涣散，无政府主义被大肆宣扬，党内人心不齐、信念薄弱、情绪消极，且帝国主义势力加强对俄国的武装干涉，国内反动派也蠢蠢欲动。列宁认为，在如此严峻的条件下，如果不加强党的纪律，凝聚党心，团结党员，那么，布尔什维克政权可能也只是昙花一现，做不到无产阶级专政，谈何社会主义以及共产主义。他还在《共产主义运动中的"左派"幼稚病》中讲道："小私有者，即小业主（这一社会类型的人在欧洲许多国家中都十分普遍地大量存在着），在资本主义制度下一直受到压迫，生活往往异常急剧地恶化，以至遭到破产，所以容易转向极端的革命性，却不能表现出坚韧性、组织性、纪律性和坚定性。"[②]

---

① 《列宁全集》（第6卷），人民出版社，2013，第118页。
② 《列宁全集》（第39卷），人民出版社，2017，第12页。

为了扭转这一现象，振奋党内外人员精神，必须制定、实行及其严格的纪律，这既是做党内思想斗争的最直接的方式，也是战胜党内非无产阶级思想对党侵蚀的手段。最后，列宁认为，在新生的苏维埃政权尚未得到巩固、国内国外动荡依旧时，要想使政权稳固、国民经济得到恢复和发展，必须从纪律入手，在党内实行铁的纪律。如果纪律不严、不铁，斗争的情绪就会低迷，斗争精神将不复存在，那么党的武装力量就会一点点消退，没有武装力量的政党就会变得不堪一击，更别提政党长存了。正是因为列宁对党的纪律建设如此重视，布尔什维克党才能稳、准、狠地抓住战略机遇，充分发扬其斗争精神，建立了无产阶级政党，谱写了历史新篇章。

（五）坚定政治信念是发扬斗争精神的关键抓手

政治信念是共产党员的动力来源，是共产党员发挥斗争精神的关键抓手，其体现出一个党在面对国内外复杂形势以及各种非无产阶级侵蚀政党时敢于斗争、攻坚克难的强大意志。19世纪末，革命浪潮一波接着一波，随着国内外环境的变化，不少人认为，可以用和平的方式进入社会主义，这与马克思、恩格斯的"暴力革命论"是相悖的，在当时的社会条件下，这种"和平的方式"是不可取的，它只会削弱广大党员的斗争意识，动摇最初的革命理想，也限制了共产党员发挥斗争精神。列宁首先认识到，如果党员没有坚定的政治信念，斗争就不会成功，无产阶级专政就不会实现，通往社会主义的光明道路也会就此封闭。其次，在十月革命胜利之后，布尔什维克党以及各类反动派对苏维埃政权的合法性展开了质疑，认为用暴力夺取政权是不合法的。1918年，俄共（布）第七次（紧急）代表大会上列宁指出："只有经过非常艰苦的、长期的和顽强的努力才能消灭这种瓦解现象，并战胜助长这种现象的分子。"[①] 无产阶级的最终目标是：为了实现共产主义而奋斗。但是在苏维埃政权建立初期，阶级依旧存在，资产阶级顽固派并没有完全消除，为了镇压国内的反动阶级，加快社会主义道路建设，必须坚定政治信念，深入资产阶级内部，以共产党人崇高的理想和坚定的政治信念消除、克服各种非无产阶级思想，与资产阶级进行严谨、长期的斗争，为社会主义建设奠定基础。除了国内政治不稳定，俄国落后的

---

① 《列宁全集》（第34卷），人民出版社，2017，第5页。

旧文化、旧思想也深入党员内部。正如马克思所说："一切已死的先辈们的传统，像梦魇一样纠缠着活人的头脑。"① 在党内，虽然有共产主义远大目标，但是仍有沙皇时代残留的旧思想，官僚主义盛行，党员心浮气躁，为了坚定党员政治信念，保持党内的先进性和纯洁性，加强党内的团结，列宁进行了"清党"运动，将思想觉悟低以及生活作风差的党员清除出党，并通过党纪党律坚定党员的政治信念，认为只有和党内党外各种恶势力作斗争，才能保证无产阶级政党的稳固，并开拓社会主义新道路，最终实现共产主义。

第二节　文化渊源：中华民族传统文化的优秀基因

以史为镜，知往鉴今。斗争精神是中华民族精神谱系中的重要元素，是中华优秀传统文化不可分割的重要组成部分。中华民族 5000 多年文明历史的生成、发展和永续传承，无时无刻不处于斗争之中，从先秦诸子的百家争鸣到秦始皇的"大一统"，从汉朝的"独尊儒术"至明清的儒释道融合，从近代以来的汉语涅槃到今天的"对话"与"自信"，中华文明作为人类历史上唯一未曾间断过的文明，记载了中华民族在长期奋斗中开展的斗争实践、形成的斗争智慧、运用的斗争策略。中国共产党在领导人民进行革命、建设、改革的伟大斗争实践中，不断汲取中华优秀传统文化中蕴藏着的顽强的斗争精神、深刻的斗争智慧、丰富的斗争经验，从儒家自强不息的斗争品格、道家无为而无不为的斗争智慧里汲取精神力量和深厚滋养，涵养党的优良文化传统、优秀精神品格，为中华民族伟大复兴提供强大的思想武器。具体体现在以下三个方面。

一　儒家思想中"勇"的斗争性格

儒家思想在中华民族传统文化中占据着主流地位，凝结成中华文明的精神内核。斗争精神天然地贯穿于儒家的一切思想和实践之中，展现出"勇"的斗争性格。

---

① 《马克思恩格斯选集》（第 1 卷），人民出版社，2012，第 669 页。

（一）儒家"大勇"的斗争原则和斗争气概

儒家传统道德中"智、仁、勇"这三种品质被称为"君子道者三"，认为品行高尚的君子不但要有智慧、讲仁德，还必须勇敢。《论语》中说，"仁者必有勇"，"见义不为，无勇也"，孔子理想人格中的仁人君子不仅应关切个人道德品格修养，具备"知勇"的美德也占据着相当重要的分量。孔子提倡的"勇"是君子之勇，反对蛮勇、匹夫之勇，提出"君子有勇而无义为乱，小人有勇而无义为盗"（《论语·阳货》），追求符合正义正道的斗争，坚持"不逾矩"的道德原则。孟子也强调"勇"的气概和斗争的思想，《孟子·公孙丑上》中记载，"吾尝闻大勇于夫子矣：自反而不缩，虽褐宽博，吾不惴焉；自反而缩，虽千万人，吾往矣"。孟子鼓励志士仁人勇往直前，不畏强暴，培养"富贵不能淫，贫贱不能移，威武不能屈"敢于斗争的"浩然正气"和舍生取义的"大勇"品德。在《荀子·荣辱》中荀子将"勇"分为"狗彘之勇""贾盗之勇""小人之勇""士君子之勇"四类，他大力推崇为了捍卫仁义而坚持正义、不屈不挠的"士君子之勇"。儒家最重要的三位先贤的思想言论里体现了古人对"勇"的道德品格和斗争精神的高度重视。

（二）儒家"勇德"的斗争实践

中华民族重视"勇德"，强调斗争精神不只是停留在理论和口头上。在修养人格的实践中，中国古人的斗争精神表现为一种与私心、私欲、私利斗争到底，反身而诚的勇气，和将优秀的道德品质贯彻到底的决心。儒家所说的"知耻近乎勇"的"勇"就是对敢于直面错误、不怕改正错误的行为的赞赏，提倡要知羞改过，自省自勉，奋发图强。在维护天道、天理、王法和践行"四维八德"核心价值的实践中，中国的圣哲主张"人定胜天""己所不欲，勿施于人"，坚决与不合理、不符合道德规范的现象作斗争。面对强权霸凌或异族侵略等邪恶势力欺压时，儒家提倡敢于见义勇为、除暴安良、为国尽忠、以身殉道。在改造自然的实践中，荀子提出"制天命而用之"的思想，他认为"天有其时，地有其财，人有其治"，主张掌握自然规律，同自然灾害作斗争，为生民谋福利。几千年来，中华民族精神中所蕴含的不屈不挠、永不言败的精神产生于中华民族自强不息、刚毅不拔的性格和气节之中，并在与天斗、与地斗、与人斗的伟大实践中不断发展和丰盈。

二 道家思想中"道"的斗争智慧

道家思想中充满着智慧的"斗争"方法和策略，通过分析斗争双方的矛盾性质和变化趋势来阐发斗争的规律，提出道家特有的斗争策略和手段。

（一）道家"守柔曰强"的斗争策略

道家思想，可以追溯到春秋战国时期，道家总结了"成败、存亡、祸福、古今之道"，提出"无为而无不为"的道家斗争思想。道家代表人物老子在《道德经》中提出，"万物负阴而抱阳"［《道德经》（第42章）］，"人法地、地法天、天法道、道法自然"［《道德经》（第25章）］，万物都包含阴阳两个矛盾对立面，所以矛盾间的斗争也是普遍存在的，认识矛盾双方的斗争规律就是"道"，人作为天地间四大重要因素之一，应当遵循"道"。《道德经》（第22章）又说："曲则全，枉则直，洼则盈，敝则新，少则得，多则惑。是以圣人抱一为天下式。不自见故明，不自是故彰，不自伐故有功，不自矜故长。夫唯不争，故天下莫能与之争。古之所谓曲则全者，岂虚言哉！诚全而归之。"道家所谓"道"的运行规律就是"损有余而补不足"，所谓的"不争"，并非消极怠惰，无所作为，而是一种"守柔曰强"的更高级的斗争策略，这同今天我们提倡的"斗争"并非为斗争而斗争，而是为了获得更好的发展，保存实力苦练寒暑，厚积薄发达到"天下莫能与之争"的状态是同样的道理。

（二）道家"万物齐一"的斗争格局

道家思想中的斗争智慧还体现在"万物齐一"的斗争格局中。在行事中，要清醒地认识"道"，看清本质；努力地符合"道"，实现长久；明智地利用"道"，调控矛盾，还需要对事物矛盾双方的斗争关系有深刻的理解。如《庄子·德允符》所说："自其异者视之，肝胆楚越也；自其同者视之，万物皆一也。夫若然者，且不知耳目之所宜，而游心乎德之和；物视其所一而不见其所丧，视丧其足犹遗土也。"① 要站在更高层次的"道"或以"其异者"的角度看事物间的"斗争"，则会目无所视而明达、耳无所闻而心聪，能对斗争双方"视其所一"，采取全面性、全局性和可持续性的斗争策略。庄子的斗争精神不仅存在于个体与其外部环境，更多地表现为一种内向的斗争，即与自己的欲念、执拗、偏见、神识等不断作斗争，最终达到与"道"唯一的境界。

三　兵家思想中"胜"的斗争策略

兵家思想从斗争的正义性、和平性、人民性、进步性来衡量斗争的合理性及其获得胜利的可能性。

（一）兵家"慎战知胜"的斗争观念

中国兵家深入研究了战争这一典型的斗争形态，提出了"慎战知胜"的价值标准。首先，面对战争这一关乎国家存亡和人民生死的高度危险性大事件，兵学盛典《孙子兵法》开篇即指出："兵者，国之大者，死生之地，存亡之道，不可不察也。"孙子强调"非危不战"，对待战争必须慎之又慎，他说"不尽知用兵之害者，则不能尽知用兵之利也"，明主和良将只有"虑之""修之""慎之""警之"，深刻认识斗争的残酷性，才能真正了解斗争的规律，抓住战机、慎重开战、赢得全胜。其次，《孙子兵法》作为中国第一本正面分析斗争经验的兵书，以"慎战"的观念统领对待斗争的思想，并超越战争直抵战后的和平状态，告诫我们"不争天下之交，不养天下之权，信之私，威加于敌，故其城可拔，其国可隳"②，即要有忧患意识，反战但不惧战，中国在要求崛起的过程中谋求和平是依靠自己强大的实力，"威加于敌"才能有效塑造态势、控制危机、遏制战争、取得胜利。最后，《孙子兵法》明确将"全胜"战略作为斗争的最佳战略，取得"全胜"必须以"知胜"的谋略和"战胜"的能力作为基础，提升战略制定能力、掌握战略管理方法。孙子从用兵战略和全局战略的角度提出了他的"全胜观"，强调用兵最好的办法：一者是谋略，首先是以智谋取胜，若

---

① 《庄子》，方勇译注，中华书局，2010。此后所引《庄子》篇目均出自本书。
② 吴如嵩、苏桂亮主编《孙子兵学大辞典》，白山出版社，2015，第49页。

能"不战而屈人之兵"那是最好不过的，其次是外交等柔性手段向敌方施压；二者是以武力征服，使敌人屈从我方意志；三者才是攻打敌方城邑，以达到完胜的目的。孙子强调："上兵伐谋，其次伐交，其次伐兵，其下攻城。攻城之法，为不得已。"① "伐谋"与"伐交"的策略可以达到"兵不顿而利可全"的境地。"全胜"战略要求非战，孙子认为斗争真正的胜利意味着国家和平状况的改善以及人民生活水平的不断提高，这种思想对后世影响深远，成为中国历朝历代统治者安邦定国的重要战略思想。

（二）兵家"积形任势"的斗争策略

战略具有全局性，在孙子战略思想体系中"积形任势"极其重要。"胜者之战民也，若决积水于千仞之溪者，形也。"② "积形"是指充分积聚军事实力，迅速形成"若决积水于千仞之溪"的综合实力优势。"故善战人之势，如转圆石于千仞之山者，势也。"③ "任势"是指有效发挥军事实力，通过主观努力有意识地迅速造成有利态势。《孙子·虚实》中指出："兵无常势，水无常形。能因敌变化而取胜者，谓之神。"强调只考虑斗争的具体思路、形式、战术是远远不够的，要全面地、联系地看待斗争，将斗争看作始终运动和变化的过程，采取灵活机动的战略战术。千仞之形才能造成万钧之势，中国的崛起首先是靠"积形"，不断增强实力和综合国力；同时还需"任势"，充分发挥和依靠自己的一切有利态势，确保本国国家利益和人类命运共同体的利益。从孙子"全胜"战略来看，慎战才能知胜，虽然"不战而屈人之兵"的战略目标具有理想性，但"伐谋"、"伐交"和"威加于敌"的制胜方法具有现实的可行性，更突出了有效威慑力对制止战争、赢得和平具有重要意义。

综上所述，儒道法家的斗争气节和斗争原则、斗争智慧和斗争经验、斗争战略和斗争格局在中华民族大动荡、大变革时期触发了思想上的百家争鸣，催生了因斗争而丰富的儒释道融合，支撑和鼓舞着中华民族在同各种复杂挑战和深重磨难的斗争中绵延两千余年。深植于中华优秀传统文化

---

① 吴如嵩、苏桂亮主编《孙子兵学大辞典》，白山出版社，2015，第43页。
② 吴如嵩、苏桂亮主编《孙子兵学大辞典》，白山出版社，2015，第44页。
③ 吴如嵩、苏桂亮主编《孙子兵学大辞典》，白山出版社，2015，第44页。

中的"自强不息、勇往直前"的民族性格、"守柔曰强、取'道'有方"的斗争策略、"纵横捭阖、慎战知胜"的战略战术在斗争中存在、丰富并传承，磨砺了中华民族不屈不挠、顽强拼搏的斗争精神，是中华民族伟大复兴和永续发展的重要根基。

第三节　直接来源：中国化马克思主义理论的斗争哲学

"斗争"是共产党人鲜明的政治品格和革命传统。中国共产党自成立伊始，便继承了马克思主义斗争理论。党的历任主要领导人，毛泽东、邓小平、江泽民和胡锦涛便以此理论为指导，在具体斗争实践中形成了一系列符合中国实际、适应时代发展要求的观点和论断，为实现民族独立和人民解放、为探索和建设社会主义提供了理论支撑和实践指导。

一　毛泽东关于斗争精神的论述

毛泽东思想是在斗争实践中形成和发展的思想。毛泽东在求学时期，就曾在日记中写道："与天奋斗，其乐无穷！与地奋斗，其乐无穷！与人奋斗，其乐无穷！"[1] 造就了毛泽东无论是在实现民族独立和人民解放的新民主主义革命时期，还是在完成社会主义改造向社会主义转变的革命和建设时期，始终坚持把马克思主义的历史观、方法论、辩证法应用于中国革命和建设的具体斗争实践中，开创性地提出"马克思主义中国化"，为党的一系列理论创新开辟了正确的道路。

（一）从理论依据和经验积累来看，毛泽东坚持进行伟大斗争和创造科学的斗争理论

马克思列宁主义理论是毛泽东思想形成的重要理论依据，毛泽东最早在阅读《共产党宣言》《阶级斗争》《社会主义史》等著作中接受了马克思主义的历史观和方法论，尤其是阶级斗争学说，又在 1935 年、1936 年前后阅读了《辩证法唯物论教程》《辩证唯物论和历史唯物论》，研究发展了马

_____

[1]　《毛泽东年谱（1893~1949）》（上卷），中央文献出版社，2013，第 24 页。

克思主义辩证法，这些直接影响了青年毛泽东从改良到革命的转变，对他斗争理论的形成起到了重要的推动作用，表现在以下三个方面。

一是毛泽东坚持用马克思主义的历史观和方法论分析中国社会斗争的对象和性质，厘清了依靠力量。在《中国社会各阶级的分析》《国民革命与农民运动》《湖南农民运动考察报告》等经典著作中，毛泽东运用马克思主义的阶级分析方法分析了中国社会各阶级的经济地位和政治态度，辨明了中国革命的敌人和朋友，强调无产阶级是我们革命的领导力量，农民力量是中国革命的主要力量。

二是毛泽东用马克思主义的辩证法和认识论研究斗争方法和斗争策略，为中国革命的斗争实践提供了哲学高度的策略支持。毛泽东又从哲学的角度对中国革命斗争实践经验进行总结，形成了《实践论》《矛盾论》（以下简称"两论"）这两部解决中国革命重大问题的"金钥匙"，提出"从实践到认识，又从认识到实践""实践是真理的标准""从群众中来，到群众中去""改造客观世界，也改造自己的主观世界"等中国化马克思主义斗争认识论的标志性概念。并将其与中华优秀传统文化的智慧和力量、中国革命的斗争实践经验深度融合，丰富和发展了马克思主义辩证法和认识论，"两论"揭示的哲学思想、阐明的基本原理为独立自主探索中国革命斗争实践提供了积极指导。一方面，毛泽东用"矛盾普遍性原理"揭示了斗争的普遍存在，增强了斗争意识。"一切事物中包含的矛盾方面的相互依赖和相互斗争，决定一切事物的生命，推动一切事物的发展。没有什么事物是不包含矛盾的，没有矛盾就没有世界。"[①]有矛盾就会有斗争，只有看穿矛盾是贯穿人类社会发展始终的基本规律，才能意识到双方的斗争是永恒的。另一方面，毛泽东坚持用"矛盾特殊性原理"揭示对待不同斗争的方式，增强了斗争的本领。毛泽东提出对抗性矛盾和非对抗性矛盾要区别对待，要对中国社会各阶级的经济地位及其对于革命的态度进行深刻分析。当外有中华民族和帝国主义列强之间的矛盾、内有中国社会各个阶级之间的矛盾时，要解决的最主要问题就是分清敌我，反对党内存在的两种错误思想倾向，既要认识到无产阶级是革命的领导力量，也要认识到国民党内革命

---

① 《建党以来重要文献选编（1921~1949）》（第14册），中央文献出版社，2011，第436~437页。

势力的分化。同时，要求必须分侧重点对主次矛盾的特殊性进行解决。

三是毛泽东坚持用矛盾运动的规律揭示事物发展的动力源泉，提高了斗争本领。毛泽东运用辩证唯物主义的宇宙观观察和分析各种事物的矛盾运动规律，指出一切事物和周围事物都处于相互联系的关系之中，任何事物内部又普遍存在相互联系、影响、排斥、统一的两个方面。也就是说，任何事物既有外部矛盾又有内部矛盾，唯物辩证法称其为事物发展的"外因"和"内因"，"内因是根据，外因是条件，外因通过内因而起作用"①，外因提供了发展的条件和外部力量，可以加速或延缓变化，内因才是事物运动发展的动力源泉，起决定作用。红军长征中的遵义会议是中国共产党独立自主处理党和红军重大问题的开端，从外因看，在敌强我弱、敌众我寡、缺医少药、缺衣少食的严峻军事形势和恶劣自然环境下，中共中央与共产国际的联络中断，外部形势复杂多变；从内因看，我们党经历几十年艰苦奋斗逐步成熟，积累了应对复杂困难和挑战的丰富经验，能够独立自主处理自己的事情。

（二）从具体内涵和主要表现来看，毛泽东坚持在斗争实践中凝聚斗争力量

毛泽东思想是他一生斗争实践思想的升华，毛泽东身处的时代是中华民族内外交困的时代，青少年时期的毛泽东就有着过人的胆识、勇敢的反抗精神和倔强的斗争气质，主要表现有：为打破旧伦理，追求独立人格和尊严，不断提升人格修养、实现自我独立的斗争意识；为改变被压迫的境遇，实现救国救民的理想，与各种艰难困苦对抗的斗争勇气；为反对袁世凯复辟帝制，积极编印、散发反对卖国条约和反袁的宣传册，参与爱国运动的斗争热情高涨。毛泽东思想的形成是在他真正转变为马克思主义者之后，随着中华民族危机的不断加深，中国社会的各阶层的人民开始为求生存探索和抗争，斗争的范围由局部转向全国，斗争的性质由阶级斗争、武装斗争扩大到思想斗争、经济斗争和社会革命，毛泽东对中国革命的认识由"怎么看"向"怎么办"转变，表现在以下四个方面。

---

① 谭培文、陈新夏、吕世荣主编《马克思主义经典著作选编与导读》，人民出版社，2005，第657页。

一是反抗压迫：毛泽东对敌开展武装斗争的论述。在长期对敌斗争的实践中，毛泽东始终将敢于斗争的精神和善于斗争的战略战术有机融合，用阶级斗争的方法开展武装斗争。首先是巩固政权。大革命失败后，毛泽东强调政权是由枪杆子中取得的，提出了"工农武装割据"的革命理论，确定了实行土地革命、进行武装斗争、建立和发展农村革命根据地的重要战略，从斗争的中心内容、方式方法、政权创建等方面巩固了红色政权。为实现人民解放，毛泽东坚持同以蒋介石为代表的国民党反动派坚决斗争，和谈、民主讲不通，只能用革命的武装对抗反革命的武装，彻底推翻了"三座大山"在中国的统治。其次是坚持抗战，凝聚整个中华民族对日作战的战斗力。九一八事变后，中日民族矛盾逐渐上升为社会主要矛盾。针对"妥协还是抗战？腐败还是进步"[1]，毛泽东对敌我特点进行了深入剖析，强调"亡国论是不对的，速胜论也是不对的"，抗日战争应是持久战。毛泽东发表"停止内战，一致抗日"的宣言，促进了国共两党合作的实现，在《民族统一战线》中，毛泽东正式提出"建立广泛的民族革命统一战线"[2]的策略，最大限度地团结一切可以团结的力量，坚持共产党在抗战中的领导权，并深入敌后，广泛地动员全体民众，形成打不破的"铜墙铁壁"。中国共产党是在艰苦条件下成长起来的人民军队，毛泽东在《中国革命战争的战略问题》中指出，消灭战争的方法只有一个，"就是用战争反对战争，用革命战争反对反革命战争，用民族革命战争反对民族反革命战争，用阶级革命战争反对阶级反革命战争"[3]。一切反革命战争都是非正义的，要坚决反对；一切革命战争都是正义的，要坚决拥护。必须通过掌握斗争规律，使革命同志明确党在民族战争中的地位，并认真加强党的自身建设，肩负起以更加自觉的精神状态开展伟大斗争的光荣使命。

二是除尘去垢：毛泽东关于在党内进行自我革命的论述。勇于自我革命是中国共产党鲜明的政治品格，我们党在深沉的忧患意识和强烈的历史责任感驱动下，不仅要同外国侵略者和本国反动派进行武装对抗斗争，还要在党的内部开展纠正错误思想观点和倾向的自我革命斗争，对自身存在

---

① 《建党以来重要文献选编（1921～1949）》（第15册），中央文献出版社，2011，第395页。
② 《毛泽东年谱（1893～1949）》（上卷），中央文献出版社，2013，第499页。
③ 《毛泽东军事文集》（第1卷），军事科学出版社、中央文献出版社，1993，第694页。

的问题进行深刻反省和彻底纠正。首先，敢于同各种错误思想作斗争。毛泽东在《关于纠正党内的错误思想》中深刻认识到党组织基础的绝大部分是由农民和小资产阶级出身的人构成，他们的思想理论水平、自身党性修养、对社会现实的把握程度、对马克思主义的信仰态度都不尽相同，加之党的领导机关也缺乏对错误思想的坚决斗争，导致革命工作出现思想偏差和意见分歧。在民主革命时期，党内对"孰敌孰友"问题认识的错误，以及"看大了革命的主观力量，而看小了反革命力量"① 的主观主义的革命急性病等问题，使革命接连遭受严重挫折。毛泽东凭借自己超凡的洞察力，认识到"左"倾、右倾两种错误思想倾向及其危害，并同离开民主讲集中、教条式的马克思主义、神圣化的苏联经验和共产国际决议等错误倾向进行了坚决地斗争；由于出现右倾机会主义、"左"倾盲动主义、"左"倾冒险主义、"左"倾教条主义、等几次严重错误，在一个个生死攸关的关键时刻，毛泽东提出的自我革命理论成为伟大转折的力量源泉，使年轻的中国共产党提高了自我革命的政治勇气，提振了忠诚革命的胸襟气魄。其次，纠正和克服错误思想。党召开了八七会议、古田会议、遵义会议、延安整风等几次具有自我革命意义的重大会议及运动，公开承认并认真纠正了错误，将与错误思想斗争的经验升华为继续进行革命斗争的正确方针。毛泽东认真总结了非组织观点、绝对平均主义、极端民主化、主观主义、个人主义、本本主义、流寇思想、盲动主义残余等错误思想的主要表现、产生的原因、造成的危害和纠正的办法。毛泽东指出，必须通过确立党对军队的绝对领导，不断加强政治工作、政治教育，严格党的政治纪律，明晰了党的思想建设原则、党的组织建设原则、党的基层组织建设原则，提出了"没有调查，就没有发言权""中国革命斗争的胜利要靠中国同志了解中国情况""一切工作归支部""支部建在连上""三大纪律""八项注意""两个务必"等论断。为巩固根据地政治建设，他领导实行土地制度改革，又制定相关法令坚决查处贪污腐败行为，建立人民政权，走出了一条民主新路；延安时期，毛泽东领导了整顿学风、党风、文风的全党整风运动，提出"惩前毖后、治病救人"的方针，开展批评与自我批评，增强党性，提高认识，改进工作。自我革命的斗争思想挽救了党和中国革命事业，赢得

① 《建党以来重要文献选编（1921~1949）》（第 7 册），中央文献出版社，2011，第 2 页。

了广大农民群众的衷心拥护，教育全党学会用马克思主义的立场、观点、方法研究和解决中国革命的实际问题，破除旧弊、排毒祛邪，是中国共产党永葆先进性和纯洁性的宝贵财富。

三是抗灾救灾：毛泽东关于改造自然的论述。毛泽东认识到人与自然是统一的整体，"人最初是不能将自己同外界区别的，是一个统一的宇宙观"①，自然界是人类赖以生存和发展的基础，人类通过充分认识自然，掌握自然规律获得人类自身的发展。首先，利用自然为人类服务。毛泽东曾强调："人类者，自然物之一也，受自然法则之支配，有生必有死，即自然物有成必有毁之法则。凡自然法则者，有必然性。吾人亦有成就其必然之愿望。"② 人是自然的主人也是自然的奴隶，人类应在充分认识自然的基础上，努力让大自然为人类服务。毛泽东重视水利建设，他说："水治我，我治水，我若不治水，水就要治我，我必须治水。"③ 为加强抗日根据地的经济建设，毛泽东要求把"兴修有效的水利"作为提高农业技术的关键。新中国成立后，毛泽东考察黄河、勘察大江，并作了"一定要把淮河修好""争取荆江分洪工程的胜利""要把黄河的事情办好""一定要根治海河"等题词和批示。在毛泽东的号召下，林县人民为永远不受缺水之苦，打响了"引漳入林"人定胜天的战斗。其次，与自然灾害抗争。为抵御水、雹、旱、风、虫等自然灾害，毛泽东号召万众一心共同抗灾救灾。其一，提高战胜自然灾害是实现农业增产增收的关键性问题的认识；其二，要把抗灾救灾和防灾减灾结合起来，兴修水利，整治灾害，打好总体战；其三，在灾害面前，要"认真地进行对于灾民的救济工作"④，如实上报，全力抗争，严厉查处惩治抗灾救灾中的贪污腐败行为，保证人民安全，保障人民生活。

四是反抗霸权：毛泽东关于反和平演变的论述。首先，清醒认识"挨骂"的问题。进步的、正义的事物一开始总要"挨骂"，"自古以来，没有先进的东西一开始就受欢迎，它总是要挨骂"，"马克思主义、共产党从开

---

① 《毛泽东文集》（第3卷），人民出版社，1996，第82页。
② 中共中央文献研究室、中共湖南省委《毛泽东早期文稿》编辑组编《毛泽东早期文稿（1912.6~1920.11）》，湖南人民出版社，1990，第194页。
③ 陆儒德编著《江海客——毛泽东》，海洋出版社，2009，第101页。
④ 《毛泽东文集》（第6卷），人民出版社，1999，第71页。

始就是挨骂的"①。他指出马克思主义的学说经历了长期的质疑和非议之后才最终被历史证明，中国共产党在骂声中带领中国人民不断取得胜利。而且，越是被敌人"骂"，就越"证明了我们的工作做得还不错"，敌人还会不断地"借题发挥"，对中国进行舆论攻击，甚至变本加厉，这只能"暴露了他们自己的丑恶面目"②。"全世界一切反对帝国主义的国家和人民都是我们的朋友"③，爱好和平追求正义的人民是占绝大多数的，"真正反华的，不过是一小撮人"④。其次，积极有效应对反和平演变的阴谋。毛泽东强调面对国际敌对势力、反华势力强加于中国的指责和诬蔑，尤其是以"专制""独裁"等罪名诬蔑我们党和国家根本利益的原则性问题，必须挺直腰杆、坚决斗争，该回答的回答、该驳斥的驳斥。

综上所述，毛泽东关于武装斗争、自我革命、改造自然、反和平演变的论述是革命和建设时期中国共产党斗争精神形成的重要指导思想。在近代中国"爱国救亡"和新中国成立"恢复发展"的时代背景下，以毛泽东同志为核心的党的第一代中央领导集体带领人民通过艰苦卓绝的斗争寻找到中国夺取革命胜利的正确道路，取得了新民主主义革命的胜利，把新中国建设成为社会主义的国家，表现出不畏强敌、不惧困难的大无畏斗争精神和高度的斗争智慧。新中国成立后，我国建立了门类齐全的工业化、现代化基础，人民生活得到了明显的改善。毛泽东提出的有长远战略性指导意义的正确论断和重要决策，必须加以重视和坚持，他的革命斗争精神必须加以弘扬和发展，这些不仅为形成党的科学指导思想作出了巨大贡献，而且为中国共产党夺取新的胜利提供了宝贵精神财富。

二　邓小平关于斗争精神的论述

作为中国改革开放的总设计师，邓小平紧密结合当时中国社会的特点和国际局势，提出解放和发展生产力的改革思想，发扬敢闯敢试的改革斗争精神推进改革开放，为领导人民奔小康、实现共同富裕，在方向、道路、体制等重大原则问题上站稳斗争立场，确立了反对霸权主义、维护世界和

---

① 《毛泽东文集》（第7卷），人民出版社，1999，第198页。
② 《建国以来重要文献选编》（第13册），中央文献出版社，1996，第126页。
③ 《建党以来重要文献选编（1921~1949）》（第22册），中央文献出版社，2011，第619页。
④ 《建国以来毛泽东文稿》（第9册），中央文献出版社，1996，第93页。

平的斗争纲领和策略。

（一）关于解放和发展生产力的斗争思想

邓小平提出："革命是解放生产力，改革也是解放生产力。"[①] 革命使中国人民的生产力获得解放，改革从根本上改变了束缚生产力发展的体制机制，更加促进了生产力的发展。邓小平提出社会主义的根本任务是解放和发展生产力的科学判断，打破了长期束缚人们的思想藩篱，为我们扫除发展社会生产力的障碍、打破"社会主义不可以搞市场经济"的习惯思维和主观偏见提供了行动指南。首先，坚持党的"一个中心、两个基本点"基本路线不动摇，就要不断解放和发展生产力，坚持"以经济建设为中心"的工作重点，同背离"四项基本原则"和"改革开放"既定方针的各种错误思潮和倾向作斗争，这为坚定不移走中国特色社会主义道路、引领改革开放不停顿，奠定了根本的思想和理论基础。这种时刻，就要发扬敢闯、敢试、敢为人先的斗争精神，不能缩手缩脚，更不能杞人忧天，要敢于迎难而上，用勇气面对风险、用智慧化解困境，改革开放就是要勇于创新，勇于在未知中寻找生机、抓住机遇。其次，改革开放必须彻底清除"四人帮"反革命势力及其残余的无政府主义流毒，清除怀疑社会主义、党的领导和无产阶级专政的思潮，这些思潮在潜移默化中不断地侵蚀群众对党和国家的信任，在群众中营造怀疑、恐慌的情绪，不利于改革开放政策的推行、不利于人民思想的解放，只有坚定地同这些思潮作斗争并最终彻底清除这些不正之风，占领思想政治高地，才能更好地维护人民利益，巩固人民政权。最后，还要在对外开放的过程中，用清醒的头脑警惕资产阶级腐朽思想，避免崇洋媚外，改革开放初期，我国经济刚刚起步，难免在很多方面落后于西方发达国家，民众也容易由于"慕强心理"对西方资本主义国家产生过度崇拜。在学习西方思想文化的过程中，一定要坚决抵制其腐朽思想的侵蚀、坚决同腐化思想作斗争。

（二）关于领导人民奔小康、实现共同富裕的斗争目标

邓小平关于"小康"的目标，是他在领导中国特色社会主义现代化建

---

① 《十八大以来重要文献选编》（上），中央文献出版社，2014，第549页。

设的实践探索中形成的，从"四个现代化"到"小康之家"、"小康状态"，"中国式的现代化"有了具体的量化标准，为了实现从贫困到温饱、从温饱到小康，提高人民的生活水平，最终达到共同富裕，邓小平反复论证"贫穷不是社会主义"，提出了"三步走"发展战略。"小康"的水平反映了人民对富裕生活的向往，体现出社会主义的优越性，邓小平忠诚践行党的全心全意为人民服务的宗旨，提出"胆子要大，步子要稳"①，将改革开放这场伟大革命进行到底，发扬敢闯敢"冒"的斗争精神，大胆探索、稳妥前进，才能使中国摆脱贫穷落后的面貌。邓小平指出，改革开放正是为了实现共同富裕所作出的伟大尝试，通过部分地区的开放和改革，优先试点，集中国家财力、物力，让一部分人、一部分地区先富起来，先富带动后富，最终实现共同富裕。一部分先富为国家争取到更多的发展机会与资源，国家也能更好地通过战略布局、二次分配等手段，将发展成果更多地惠及人民。首先，要同平均主义思想作斗争。人民公社运动中的"大锅饭"已经充分证明，"平均发展是不可能的。过去搞平均主义，吃'大锅饭'，实际上是共同落后，共同贫穷"②。其次，要同个人主义、资本主义作斗争。在改革开放、先富带动后富的进程中，一定要警惕资本主义的萌芽与渗透，严防个人主义泛滥，要鼓励各大企业和企业家主动承担社会责任，鼓励先富的人群自觉投身到带动后富的斗争中去。

（三）关于反对官僚主义和特权现象的斗争立场

在《高级干部要带头发扬党的优良传统》中，邓小平旗帜鲜明地把反对特权、恢复党的优良传统摆在关系"党的威信"的突出位置。一是反对特权思想。针对改革开放初期，一些干部特别是高级干部扩建住宅、铺张浪费、谋取私利、违法乱纪等损害党的形象的恶劣行为，邓小平要求为了整顿党风，必须搞好民风，强调从高级干部整起，反对官僚主义、"衙门作风"的特权思想和特权现象。他大力探索将权力关进笼子里的规章制度，亲自推动建制度、立规矩，纠正不正之风，展示了我们党发扬艰苦奋斗、密切联系群众的优良传统和作风的政治立场。二是反对官僚主义。邓小平

---

① 《邓小平文选》（第3卷），人民出版社，1993，第130页。
② 《邓小平文选》（第3卷），人民出版社，1993，第155页。

主张党员要坚决抵制封建主义残余的影响，尤其是其中的等级观念、专制作风、官僚作风，这些封建思想残余会严重阻碍社会主义现代化建设，阻碍思想的开放和进步。"高高在上，滥用权力，脱离实际，脱离群众，好摆门面，好说空话，思想僵化，墨守陈规"① 的官僚主义不仅会摧毁党员干部的斗争意识和斗争精神，更会影响党的公信力，使党陷入脱离群众的危险。必须发扬和继承党的斗争精神才能抵御官僚主义的侵蚀，清除特权现象，从而更好地脚踏实地、灵活思想进行四个现代化建设。邓小平指明了与官僚主义作斗争的方法，即通过制度改革约束官僚主义的行为，再通过教育和思想斗争从源头上剔除官僚主义。

三 江泽民关于斗争精神的论述

20 世纪 90 年代，党的斗争形势在信息技术革命和经济全球化的直接推动下发生了显著变化，站在世纪之交的门槛上，江泽民指出，新形势下实现跨越式发展战略目标，务必应重视科技进步和创新的作用，不断推动科技成果向生产力转化。在此背景下，江泽民进一步强调了与时俱进、开拓创新的思想在涵养斗争精神中的重要作用，进一步推动斗争精神从思想理论层面向现实层面的转化，主要内容包括以下五个方面。

（一）用科学的理论武装头脑是永葆斗争精神的政治自觉

江泽民同志曾反复倡导和强调理论学习的重要性，并要求党员领导干部坚持不懈地进行学习，他认为党员领导干部持续不断的学习"关系到党和国家工作全局，关系改革和建设事业的长远发展""也是领导干部保持好的思想、好的作风的前提条件"②。因此，全党同志必须以先进的、科学的理论知识来武装头脑，在正确的思想观念以及科学的价值取向的指引下，能够在工作实践中明确斗争内容、坚定斗争意志。但是在改革开放过程中，部分意志薄弱者之所以走上歪路、邪路，从根本上看是因为他们的世界观、人生观出现了偏差和缺失。为了避免这类问题，最重要的就是加强党员领导干部的理论学习，用科学的思想理论武装头脑、指导实践，唯有如此，

---

① 《邓小平文选》（第 2 卷），人民出版社，1994，第 327 页。
② 《江泽民文选》（第 2 卷），人民出版社，2006，第 147 页。

党的斗争精神才不至于因为理论修养的匮乏而被淡忘或被否定。江泽民曾强调，"知识在不断更新，我们的各级领导干部更应自觉地加紧学习，争取掌握更多的现代科学文化知识"①。号召大家以毛泽东"挤"和"钻"的劲头以及周恩来"学到老、活到老、改造到老"的精神，筑牢敢于斗争的思想根基。只有党员领导干部的知识新、思想新、观念新，才能方法新、路子新、本领新，才能凝聚起顽强的斗争意志，形成抵御各种风险挑战的强大合力，成功化解摆在我们面前的复杂问题，迎来中国特色社会主义事业发展的新局面。

（二）为人民利益而斗争是永葆斗争精神的根本归宿

江泽民一再强调，要以人民利益为本，"这是我们党的根本力量和优势所在，也是我们各项工作的取胜之道"②，要求党员领导干部在处理工作时要树立高度责任感和使命感，时时处处以人民利益为重，同一切不良风气和行为作坚决斗争。江泽民指出，在革命战争年代经历炮火洗礼的中国共产党，用实际行动诠释了自己是为人民而生、因人民而兴的党，是为人民利益而斗争的党。在成为执政党以后，虽然从整体上经受住了执政考验，但是党内一部分人不愿艰苦奋斗，开始贪图享乐，甚至陆续出现以权谋私、违法乱纪的现象，"形式主义、官僚主义的不良作风也泛滥起来了"③，如果我们不加以警惕，那些违背斗争初心、淡化斗争意志的不良思想和腐败行为就会毫无征兆地蔓延开来，最终给党和人民的事业发展带来灾难性后果。因此，江泽民号召共产党员要无愧于党员的光荣称号，做敢于"同一切不正之风和违法犯罪活动作坚决斗争"的战士。他还表示，我们党能够永葆生机与活力，在于筑牢了斗争的群众基础，为取得党领导下的改革开放事业的成功提供了有力保障。

（三）牢固树立开拓创新意识是永葆斗争精神的动力源泉

创新是中国共产党永葆生机活力的青春密码，在推动党和国家各项事

---

① 《江泽民加强和改进执政党建设（专题摘编）》，中央文献出版社、研究出版社，2004，第350页。

② 《江泽民文选》（第1卷），人民出版社，2006，第364页。

③ 《江泽民文选》（第3卷），人民出版社，2006，第181页。

业发展过程中具有重要作用。江泽民在多个场合反复强调："创新是一个民族进步的灵魂，是一个国家兴旺发达的不竭动力，也是一个政党永葆生机的源泉。"① 他认为，改革开放事业的不断推进必须时刻根据时代和实践的要求进行创新，面对世界各国纷纷抢占科技发展优先权的态势，我们党也必须在日新月异的斗争形势中紧跟时代的步伐并乘胜追击，以旺盛的斗争精神争取在世界科技前沿占据一席之地。科学的本质在于创新，意味着我们要突破思维定式，改变甚至抛弃滞后的观念和做法，更新和培育适合时代发展要求的新观念，自觉增强创新意识，赋予斗争精神以新的时代内涵。创新的关键在人才，要培育能够在国家重大项目上脱颖而出、担当重任的年轻人。为了使斗争精神迸发出创造的活力和青春的朝气，也必须使葆有斗争精神的人年轻化，让他们善于运用马克思主义视野来审视世界、引领时代，坚决反对有违科学伦理的研究及应用，以务实求真、开拓创新的斗志战胜前进道路上的一切艰险，为人民、为国家贡献智慧和力量。江泽民鼓励年轻的科技工作者在保证价值观不扭曲、精神不衰退、意志不消沉的前提下，让探索求知、开拓创新的斗争精神成为社会稳步前进的动力和引擎。

（四）一以贯之保持优良党风是永葆斗争精神的鲜明特质

江泽民十分重视党风建设在新时期对斗争精神的涵养和保持，他认为党的作风是党的外在形象的鲜明体现，"是党的创造力、凝聚力、战斗力的重要内容"②，并用"三个关系"说明了优良党风的至关重要性，即"党的作风，关系党的形象，关系人心向背，关系党的生命"③。因此，我们不能把党的作风建设与党的斗争精神的培育割裂开来，一个作风优良的政党必然具有敢于斗争的政治品格和精神。江泽民在毛泽东同志诞辰一百周年纪念大会上指出："中国共产党人从长期奋斗的历史中深切地认识到，我们党所以能够承担起历史的重任，所以能够得到人民拥护和成为领导中国革命和建设事业的核心力量，就是因为我们党经过艰苦斗争的反复锤炼和理论

---

① 《江泽民文选》（第3卷），人民出版社，2006，第64页。
② 《江泽民文选》（第3卷），人民出版社，2006，第323页。
③ 《江泽民文选》（第3卷），人民出版社，2006，第291页。

的创造，形成并不断地丰富和发展了毛泽东思想，坚定地把毛泽东思想作为党的指导思想。"① 毛泽东关于敢于斗争、敢于胜利的思想，代表着毛泽东一贯倡导和践行的党的鲜明精神品格，我们党正是在不断锤炼过硬本领、锻造严实作风中，具备了坚定的信念、旺盛的生命力和坚强的战斗力。但是在党内党外、国内国外出现的诸多不良思潮的影响下，一些共产党人经不住利益的诱惑和错误思想的侵蚀，渐渐突破法律和道德底线，违反党纪、涣散党风，对斗争精神的保持产生了不良影响。针对此类现象，江泽民多次强调加强党风建设的紧迫性，要求全党上下形成"求真务实、埋头苦干、依靠群众、发扬民主的好作风"②，激励党员干部要始终保持优良党风的鲜明特质，使我们党成为能够为推进民族事业而斗争的政党。

（五）始终坚持知行合一是永葆斗争精神的行动指南

斗争精神必须通过实践的方式来彰显和传承，同时也需要同正在开展的斗争活动相契合，与需要解决的时代问题相呼应。江泽民预知到我国社会主义建设的曲折性和艰巨性，社会主义的巩固和发展之路并不是风平浪静、一帆风顺的，发展过程中充满斗争的艰辛和曲折，诸多不确定因素可能会给斗争精神的保持带来极为不利的影响。他指出，首先要增强对斗争精神的认知和认同，不仅要加强理性认知，还要增进情感认同，真理和道义力量的共同彰显，才能持之以恒地保持斗争状态，将积极健康的斗争思想和精神转化为奋发向上的行动力量，"孕育新的发展"③ 以推动社会主义现代化任务的实现；其次要将斗争精神落实到具体的行动上，努力做到知行合一，才能凸显斗争精神在激励人们推动社会进步过程中的真正价值。江泽民强调："全党朝气蓬勃，团结奋斗，我们的事业就有了胜利的保证。"④ 为此，他号召全党同志，在新形势下的改革开放中继续把艰苦奋斗的优良传统发扬光大，积极倡导党员领导干部在工作中要具备迎难而上、勇往直前、大公无私的精神力量，党员领导干部以充沛的斗争精神且"忠

---

① 《江泽民文选》（第 1 卷），人民出版社，2006，第 345 页。
② 江泽民：《论党的建设》，中央文献出版社，2001，第 385 页。
③ 《江泽民文选》（第 2 卷），人民出版社，2006，第 420 页。
④ 《江泽民文选》（第 1 卷），人民出版社，2006，第 251 页。

心耿耿、任劳任怨地为党和人民而工作而奋斗"①，我们党的伟大事业才能在斗争实践中取得成功。

江泽民从历史和现实的角度审视社会和经济发展形势，从理论上继承和发展了党永葆斗争精神的思想理论，从实践上科学回答了我们党应当以怎样的斗争精神完成党制定的各项目标和任务，从根本上为斗争精神的发扬提供了根本遵循。

四 胡锦涛关于斗争精神的论述

以胡锦涛同志为主要代表的中国共产党人坚持发展中国特色社会主义，总结国际共产主义运动的历史经验教训，认识到马克思主义执政党的精神状态对党组织能否保持先进性和纯洁性起到"灵魂"的核心作用，洞察到党面临的"四大危险"和"四大考验"严重危害到党的肌体，提出了科学的有效对策，形成了保持党的斗争精神的重要思想，为在新世纪新阶段开创中国特色社会主义事业的新局面提供了思想指引，主要内容包括以下五个方面。

（一）保持斗争精神必须深刻认识党的建设面临的"四大考验"与"四大危险"

根据当时国内外形势的变化，胡锦涛提出党的建设面临执政考验、改革开放考验、市场经济考验和外部环境考验，这"四大考验"将长期存在，形势复杂而严峻；同时党还需要化解精神懈怠的危险、能力不足的危险、脱离群众的危险、消极腐败的危险，这"四大危险"也更加尖锐地摆在全党面前。这些考验和危险影响着党的意志力、党的生机和活力，影响着党的威信和形象，更影响着党的精神状态，给党保持斗争精神带来了一定的挑战。胡锦涛认为，保持斗争精神首先要不断提高党员的斗争认知，时刻警惕斗争过程中出现的"前所未有的新情况新问题新挑战"②，更要认真剖析这些挑战和考验对保持党自身斗争精神的不利影响，例如迷失信仰和斗志的影响、践行社会主义核心价值体系能力不足的影响、引起党群关系紧

---

① 江泽民：《论"三个代表"》，中央文献出版社，2001，第6页。
② 《胡锦涛文选》（第3卷），人民出版社，2016，第528页。

张的影响、消极腐败的影响等。在强调经受重大斗争考验的过程中有意识地锻炼斗争精神时，胡锦涛指出"大多数党员和党的干部经受住新的考验，能够保持和发扬艰苦奋斗的优良传统"①，但仍要看到有少数党员，经不住金钱、权色、风浪、生死等的考验，忘记了斗争精神，失去了一个共产党人应有的斗争状态，这就为全党在经受考验中强化斗争精神敲响了警钟。因此，胡锦涛提出，广大党员要"牢记历史使命，永远保持谦虚、谨慎、不骄、不躁的作风，永远保持艰苦奋斗的作风"②。

（二）保持斗争精神要大兴"四真四务"之风

胡锦涛科学预见到党内滋长的骄傲情绪、以功臣自居的情绪、不求进步的情绪、贪图享乐的情绪，并强调"四个危险"中"精神懈怠的危险"使党员丧失了斗争的战斗力和意志力，克服党员精神懈怠的问题需要不断发扬斗争精神，保持认真负责的态度和脚踏实地的作风。胡锦涛在中国共产党第十七届中央纪律检查委员会第三次全体会议上强调，要在全党大力发扬求真务实精神、大兴"四求真、四务实"之风，所谓"四求真"即求我国社会主义初级阶段基本国情、社会主义建设规律和人类社会发展规律、人民群众的历史地位和作用、共产党执政规律之"真"；所谓"四务实"，即坚持长期艰苦奋斗、抓好发展这个党执政兴国的第一要务、发展最广大人民根本利益、全面加强和改进党的建设之"实"③。求真务实是党的思想路线的核心内容，求真务实的作风是党的优良传统和优秀品格，更是党和人民事业焕发活力和兴旺发达的关键。面对随时可能出现的新形势和新任务，要在全党加强党性修养必须树立优良作风，要防止党内的不良作风和腐败问题必须大兴"四求真、四务实"的作风，为使全党实现全面建设小康社会的宏伟目标保持顽强斗争精神需要在"解放思想、实事求是、与时俱进"的基础上，进一步"求真务实"，这也是胡锦涛提出的科学发展观的最鲜明的精神实质。

---

① 《胡锦涛文选》（第1卷），人民出版社，2016，第177页。
② 《胡锦涛文选》（第3卷），人民出版社，2011，第544页。
③ 《十六大以来重要文献选编》（上），中央文献出版社，2005，第724页。

（三）保持斗争精神要努力培养主动创新的意识

胡锦涛强调，敢于突破挑战，不仅是富有斗争精神的表现，更是在复杂环境中保持斗争精神的重要方法。中国共产党在长期实践中形成了敢于突破、勇于创新的斗争精神，胡锦涛为了鼓励全党保持主动创新的优良品格，多次强调要在不断学习中提高党的创新能力，增强创新的勇气和魄力，从而更好地保持党的斗争精神，只有这样，"才能始终保持生机和活力，才能增强吸引力和凝聚力"①。因此，全党同志要主动学习、锐意进取，培养自己成为"勇于变革、勇于创新，永不僵化、永不停滞"②的创新型人才，助力中国共产党成为创新型政党，以保持斗争精神、斗争状态。2006 年 6 月，胡锦涛在中国科学院第十三次院士大会和中国工程院第八次院士大会上的讲话中指出，要把增强自主创新能力作为国家战略，贯穿到现代化建设各个方面，激发全民族创新精神，培养高水平创新人才，形成有利于自主创新的体制机制，大力推进理论创新、制度创新、科技创新，不断巩固和发展中国特色社会主义伟大事业。之所以提出要树立主动创新的意识，就是因为有的党员缺乏创新意识、不能创新，还有部分党员思想僵化保守、不敢创新，缺乏创新的勇气与干劲。无论是不能创新还是不敢创新，都有一个重要原因——缺乏学习、缺乏思考。毕竟"学习才能创新，学习才能有作为"③。只有不断学习才能掌握新的思想、知识，才有机会用先进理论武装自己的头脑。胡锦涛曾多次呼吁，"全党同志一定要有学习的紧迫感，抓紧学习、刻苦学习、善于学习、善于重新学习"④，在学习中充实自己、突破自己，不断增强自己的创新意识，保持和发扬党的斗争精神。

（四）保持斗争精神要坚持以人为本的理念

胡锦涛认为在党面临的"四大危险"中，脱离群众是最大的危险，也是影响党保持斗争精神的根本因素。"为人民服务"是中国共产党的宗旨，

① 《胡锦涛文选》（第 1 卷），人民出版社，2016，第 464 页。
② 《胡锦涛文选》（第 2 卷），人民出版社，2016，第 621 页。
③ 《胡锦涛文选》（第 3 卷），人民出版社，2016，第 367 页。
④ 时希平、张严：《马克思主义政党先进性建设的理论与实践》，人民出版社，2006，第 195 页。

革命、建设、改革的伟大实践离不开作为社会历史主体的人民群众的努力和付出。我们党在长期同各种力量斗争和较量的过程中，离不开人民群众的智慧与力量，脱离了人民群众，党的一切设想、计划都将变为空谈，一切成就与荣誉也将化为泡影。他强调，"我们党来自人民、植根于人民、服务于人民。人民群众是我们党的力量源泉"①。但是，部分党员忽视了最底层劳苦大众的苦难，对关乎人民群众切身利益的工作敷衍了事、掉以轻心，不能密切联系群众，没能坚持人民立场。胡锦涛深刻认识到脱离人民群众的危险会给保持斗争精神带来巨大隐患，不断强调要始终坚持以人为本的执政理念，克服脱离群众的危险，切实做到"从群众中来，到群众中去"，并在实践中形成了以人为本、全面、协调、可持续的科学发展观。胡锦涛通过继承和发展"为人民服务"、"共同富裕"和"始终代表最广大人民的根本利益"的执政理念，提出"以人为本"的理念，回答了中国共产党"为谁执政""为何执政""怎样执政""靠谁执政"的问题。"以人为本"作为科学发展观的核心立场，要求把广大人民的根本利益作为一切工作的出发点和落脚点，在实践和发展中不断满足人民群众的多方面需求并促进人的全面发展。为了忠诚于人民的政治本色不褪色、保持党的斗争精神不弱化、巩固党的执政基础不动摇，广大党员领导干部必须深入群众、关切群众，坚持以人为本、执政为民，将实现人民的幸福作为斗争的动力和斗争的根本目的，切实做到"实现好、维护好、发展好最广大人民根本利益"②，增强斗争意识。

（五）保持斗争精神要维护清正廉洁的形象

胡锦涛同志指出："实践发展永无止境"，"党的一切奋斗，归根到底都是为了解放和发展社会生产力，不断改善人民生活"。③ 面对深化改革、扩大开放提出的新课题，胡锦涛强调改革开放已经使我国的综合国力、人民生活水平、国际地位大幅度提升，但仍然是世界上最大的发展中国家的国际地位没有变化，"发展"依旧是解决我国所有问题的关键，要坚持以科学

---

① 《胡锦涛文选》（第1卷），人民出版社，2016，第294页。
② 《胡锦涛文选》（第2卷），人民出版社，2016，第587页。
③ 《胡锦涛文选》（第3卷），人民出版社，2016，第536页。

发展为主题的全面协调可持续发展的战略思想，不断加快转变经济结构战略性调整，他指出"在当代中国，坚持发展是硬道理的本质要求就是坚持科学发展"①。针对在发展中提高党的先进性建设问题，胡锦涛强调，要深入开展党风廉政建设和反腐败斗争，清醒认识长期执政条件下所滋生的严重、危险的腐败，充分认识斗争的长期性、艰巨性、复杂性，采取更加有效、有力的措施推进惩治和预防腐败体系的建设。胡锦涛提出，"我们要紧紧围绕教育、制度、监督、改革、纠风、惩治等工作，加快建立健全惩治和预防腐败体系实施纲要所确定的各项制度，加快构建惩治和预防腐败体系基本框架，努力形成一整套用制度管权、按制度办事、靠制度管人的有效机制"②，从而做到全面部署、整体推进、系统治理，以加大反腐倡廉力度，推动反腐倡廉工作顺利进行。在与腐败的斗争中，继承党的斗争精神，通过斗争精神的现实运用推动反腐败斗争纵深发展，进一步在全党形成清正廉洁的良好风气，使清正廉洁成为共产党人的自觉遵循与优良品质。广大党员要自觉做到对党忠诚和严守纪律，传承党的斗争精神，拒绝腐化，严于律己，廉洁奉公，以顽强的斗争精神投身于党的伟大事业，为人民的美好生活而奋斗。广大党员要保持和发扬斗争精神，时刻保持清醒的头脑和坚定的理想信念，不被个人利益至上的思想所侵蚀，坚守集体利益至上。广大党员要"保持共产党人的高尚情操和革命气节"③，勇于同不正之风作斗争。

第四节　实践根源：中国共产党伟大斗争的环境和条件

伟大的社会革命孕育伟大的精神，斗争精神生成于中国革命、建设和改革进程的艰苦探索中，是对中国共产党百年斗争实践的能动反映和高度概括，规定着建设伟大工程、推动伟大事业、实现伟大梦想所需要的精神状态和奋斗姿态，只有将其放置在产生它的伟大社会实践中，才能明确斗

① 《胡锦涛文选》（第3卷），人民出版社，2016，第628页。
② 《胡锦涛文选》（第3卷），人民出版社，2016，第299页。
③ 《胡锦涛文选》（第1卷），人民出版社，2016，第498页。

争精神展现的强大战斗力、创造力和凝聚力。

一　艰苦的斗争环境

在中华民族内忧外患、山河破碎的深重苦难中，中国共产党诞生了，党一经成立，就投入艰苦卓绝的革命斗争实践中。从探索出"农村包围城市，最后夺取全国胜利"的正确道路，到系统总结出"统一战线、武装斗争和党的建设"的克敌制胜"三大法宝"，党的革命事业也在此期间面临无数次艰难抉择和挫败，中国共产党磨砺形成了坚守理想、坚持真理、顾全大局、严守纪律、实事求是、艰苦奋斗等将革命进行到底的斗争精神，最终解救了一盘散沙的旧中国，中华民族站起来了。

斗争是非常艰苦的，但"我们必须以越是艰险越向前的精神奋勇搏击、迎难而上"①，反动势力的严防、压制、查禁丝毫不能阻止革命真理的传播，外国列强的野蛮、威逼、侵略、掠夺丝毫不能阻止中国人民誓死反抗压迫、保卫和平的决心，艰苦的实践斗争环境，必然锻造出中国共产党人强大的战斗力。

二　迫切的斗争需要

新事物战胜旧事物，必然要经历艰难曲折的斗争，在变革、创造中与旧事物作斗争，在怀疑和反省过去、批判和扬弃过去中奋勇前进，是产生创新创造的动力，是国家强大的力量源泉。党和国家事业的快速发展和历史性变革，面临提升国家实力、改善人民生活、改变国际地位的迫切实践需要，不断激发中国人民的创造活力和创造潜能，激励中国共产党带领人民坚定斗争意志、发扬斗争精神，高举中国特色社会主义伟大旗帜，深化政治体制、经济体制、文化体制、民主政治等的深层次、根本性变革，取得全方位、开创性成就。

"雄关漫道真如铁，而今迈步从头越"，新中国成立后，从土地改革到抗美援朝，从恢复与发展国民经济到进行各项社会改革，对外有美国强大的经济、军事威胁，对内遭遇三年困难时期——新中国成立以来最严重的

---

① 习近平：《在纪念中国人民抗日战争暨世界反法西斯战争胜利 75 周年座谈会上的讲话》，《共产党员》2020 年第 19 期。

经济困难时期。中国共产党在探索如何建设社会主义的艰辛历程中，巩固人民政权、稳定社会秩序、开展"三反""五反"运动，形成了自力更生、艰苦创业等投身社会主义改造和建设的斗争精神。实现了民族独立和人民解放，建立了社会主义基本制度，为"富起来"打下了坚实的基础。改革开放斗争中，从实行改革开放的伟大决策到结束"以阶级斗争为纲"，从加入世贸组织到应对 2008 年金融危机，从战胜"非典"疫情到汶川抗震救灾，在斗争中促改革、促发展，不断推进对外开放的理论和实践创新，中国共产党培育形成了"解放思想、实事求是，大胆地试、勇敢地改"等推进改革开放、开辟中国特色社会主义道路的斗争精神。回望 70 多年的发展历程，新中国在政治、经济、外交、文化、卫生、教育、国防等各个领域都实现了巨变，变革源于"迫切需要"，成于"斗争实践"，依赖于敢于斗争、勇于斗争的精神支撑，成功实现了中华民族从站起来、富起来到强起来的伟大飞跃。

三　严峻的斗争挑战

斗争精神是党的事业发展的强大推动力，在不断出现的新问题、新矛盾、新困难、新挑战中，必须发扬不屈不挠的斗争精神，进行具有许多新的历史特点的伟大斗争。实现中华民族伟大复兴的中国梦体现了人民的整体利益和共同愿景，需要依靠全体中国人民持续的奋斗和创造，保持各方求同存异、形成合力、共同战斗才能冲破发展的阻力、完成各项任务，构筑起实现伟大梦想的"钢铁长城"。

当今世界处于百年未有之大变局中，中华民族伟大复兴征程上面临许多前所未有的风险和挑战，为了应对这些风险和挑战，中国共产党在政治、经济、文化等各个领域辛勤奋斗、开拓创新，进行伟大实践。中国共产党立足实践，弘扬和发展"功成不必在我，但功成必定有我"的斗争精神，号召广大中国人民团结起来，不断增强破除千难万险的信心和决心，向中华民族伟大复兴新征程迈进。

本章小结

本章主要对中国共产党斗争精神的形成基础进行追本溯源，解答党的斗争精神"从哪里来"的问题。

　　中国共产党的斗争精神以马克思主义斗争学说为指引，根植于绵延5000年的中华优秀传统文化和精神积淀，汲取中国共产党历任主要领导人关于永葆斗争精神的伟大思想，认真分析和梳理斗争精神的思想起源、文化渊源、直接来源和实践根源，为新时代发扬党的斗争精神奠定了重要的思想基础和理论前提。

第三章　斗争精神的历史演进
脉络及主要经验

在中国革命、建设和改革的百年历程中，斗争精神不仅是中国共产党敢于斗争、善于斗争的思想武器，更是凝结于党的百年奋斗史中的宝贵精神财富。党的斗争精神萌芽于民族危难之际，经历了孕育形成、曲折推进、恢复发展、守正创新"四个阶段"的百年演进，激励着党领导人民进行了新民主主义革命、社会主义革命和建设、改革开放和社会主义现代化建设，开创了中国特色社会主义新时代。本章通过考察党的斗争精神的历史演进脉络和产生的时代背景，分析斗争精神在各个不同历史时期的历史背景和主要表现，总结培养和保持党顽强的斗争精神的宝贵经验，以解答党的斗争精神"如何形成"的问题。

第一节　斗争精神的演进历程和主要特质

中国共产党斗争精神的历史演进脉络始终围绕"实现中华民族伟大复兴"的主题，遵循"站起来"、"富起来"和"强起来"的时代轨迹，历经形成期、推进期、发展期和创新期不断丰富和发展，为新时代赢得伟大斗争胜利，提供了坚实的精神力量。

一　新民主主义革命时期

斗争精神孕育于近代中国人民为挽救民族危亡开展的反帝反封建的斗争之中，形成于中国共产党领导中国人民为争取民族独立、人民解放的不屈反抗之中。从中国共产党诞生到新中国成立的 28 年，推翻"三座大山"对中国人民的压迫，成为先进政党或阶级必须肩负起的历史重任，更是检验一个政党或阶级是否具有先进性的试金石。

（一）历史背景

1. 变革救亡的探索

鸦片战争以后，中华民族经受了战乱频仍、山河破碎、民不聊生的深重苦难，"眼见得几千年故国将亡，四万万同胞坐困"[①]，无数仁人志士不屈不挠、前仆后继，进行了可歌可泣的斗争，接力探求改造社会的良方。为实现民族自救，以林则徐和魏源等为代表的改革派提出"师夷长技以制夷"，主张学西制西；以曾国藩和李鸿章等为代表的洋务派提出"师夷长技以自强"，发动洋务运动；农民阶级发起的太平天国运动和义和团运动提出《资政新篇》和"扶清灭洋"的口号；以康有为和梁启超为代表的维新派实行了资产阶级改良运动，打着"托古改制"的旗号，在"戊戌变法"后推崇资产阶级君主立宪制的政治体制；孙中山先生号召革命党人组建同盟会，领导辛亥革命，发出"振兴中华"的呐喊，通过宣扬"三民主义"等民族革命和民主革命思想，举起了反对封建专制统治的斗争旗帜。但无论是戊戌变法还是辛亥革命都没能彻底改变旧中国的社会性质和中国人民的悲惨命运。

2. 寻求解放的觉悟

"心胜"方能"战胜"，孙中山首先提出"革命必须唤起民众，革命行动欠缺人民心力，无异无源之水、无根之木"[②]。唤起民众对反抗压迫、革故鼎新的信心。精神革命是社会革命的先导，以《新青年》的创刊为标志，话语"德先生"（民主）和"赛先生"（科学）代表了中与西、传统与现代文化取舍的思想斗争，鼓励青年做"新青年"，陈独秀鼓励民众"以新人格、以新国家、以新社会、以新家庭、以新民族"[③]，认为唯有启蒙民智、唤醒民族、激发群情，革命才能成功。为把中国、中国人民、中华民族从半殖民地半封建社会的泥潭中解救出来，为真正的自由、民主、解放而斗争，成为中国近代历史最重要的精神主题。十月革命给我们送来马克思列宁主义，大批先进的中国知识分子笃定马克思主义信仰，把马克

---

① 《陈独秀著作选》（第1卷），上海人民出版社，1993，第30页。
② 《孙中山选集》（下卷），人民出版社，1956，第475页。
③ 《陈独秀文集》（第1卷），人民出版社，2013，第132页。

思主义作为思想武器、理论指导，积极宣传和传播。1919 年的五四运动，先进青年用忧国忧民的"爱国精神"和民主科学的"进步精神"警醒世人只有奋起斗争，才能改造中国、改造社会，才能敲碎这统治中国几千年的旧制度，实现国家独立、民族富强。陈望道翻译的《共产党宣言》全译本的出版，使全社会追求真理、立志变革的理想者和实践者，被马克思主义的真理性所折服，他们开始坚信马克思主义"确实是真理，确能救中国"，自此，中国人民开始了从精神解放到精神信仰的伟大历史转变。中国共产党也在马克思主义同中国工人运动的结合中应运而生。

3. 革命斗争的力量

自成立之日起，中国共产党就将斗争精神注入血脉。接受马克思主义新思想的进步青年，认识到用军阀来打军阀的救国路是走不通的，还得要依靠人民群众，建立无产阶级的革命党。1920 年 8 月，蔡和森在写给毛泽东的信中说："我以为要先组织党——共产党。因为他是革命的发动者，宣传者，先锋队，作战部，以中国现在的情形看，须先组织他，然后工团，合作社，才能发生有力的组织。革命运动，劳动运动，才有神经中枢。"[1]他鲜明地指出："共产党不仅负有解放无产阶级的责任，并且负有民族革命的责任。"[2] 1921 年 7 月，中国共产党的诞生给因辛亥革命失败而迷茫的人民群众带来了光明和希望，使中国人民从精神上由被动转为主动，标志着中国革命有了"全新的革命政党"的领导，斗争精神就诞生于我们党领导人民开展的波澜壮阔的革命实践之中，成为中国共产党人刻在骨子里、流淌在血液中的精神品质。党的第一次全国代表大会通过了党的第一个决议，其中明确提出"党应该在工会里灌输阶级斗争的精神"，要进行"反对军阀主义和官僚制度的斗争"；白色恐怖笼罩下的艰苦斗争活动，深化了党对中国社会性质和革命性质的认识。1922 年 7 月，党的第二次全国代表大会通过了《中国共产党第二次全国代表大会宣言》，声明"加给中国人民（无论是资产阶级、工人或农民）最大的痛苦的是资本帝国主义和军阀官僚的封建势力"[3]，明确了彻底的反对"两种势力"的民主革命纲领，着重确定了

---

① 《新民学会资料》，人民出版社，1980，第 128 页。
② 《蔡和森文集》（下），人民出版社，2013，第 143 页。
③ 《建党以来重要文献选编（1921~1949）》（第 1 册），中央文献出版社，2011，第 132 页。

现阶段的革命任务，提出要致力于"组织无产阶级，用阶级斗争的手段，建立劳农专政的政治，铲除私有财产制度，渐次达到一个共产主义的社会"①。中国共产党成立初期的斗争环境变化频繁，作为"无产阶级的先锋队"，党采取了"适应性建构"的行动策略，破除"工学界限"，以维护工人群众切身利益为中心开展斗争，不断扩大工人群众对党的政治认同。土地革命时期，面对残酷的斗争环境，党认识到建立革命军队，以武装的革命反对武装的反革命的重要性，经历了南昌起义、秋收起义、广州起义后，党将斗争的方向从进攻大城市转向进军农村，在危急关头进行战略转移，保存了革命的力量。

4. 民族抗战的胜利

抗日战争的全面爆发激起了全民族的斗争意志。日本侵华战争所引发的民族忧患意识和责任意识，使所有爱国的中国人无不产生了誓死卫国的责任感，孕育产生的万众一心、不畏强暴、捍卫领土、追求民族解放的伟大精神，是一种雄浑阔大、波澜壮阔的革命斗争所表现出的壮丽之美。首先，在中国共产党的带领下中国人民始终保持进行斗争的清醒和坚定，"以压倒一切困难而不为困难所压倒的决心和勇气"② 誓死反抗外敌侵略。1925年，先锋战士邓恩铭为胶济铁路大罢工拟写《泣告书》："国人对之，惟有卧薪尝胆，一息尚存，亦必誓死反抗之。"张自忠将军亲笔昭告部下将士："国家到了如此地步，除我等为其死，毫无其他办法。""为国家民族死之决心，海不清，石不烂，决不半点改变。"女战士冷云与东北抗日联军 7 名女战士集体沉江，英勇殉国，写下"八女投江"的壮丽篇章。1939 年 9 月，在笔架山阻击战中，中国军队 500 多名官兵全员战死，被称为"抗战中最惨烈的战役"。革命战士在一场场激烈而残酷的战斗中，用鲜血和生命诠释了奋勇抗争的爱国情怀，表现出"不屈不挠、前赴后继"的牺牲精神。经过 14 年不屈不挠的浴血奋战，经历武汉会战、淞沪会战、常德会战、长沙会战、台儿庄战役等无数次大小战斗，中国人民以"奋斗到死"与"血战到底"的英雄气概，最终取得抗战的彻底性胜利。其次，面对最黑暗、最

---

① 《建党以来重要文献选编（1921~1949）》（第 1 册），中央文献出版社，2011，第 133 页。
② 习近平：《在纪念中国人民抗日战争暨世界反法西斯战争胜利 75 周年座谈会上的讲话》，人民出版社，2020，第 10 页。

残酷的现实，中国共产党团结带领全国各族人民建立和巩固抗日民族统一战线，无限激发了团结斗争的精神。七七事变后，中国共产党起草并公布了《抗日救国十大纲领》，提出"全国人民的总动员"，主张"动员蒙民、回民等其他一切少数民族，在民族自决和民族自治的原则下，共同抗日"①，建立起由全国"各党各派各界各军"组成的抗日民族统一战线。在领导抗日战争的过程中，中国共产党以最大的诚意保持与国民党的精诚合作。1937年8月，党领导的工农红军主力4万余人改编为八路军和新四军，作为国民革命军开赴华中抗日前线，与国民党共同抗日，实现了第二次国共合作。中国共产党依靠全民族的觉醒，依靠全民族勇于牺牲的斗争精神，将日寇彻底扫除。中国人民为挽救国家和民族危亡，进行了顽强不屈的斗争，终于获得了民族独立和维护了民族尊严。抗日战争的胜利是中国近代以来第一次取得反侵略战争的完全胜利，使中国人民认识到斗争精神的本质及价值，极大鼓舞了中国人民在血雨腥风中为民族而斗争、为祖国而斗争、为尊严而斗争的勇气，升华了以爱国主义为核心的伟大民族精神。新民主主义革命时期，"中国共产党载着红船的意愿，以立党为公、忠诚为民的奉献精神，努力维护好、实现好、发展好最广大人民的根本利益"②，为推翻"三座大山"进行了艰苦卓绝的革命斗争，为"索我理想之中华"矢志不渝，孜孜不倦地寻找着适合国情的政治制度模式和能够让最广大人民"翻身解放、当家作主"的新道路。

（二）主要表现

新民主主义革命时期是中国共产党领导人民进行反帝反封建的革命斗争、争取民族独立和人民解放的关键阶段，斗争形式包括三类：一是向反动势力发动的武装斗争，二是与错误思想倾向展开的理论斗争，三是为战胜经济困难开展的生产斗争。在斗争中，人的战斗能力被升华为推动历史前进的思想觉悟和精神修养。

1. 武装反抗压迫的斗争精神

有压迫必然有反抗，"战争——从有私有财产和有阶级以来就开始了

---

① 《建党以来重要文献选编（1921～1949）》（第14册），中央文献出版社，2011，第476～477页。

② 张政主编《红船初心——"红船精神"的理论与实践》，人民出版社，2019，第5页。

的、用以解决阶级和阶级、民族和民族、国家和国家、政治集团和政治集团之间、在一定发展阶段上的矛盾的一种最高的斗争形式"①。武装斗争是中国新民主主义革命时期的主要斗争形式，同时也是政治斗争的最高方式。中国共产党成立不久，毛泽东、刘少奇等共产党人在安源领导了安源工人运动，这是中国共产党历史上第一次独立领导并取得完全胜利的工人革命斗争，为中国共产党成功开展工人运动和组建工农武装割据积累了重要斗争经验。在毛泽东等共产党人的启蒙教育和成功领导下，安源工人的斗争思想迅速觉醒，1922 年 2 月，创建了中国最早的产业工人党支部——中共安源路矿支部，并建立了最早的具有武装性质的工人侦探队，采取"弯弓待发"的斗争策略，成长为秋收起义的工人武装队伍，成为党武装斗争中的中坚力量。1927 年，中共中央深刻总结大革命失败的惨痛教训，认识到"中国革命的特点，是要以民族的武装反对帝国主义的武装，以革命的武装反对反革命的武装"②，群众运动没有武装力量的保障是不能胜利的。

此后的斗争实践中，中国共产党发表了《为蒋介石屠杀革命民众宣言》，号召广大人民群众以"民族的武装"反对日本帝国主义的武装侵略，以"革命的武装"反对国民党的反革命武装，建立巩固的革命民主主义战线来战胜帝国主义、军阀、封建资产阶级的联合势力进攻，表现出敢于以少胜多、敢于斗争、敢于胜利的精神。1927 年 8 月，南昌起义打响了武装反抗国民党反动派的第一枪；同年 9 月，工农革命军在湘赣边界发动农民举行秋收起义，拉开了中国革命斗争由城市转向农村、进行"工农武装割据"的序幕。毛泽东明确指出，"以农业为主要经济的中国的革命，以军事发展暴动，是一种特征"③，他强调"红军、游击队和红色区域的建立和发展，是半殖民地中国在无产阶级领导之下的农民斗争的最高形式，和半殖民地农民斗争发展的必然结果；并且无疑义地是促进全国革命高潮的最重要因素。……而朱德毛泽东式、方志敏式之有根据地的，有计划地建设政权的，深入土地革命的，扩大人民武装的路线是经由乡赤卫队、区赤卫大队、县赤卫总队、地方红军直至正规红军这样一套办法的，政权发展是波浪式地

---

① 《建党以来重要文献选编（1921~1949）》（第 13 册），中央文献出版社，2011，第 456 页。
② 《陈云文选》（第 1 卷），人民出版社，1995，第 146 页。
③ 《毛泽东选集》（第 1 卷），人民出版社，1991，第 79 页。

向前扩大的，等等的政策，无疑义地是正确的"①。1931 年九一八事变后，面对日本帝国主义的侵略，东北同胞成立了抗日救国义勇军、东北抗日联军、察哈尔民众抗日同盟军等抗日武装，纷纷痛击日军；1935 年中国共产党发表《为抗日救国告全体同胞书》呼吁民众一致抗日，"一二·九"运动揭露了日本帝国主义的阴谋，掀起了全民族抗日民主运动的新高潮。1937 年七七事变后，抗日战争全面爆发，1938 年蔡元培在香港圣约翰大礼堂发表演讲时说："抗战时期所最需要的，是人人有宁静的头脑，又有强毅的意志。"② 他主张民众应养成宁静而强毅的精神，才能应对各种艰难险阻。

在血与火的战争洗礼中，中国共产党的斗争精神逐渐形成和发展起来，它激励着中国共产党、鼓舞着中国人民，取得了抗日战争的伟大胜利，也激励着党和人民以必胜的笃定信念奋起抗争、以血战到底的决心彻底推翻国民党的一切反动势力、以开拓创新的勇气建立人民民主专政的中华人民共和国，推动着中华民族在近代以来历经的沉沦与屈辱中抗争，激励着中国人民不懈探索、前赴后继走向觉醒，迈上了实现民族复兴的新征程，在人类的发展史上书写了浓墨重彩的一笔。

2. 克服错误思想和错误倾向的斗争精神

错误思想和错误倾向是社会的阶级矛盾以及新事物在思想领域的反映，与其开展针锋相对的斗争可以有力促进政治斗争的深化。刘少奇曾强调："没有思想斗争，理论斗争，就会有真刀枪的斗争。改造思想的基本武装是批评。"③ 毛泽东也曾指出："党内不同思想的对立和斗争是经常发生的，这是社会的阶级矛盾和新旧事物的矛盾在党内的反映。党内如果没有矛盾和解决矛盾的思想斗争，党的生命也就停止了。"④

中国共产党在新民主主义革命时期开展反对党内外各种错误思想、错误倾向的理论斗争，坚持从客观事实出发，又不谨守于既有教条，从精神高度反作用于现实世界，这种理论斗争体现在同一些涣散党组织、侵蚀党的肌体的错误思想观念进行斗争的过程中，表现为旗帜鲜明地反对主观主义、经验主义、机会主义、投降主义、教条主义、官僚主义、宗派主义、

---

① 《毛泽东选集》（第 1 卷），人民出版社，1991，第 98 页。
② 周天度：《蔡元培传》，人民出版社，1984，第 381 页。
③ 《建国以来刘少奇文稿》（第 3 册），中央文献出版社，2005，第 784 页。
④ 《建党以来重要文献选编（1921~1949）》（第 14 册），中央文献出版社，2011，第 438 页。

流寇思想、盲动主义和极端民主主义倾向等。1937年9月，毛泽东在中央一级积极分子会议上，深刻分析了抗日战争爆发后的形势与任务，号召全党同志必须同主张无原则的和平、取消思想斗争的自由主义作坚决的斗争。毛泽东特别强调："我们主张积极的思想斗争，因为它是达到党内和革命团体内的团结使之利于战斗的武器。每个共产党员和革命分子，应该拿起这个武器。"① 毛泽东指出，马克思主义的积极精神是克服消极自由主义的良方，作为共产党员应襟怀坦白，自觉以个人利益服从革命利益，忠实积极地以革命利益为重；始终坚持正确的原则，"同一切不正确的思想和行为作不疲倦的斗争，用以巩固党的集体生活，巩固党和群众的联系……这样才算得一个共产党员"②。

以理论斗争"克服错误思想"是这一时期中国共产党斗争精神的集中体现，它积极推动了毛泽东思想在斗争实践中走向成熟，逐渐确立了其在全党的指导地位。中国共产党使中国革命的道路逐步由遮蔽走向澄明，真理得以显现，凸显了实事求是、以客观事实为依据的斗争精神，从而保证了中国革命能够沿着正确的方向前进。

3. 依靠生产自救对抗生存困境的斗争精神

在《整顿党的作风》一文中毛泽东曾指出："什么是知识？自从有阶级的社会存在以来，世界上的知识只有两门，一门叫做生产斗争知识，一门叫做阶级斗争知识。"③ 由于长期的战争消耗、日寇肆意的掠夺和破坏、国民党严密的封锁围堵，党领导的新民主主义革命斗争经常需面对恶劣的生存环境，以及面临极其严重的经济危机。为了满足革命斗争所需的基本物资供给，中国共产党人在革命根据地实行土地制度改革，实施新的土地改革的路线、方针和政策，进行生产自救运动，这些活动是这一时期党领导下的斗争精神的鲜明体现。抗日战争开始前的延安，偏僻封闭、交通不便、盗匪横行，物质生活十分艰苦，中央部分同志在洛川会议上反对落脚陕北，明确提出，陕北地瘠民贫，不适宜人生存，不宜于抗日根据地的发展。毛泽东高瞻远瞩地认识到，虽然这里自然地理条件差，但恰好是敌人进攻的

---

① 《毛泽东选集》（第2卷），人民出版社，1991，第359页。
② 《建党以来重要文献选编（1921~1949）》（第14册），中央文献出版社，2011，第499页。
③ 《建党以来重要文献选编（1921~1949）》（第19册），中央文献出版社，2011，第34页。

薄弱环节，又可兼顾华北前线。从那时起，毛泽东就下定了与陕北人民共克时艰、艰苦奋战的决心。抗战进入相持阶段后，陕甘宁边区的形势和处境一度恶化，敌后抗日根据地面临极端的经济困难，除了国民党敌顽的围堵封锁，日军残酷的"扫荡"与"清乡"，1940～1942 年，由于水、旱、风、雹交相侵袭，边区遭受了三年困难时期，根据地财政经济严重困难，毛泽东回忆说："我们曾经弄到几乎没有衣穿，没有油吃，没有纸，没有菜，战士没有鞋袜，工作人员在冬天没有被盖。"① 在中国共产党的带领下，根据地通过各种手段克服困难、发展经济，党中央不仅贯彻减租减息开展减租斗争，而且为加强根据地的经济建设，实行增开荒地、不误农时、增加农贷、统一累进税制等政策，开展较大规模的农副业生产运动。中央领导和普通军民都自己动手开荒种地、纺线缝被，丰衣足食，为抗日战争的最后胜利奠定了坚实的物质基础。王震率领的八路军三五九旅开垦南泥湾是发扬"自力更生、奋发图强"斗争精神开展大生产运动的代表，1941 年到 1944 年 4 年间，该旅共开荒种地 26 万亩，收获粮食近 4 万石，上缴公粮1 万石，用双手和汗水创造了"耕一余一"产量的陕北好江南。这些卓有成效的生产斗争为对敌作战的武装斗争提供了物质保障。毛泽东曾赞扬延安县同志们的精神"完全是布尔什维克的精神"，该精神的核心内容，在于"他们的态度是积极的，在他们的思想中、行动中，没有丝毫消极态度。他们完全不怕困难，他们像生龙活虎一般能够征服一切困难"②。

　　抗日战争时期，邓小平对根据地经济建设的实践进行深入思考，他将敌后的经济战线概括为，"一是对敌展开经济斗争，一是在根据地展开经济建设"③，并提出对敌斗争和根据地建设是紧密相连的，"没有对敌斗争，谈不上根据地建设，没有根据地建设，更谈不上对敌斗争"④。因此，我们党的经济政策要综合考虑这两个方面来制定。邓小平这一经济建设思想，对根据地打破敌人严密的经济封锁、克服经济困难、发展生产斗争具有指导作用。由此可见，新民主主义时期面对经济危机和生存困难开展的生产斗争，对党的斗争精神的形成发挥了举足轻重的作用。

① 《建党以来重要文献选编（1921～1949）》（第 19 册），中央文献出版社，2011，第 617 页。
② 《建党以来重要文献选编（1921～1949）》（第 19 册），中央文献出版社，2011，第 621 页。
③ 《邓小平文选》（第 1 卷），人民出版社，1994，第 78 页。
④ 《邓小平文选》（第 1 卷），人民出版社，1994，第 78 页。

二　社会主义革命和建设时期

新中国成立之初，中国共产党作为执政党领导人民踏上了民族复兴、人民幸福、社会和谐的新征程，为实现社会主义现代化开展了反对美苏霸权主义的斗争、维护和巩固新政权的斗争，以及改变中国贫穷落后面貌的经济斗争，斗争精神也伴随我国社会主义建设道路的艰辛探索，在曲折中艰难地向前推进。

（一）历史背景

从国际环境看，第二次世界大战结束以后，美苏两国的战时同盟关系逐渐破裂，以美国为首的资本主义阵营和以苏联为首的社会主义阵营的对立局面逐渐形成。20世纪"冷战"帷幕的拉开，给刚刚摆脱战争劫难的世界各国人民再次笼罩上战争的阴霾。一方面，美国对选择社会主义道路的新中国采取敌对的态度，制造各种障碍，企图将新中国扼杀在摇篮里；另一方面，20世纪50年代中期以后，苏联推行的霸权主义，干涉中国等一些社会主义国家的内政，并威胁到中国的安全。跌宕起伏的国际局势表明革命与战争仍是尚未改变的时代主题，为巩固新生的人民民主专政、维护社会主义制度，1950年以后，中国参与的抗美援朝战争、援越抗法战争、中印边界战争、抗美援越战争、中苏珍宝岛自卫反击战、对越自卫反击战，都是在中国共产党领导下为捍卫中国的尊严，同美苏等霸权主义行径对抗的灵活的斗争，党的斗争精神也在错综复杂的国际形势中得到进一步加强。

从国内环境看，新中国成立之初的环境也不容乐观，中国共产党为巩固新生政权，促进国内的安定和恢复发展成为当时的工作重心，面临的考验有三个方面：一是"三座大山"的长期盘剥，使中国人民饱受残酷压迫和黑暗剥削，连年遭受战争破坏的国民经济处于崩溃的边缘；二是国民党的反动势力依然不甘失败，即使失去民心和政权，仍有残余势力潜伏在湘南、两广等地区负隅顽抗；三是落后、腐朽的旧社会思想并未随着旧的国家机器被打碎而即刻消失，同时政治地位和时代环境的彻底变化，使有的党员干部滋长了腐败风气。为维护新政权保持社会稳定，党认识到必须依靠斗争这个有力武器。

新中国成立后到改革开放前的这段时期，中国人民保家卫国、巩固胜利成果的斗争士气和主动作为赢得国际地位、解放思想促进经济发展的斗争志气被"点燃"，从中国国情出发，不断发扬斗争精神，坚持自主发展。按照时间推移，这一时期的斗争分为三个阶段。1949~1956年的社会主义革命时期，是中国共产党领导全国各族人民有步骤地实现从新民主主义革命到社会主义革命转变的阶段，在毛泽东提出的"一化三改"过渡时期总路线的指导下，到1956年，中国绝大部分地区基本完成了对生产资料私有制的社会主义改造。党的十一届六中全会通过的《关于建国以来党的若干历史问题的决议》中指出，虽然由于改造要求过急、工作过程过粗、改变进度过快、形式简单划一等问题遗留了一些弊端，但整体来说，在生产力极度落后的情况下比较顺利地实现了如此深刻的社会变革，极大促进了工农业和整个国民经济的发展。[①]

"社会主义这样一个新事物，它的出生，是要经过同旧事物的严重斗争才能实现的"[②]，在深刻的社会转型中出现的新矛盾、新问题，会影响人做事的思想方式和行为习惯，会导致各种良莠不齐的社会思潮在思想领域中此起彼伏。中国共产党面对如此复杂的国内外环境，必须进一步强化斗争精神，带领中国人民克服从"站起来"到"富起来"过程中的各种艰难险阻。

（二）主要表现

1956年三大改造的完成标志着社会主义基本制度的建立，中国开始进入社会主义初级阶段。但由于党中央对当时的社会主义经济发展规律和中国经济的基本情况认识不够，违背了客观经济规律，以及"左"倾错误思想的泛滥，社会主义建设事业受到重大损失。这段时期，中国共产党的斗争精神主要凝聚在新中国成立后党带领人民进行的开拓实践过程之中。

在经济建设中，新中国成立之初，我国的国民经济千疮百孔，并遭受空前严重的财政经济危机，为了医治战争经济创伤、解决财政经济窘境和巩固、加强新政权的经济基础，中央多措并举，大力恢复发展国民经济。

---

① 《中国共产党中央委员会关于建国以来党的若干历史问题的决议》，人民出版社，1981，第14页。

② 《毛泽东文集》（第6卷），人民出版社，1999，第448页。

"全国人民在中央人民政府领导之下，正在进行巨大的工作，为克服困难，争取经济状况的好转而斗争。"① 在北京、上海等部分城市，市场混乱、投机猖獗、物价飞涨，党和政府领导人民多管齐下，利用行政、经济、法律等综合手段与不法投机商斗智斗勇，先后发起两场没有硝烟的经济战争，有效控制了"银元之战"的经济风波和"米棉之战"的价格风波。在党中央的精心指导和全国人民的鼎力支持下，打击不法投机商操控市场、投机资本、破坏金融秩序和平抑物价的斗争取得了胜利，稳定了国民经济秩序。在对生产资料私有制的社会主义改造中，党和政府"以极广阔的规模和极深刻的程度展开"②，仅用 3 年时间在全国范围内顺利实现了向社会主义过渡的历史任务。在此基础上，中国共产党着眼经济社会长远发展大计，着手谋划新中国未来的发展格局，确立了实现"四个现代化"的战略目标。随着苏联社会主义模式的弊端不断显现，中国共产党准确把握当时的基本国情、立足新的时代格局，发扬为改变贫穷落后面貌进行斗争的精神，克服经济建设过程中缺人才、缺资金、缺技术等重重困难，奠定了改革开放时期对中国特色社会主义道路探索的经济基础。

在文化建设中，为更好地适应政治变革和经济发展的需要，中国共产党有步骤地、谨慎地领导了对旧有学校教育和旧有社会文化事业的改革斗争。毛泽东提出艺术问题上百花齐放和学术问题上百家争鸣的"双百"方针。关于实行"双百"方针与坚持马克思主义统治地位是否矛盾的问题，毛泽东指出："马克思主义要跟非马克思主义作斗争才能发展起来，百花齐放、百家争鸣之所以需要，就是这个道理。"③ 他强调："无论在党内，还是在思想界、文艺界，主要的和占统治地位的，必须力争是香花，是马克思主义。毒草，非马克思主义和反马克思主义的东西，只能处在被统治的地位。"④ 有比较才有鉴别，有鉴别才有斗争，进而才能发展，以"双百"方针为抓手的文化斗争精神为繁荣社会主义的科学文化事业、化解人民内部矛盾、调动人民群众为社会主义事业服务的积极性，提供了重要的理论依据和原则遵循。

---

① 《毛泽东文集》（第 6 卷），人民出版社，1999，第 78 页。
② 《毛泽东文集》（第 7 卷），人民出版社，1999，第 1 页。
③ 《毛泽东年谱（1949～1976）》（第 3 卷），中央文献出版社，2013，第 114 页。
④ 《毛泽东年谱（1949～1976）》（第 3 卷），中央文献出版社，2013，第 70 页。

三 改革开放和社会主义现代化建设新时期

1978～2012 年是中国改革开放的战略机遇期，和平与发展成为时代的主题。党依据中国社会现状，在新时期不断破解时代之问，打响了解决时代课题的人民实践斗争，这场斗争出现在继中国革命、建设探索之后的第二次重要建构时期，这一时期的斗争精神也与时代主题相契合，在反和平演变斗争、生产斗争、反腐败长期斗争中极大地激发了人们的创造活力。

（一）历史背景

20 世纪 70 年代后期，我们党基于国际格局的调整，科学判断时代主题的变化，认识到前半个世纪"战争与革命"的时代主题逐渐被后半个世纪"和平与发展"的时代主题所取代，尤其是以美苏为首的两大对峙阵营，在结束了激烈的角逐之后，"和平与发展"的时代主题变得日益鲜明。邓小平强调，和平与发展是两个全球性的战略问题，"和平问题是东西问题，发展问题是南北问题。概括起来，就是东西南北四个字"①。虽然时代主题转变，但并不代表霸权主义和强权政治的终结，相反，西方资本主义国家会以此为契机重构世界秩序，再次威胁到人类的和平与发展，如果"和平问题没有得到解决，发展问题更加严重"②。人类和平与发展的崇高事业必须要依靠世界各国人民以斗争的方式不断推向前进。

人们盼望摆脱贫困、追求富裕生活的呼声日益高涨，基于新的国际国内形势，党的十一届三中全会果断作出"把全党工作的着重点和全国人民的注意力转移到社会主义现代化建设上来"③的重大决策，"多方面地改变同生产力发展不适应的生产关系和上层建筑，改变一切不适应的管理方式、活动方式和思想方式"④，全面开启了改革开放新时期，不断把改革开放事业推向前进。党的十二大提出"建设有中国特色的社会主义"；党的十三大提出"一个中心，两个基本点"的社会主义初级阶段的基本路线；党的十四大明确提出"建立社会主义市场经济体制"；党的十五大提出"党在社会

---

① 《邓小平文选》（第 3 卷），人民出版社，1993，第 105 页。
② 《邓小平文选》（第 3 卷），人民出版社，1993，第 353 页。
③ 《改革开放三十年重要文献选编》（上），人民出版社，2008，第 15 页。
④ 《改革开放三十年重要文献选编》（上），人民出版社，2008，第 15 页。

主义初级阶段的基本纲领"；党的十六大明确了"全面建设小康社会的目标任务"；党的十七大提出"深入贯彻落实科学发展观"，"以改革创新精神全面推进党的建设新的伟大工程"。中国共产党人的斗争精神也在其本来意蕴的基础之上得到进一步深化，激励着党和人民以敢闯敢试的勇气、迎难而上的锐气、顽强拼搏的志气不断克服改革开放过程中遇到的新矛盾和新问题。

改革开放40多年来，中国共产党带领人民始终以经济建设为中心，开拓创新、锐意进取，不断解放和发展生产力，在中国特色社会主义道路、社会主义先进文化、民生发展、环境保护、军队建设、祖国统一、和平外交、党的建设等方面取得巨大成就，斗争精神也为我国成为"世界第二大经济体""制造业第一大国""货物贸易第一大国""商品消费第二大国""外资流入第二大国"注入强劲的精神动力。中国人民已经在富起来、强起来的征程上迈出了决定性的步伐。

（二）主要表现

改革开放时期，中国共产党人的斗争精神主要体现在党领导人民进行的反和平演变斗争、生产斗争、反腐败斗争、意识形态斗争等方面。

1. 反对和平演变的斗争精神

改革开放为中国发展增加了新活力，经济实力迅速增强，人民生活水平显著提高，一些西方国家不愿意看到中国的崛起，于是把和平演变的焦点对准中国，不惜采取多种手段实现对中国的西化、分化图谋。虽然国际形势有逐渐缓和的趋势，各国人民渴望相互尊重、平等相待的呼声日益高涨。"求和平、求合作、谋发展已经成为时代的主流。"[①] 但总体的国际局势是缓和与紧张地不断交织，国外的敌对势力仍然积极筹划和平演变战略。直面国际敌对势力的分裂、西化、遏制、颠覆、演变等花样繁多的巨大挑战，中国共产党人常怀忧患意识、敢于斗争，将发扬斗争精神融入与西方敌对势力渗透与反渗透、遏制与反遏制、分裂与反分裂、颠覆与反颠覆的激烈斗争中，为中国经济发展赢得了和平稳定的外部环境。同时，中国共产党人深刻认识到，"近几年来，我们对于马克思主义建党理论的学习、研

---

① 《改革开放三十年重要文献选编》（下），中央文献出版社，2008，第913页。

究和宣传，明显地落后于客观形势的需要，落后于尖锐复杂的斗争实践"①。面对这场没有硝烟的反和平演变的战争，中国共产党适时调整作战模式，搭建"线上线下"双线作战平台，在同资产阶级错误思潮的斗争中牢牢把握主动权，牢牢把握以马克思主义为指导这个灵魂，维护党的四项基本原则，以坚定的理想信念筑牢思想防线。

2. 改造落后的生产方式的斗争精神

"我们党必须始终代表中国先进生产力的发展要求"②，这是对马克思主义斗争理论中"生产力原理"的承继，也是对毛泽东思想中"共产党先进性阐释"的继承。中国共产党的宗旨和性质决定了党要"一切从人民的利益出发"，党的工作中心要围绕"社会主要矛盾的变化"来开展。以邓小平同志为主要代表的中国共产党人理性反思中国面临的实际发展问题，提出了"生产力中心论断"，并精准研判我国社会主要矛盾的深刻变化，即"人民日益增长的物质文化需要同落后的社会生产之间的矛盾"③，这反映了对落后的生产方式进行改造、改进和提高的紧迫性。发展生产力是解决民生问题的根本途径，在马克思主义理论、毛泽东思想的科学指导下，中国共产党领导人民展开了以生产斗争为中心的经济体制改革，为民生发展提供了制度保障，即我们党在立足本国国情的基础上，以"解放思想、实事求是"的思想路线为纲，以"社会主义公有制经济为主体"和"共同富裕"为根本原则，发扬敢"破"敢"立"的斗争精神，大胆对所有制结构和分配制度中的观念藩篱、体制障碍、服务堵点进行创新改革，细化落实发展步骤。首先，在以公有制为主体的前提下允许多种经济成分存在，激发各行业的主动精神和创造精神；其次，由于经济的快速发展伴随着收入差距的扩大，党中央适时地推行了以按劳分配为主体、多种分配方式并行的分配制度，调节收入分配失衡的状态，贯彻公平竞争精神，让一切能够创造财富、改善人民生活的生产要素活力竞相迸发；最后，努力推动"社队企业"等乡镇企业的发展，改变农村经济单纯依靠农业发展的格局，发扬"开放包容、兼容并蓄"的精神品格，对农村产业结构调整、农民生产生活

---

① 《江泽民文选》（第1卷），人民出版社，2006，第103页。
② 《江泽民文选》（第3卷），人民出版社，2006，第536页。
③ 《十七大以来重要文献选编》（中），中央文献出版社，2011，第679页。

状态改变和城乡一体化的实现起到了不可替代的重要作用。1987 年 10 月，党的十三大针对中国现代化建设的目标和步骤，着眼于人民生活水平的提高，制定了从"解决温饱"到"实现小康"再到"达到中等发达国家水平"的"三步走"的战略部署，以阶梯式的发展战略指明党今后的斗争方向、斗争策略、斗争目标，将现代化建设的宏伟计划细化为行之有效的可操作方案，不断解决好人民的温饱问题、小康问题以及富裕问题，使中国在推进社会主义现代化建设、实现中华民族伟大复兴的进程中有了科学的战略指导，这些都是中国共产党人的斗争精神在经济社会领域内的现实表现。

3. 抵御严重自然灾害的斗争精神

面对严重自然灾害，中国共产党坚持以人为本，带领人民同威胁人民生命安全的各类自然灾害作斗争。例如，1998 年特大洪水使九江大堤溃决，全国 29 个省（区、市）遭受洪涝灾害，百万军民在党中央的统一部署下迅速集结，在"一不怕苦，二不怕死"的精神鼓舞下与洪水展开了殊死搏斗，党和人民在自然灾害面前展现出"敢与天斗"的胆量和勇气，成功地在最短时间内保证了人民生命财产安全。抗洪抢险、奋勇救灾的战斗是对中华民族凝聚力的考验，形成了"万众一心、众志成城，不怕困难、顽强拼搏，坚韧不拔、敢于胜利的伟大抗洪精神"[1]，凸显了党带领人民解决关键问题、应对重大风险时，敢于挺身而出的斗争品格。2002 年的"非典"疫情，蔓延全球，为了坚决打赢防治"非典"这场硬仗，各族人民在党中央的坚强领导下，沉着应对，顽强战斗，特别是一线工作人员奋勇向前，全身心地投入与病魔的斗争、和时间赛跑的救治工作中，心往一处想，劲往一处使，形成抗击疫病的强大合力。"非典"疫情的到来是猝不及防的，当人民感受到病毒的无情时，同时也看到了在与"非典"的斗争中，中华民族"团结互助、和衷共济、迎难而上、敢于胜利"[2] 的伟大斗争精神得到了弘扬和锤炼。2008 年 1 月，我国南方地区先后出现四次大范围低温、雨雪冰冻过程，群众生活受到严重影响；同年 5 月 12 日，四川省汶川县发生 8.0 级地震，

---

① 《江泽民文选》（第 2 卷），人民出版社，2006，第 230 页。

② 教育部邓小平理论研究中心：《在抗击非典斗争中弘扬和培育伟大民族精神》，《高校理论战线》2003 年第 6 期。

给人民生命财产造成巨大损失。面对这两起巨大自然灾害，我们党在灾害面前冷静思考、果断决策，发动各方面的力量和各个地区的广大人民群众，从不惜一切代价抢救生命，到及时启动灾后应急响应，通路、修电、供水、重建……举国一致，万众一心，筑牢共克时艰、同心抗灾的"钢铁长城"。在党的坚强领导下，抗灾各个阶段的工作有条不紊地开展，生命救援和灾后重建过程都显现出"永不放弃、坚持到底、敢于斗争"的顽强精神。

4. 坚持惩腐倡廉的斗争精神

中国共产党带领人民不断推进"惩腐倡廉"的反腐败长期斗争。社会主义市场经济体制下，中国共产党始终旗帜鲜明反对腐败，坚决同各种消极腐朽思想和腐败行为作斗争，之所以这样，是因为中国共产党从一开始就没有自己的特殊利益，中国共产党与各种消极腐败现象水火不容，始终把腐败置于对立面。坚决遏制腐败之风，坚决把反腐惩腐作为一项重要政治任务来抓。党风问题是直接关系到党的生死存亡与事业兴衰的大事，这一时期，中国共产党人坚持推进改革开放与惩治腐败两手并举，不断转变反腐模式，加强从源头对腐败思想和现象的预防，推进预防和惩治腐败的制度体系建设，提出"坚持标本兼治、综合治理、惩防并举、注重预防的方针，扎实推进惩治和预防腐败体系建设"①。

中国共产党是一个敢于正视错误、善于吸取教训和总结经验的政党。结合改革开放的新形势，中国共产党继承了以往反腐败斗争的成功经验，充分认识到反腐败斗争的有效开展必须双管齐下，实现教育引导与法制约束的有机统一。一方面，中国共产党在全党范围内开展了多次集中教育学习活动，针对党政领导干部开展的加强党性党风建设的"三讲"教育活动（1995年9月至2000年12月）、为保持共产党员先进性开展的系列教育活动（2005年1月至2006年6月）、在全党全面开展的深入学习实践科学发展观活动（2008年9月至2010年2月）、为推动学习实践科学发展观向纵深发展的创先争优活动（2010年4月至2012年11月）等，党通过教育学习活动构筑防腐败、反腐败的屏障，广大党员从思想源头上深入领悟反腐倡廉的斗争精神。另一方面，党中央制定了配套的反腐败政策和法规，完善国家反腐败立法，将反腐败斗争推向规范化、制度化，相继出台了《关

---

① 《十七大以来重要文献选编》（上），中央文献出版社，2009，第325页。

于党内政治生活的若干准则》（1980年）、《中国共产党党员领导干部廉洁从政若干准则（试行）》（1997年）、《关于实行党风廉政建设责任制的规定》（2010年）、《建立健全惩治和预防腐败体系2008—2012年工作规划》等与腐败预防和治理有关的法律法规，一系列制度体系日臻完善，使我国反腐倡廉工作基本做到有法可依，从制度上深入贯彻"反腐倡廉"的斗争精神。党的十七大报告指出："在坚决惩治腐败的同时，更加注重治本，更加注重预防，更加注重制度建设，拓展从源头上防治腐败工作领域。"① 我们党不断拓展防腐工作领域，坚持从源头开始预防腐败，从教育体制、反腐制度、权力监控等方面形成拒腐防变教育的长效机制、制度体系。在30多年的反腐败斗争实践中，反腐倡廉形势发生了深刻变化，党内出现的不良作风得到有效遏制，腐败滋生的土壤被不断铲除，为全面从严治党提供了精神指引。

四　中国特色社会主义新时代

十八大以来，中国共产党正确认识我国社会主要矛盾变化的新特征和新要求，在继续推动发展的基础上，着力解决好发展不平衡、不充分和生态环境等突出问题。在新的历史方位上，习近平总书记审时度势地提出，"必须进行具有许多新的历史特点的伟大斗争"②，党的斗争精神也在新时代的时空境遇中不断守正创新，为"继续实现推进现代化建设、完成祖国统一、维护世界和平与促进共同发展这三大历史任务"③ 砥砺前行。

（一）历史背景

党的十八大的召开，为我国进入全面建成小康社会决定性阶段，继续坚定不移沿着中国特色社会主义道路破浪前行、夺取中国特色社会主义新胜利明确了方向、提出了任务、坚定了信心，产生的新一届中央领导集体举旗定向、谋篇布局，以斗争精神全面推进党的建设新的伟大工程，努力提高党的建设科学化水平和拒腐防变、抵御风险的能力。此时的中国共产

---

① 《改革开放三十年重要文献选编》（下），中央文献出版社，2008，第1741页。
② 习近平：《在庆祝中国共产党成立100周年大会上的讲话》，人民出版社，2021，第17页。
③ 《十八大以来重要文献选编》（上），中央文献出版社，2014，第82页。

党领导人民围绕"强起来"进行伟大斗争，"面对复杂多变的国际形势和艰巨繁重的国内改革发展稳定任务"①，始终赓续斗争精神的优良传统，发扬勇于突破、敢于变革的新时代斗争精神，并对斗争方式和斗争目标作出重大调整，主要表现在以下三个方面。

1. 中国共产党领导人民开展应对重大挑战、抵御重大风险、克服重大阻力的斗争

党的十八大以来，我们党清醒地认识到当前世情、国情、党情发生变化所带来的重大挑战，把防范化解重大风险作为重要课题，努力克服中国特色社会主义面临的重大阻力。当今世界正进入动荡变革期，随着国际力量对比此消彼长的变化，全球权力和治理格局将面临解构和重组，我国必须在更加不稳定、不确定的世界中谋求自身发展。尤其是新一轮科技革命和产业革命的孕育成长，使核心技术竞争更加激烈，科学技术对经济发展的作用更加凸显，以及单边主义、贸易保护主义和逆全球化行动的升级，经济领域的马太效应带来全球发展的失衡，阻碍了资源合理流动和世界经济增速，使南北差距、贫富差距的分化现象持续发酵，国际格局也在复杂变化中发生巨大调整。当前，我国国内发展环境也正在经历着深刻变化。从改革开放看，必须在更高起点上推进改革开放，需要建设更高水平的开放型经济新体制、全面扩大开放新格局，努力探索可复制、可推广的重大制度创新成果，不断补齐短板弱项；从经济转型看，为实现真正的"强"，我国从经济高速增长阶段向高质量发展阶段转变，只有加快转变经济发展方式、推进经济布局优化和结构调整，坚持供给侧结构性改革这条主线，扭住扩大内需这个战略基点，加快推进有利于提高发展质量和效益的改革；从主要矛盾看，要解决城乡、区域发展不平衡和收入差距大的问题，需要持续推进新型城镇化和乡村振兴战略，着力破解居民收入和分配中资本对劳动收益的比重影响；从环境治理看，为解决大气、水、土壤污染，以及毁坏林地、侵占湿地、破坏生态等突出生态环境问题，必须坚决打好污染防治攻坚战，改变过去形成的依靠要素驱动发展的方式，践行低碳生活，减轻环境承载压力。

虽然和平与发展仍是当今时代的主题，但国际国内的大发展、大变革、

①《习近平谈治国理政》，外文出版社，2014，第411页。

大调整带来越来越多前所未有的新情况、新问题、新挑战。习近平总书记为我们分析了五类重大风险和挑战，"凡是危害中国共产党领导和我国社会主义制度的各种风险挑战，凡是危害我国主权、安全、发展利益的各种风险挑战，凡是危害我国核心利益和重大原则的各种风险挑战，凡是危害我国人民根本利益的各种风险挑战，凡是危害我国实现'两个一百年'奋斗目标、实现中华民族伟大复兴的各种风险挑战，只要来了，我们就必须进行坚决斗争，而且必须取得斗争胜利"①；同时，我们党不断强化内控机制建设，构建防控风险的体系，坚决守住风险底线，"建立健全风险研判机制、决策风险评估机制、风险防控协同机制、风险防控责任机制"②。

2. 中国共产党领导人民旗帜鲜明地开展意识形态领域的斗争

意识形态工作一直是我们党伟大斗争的前沿阵地，建设具有强大凝聚力和引领力的社会主义意识形态，是党和国家事业发展的重要保障。党在意识形态领域的斗争始终处于"进行时"，随着改革开放和社会主义现代化建设的不断深入，我国经济成分多元化、经济利益差异化、社会生活方式多样化的特征日益明显，中国共产党领导意识形态工作的环境、任务、内容、渠道和对象都发生了巨大变化。围绕远大理想与现实理想、正面宣传与舆论斗争、总结经验与改革创新、历史使命与时代责任、中国特色与国际比较等问题，要求党不断提升处理意识形态问题的能力，这关系到党的执政地位的稳固发展和中国特色社会主义事业的兴衰成败。党的十八大以来，党积极开展了三种主要的意识形态领域的斗争。

一是同全球化冲击主流意识形态的斗争。面对西方国家借助文化扩张和意识形态渗透，将代表资产阶级利益、宣扬资本主义意识形态的理论观点抛向社会主义国家，中国始终坚持党对意识形态领域的主动权，对妄图利用"马克思主义过时论"、"社会主义失败论"、"人类历史终结论"和"普世价值"等言论模糊意识形态对立的界限、淡化主流意识认同、动摇马克思主义在社会主义国家的地位和作用的错误思潮坚决反对；对蓄意利用"西方中心主义"知识体系来"观照"中国文化的行为坚决抵制；敢于同民主社会主义、历史虚无主义、新自由主义等各种非马克思主义、反马克思

① 《习近平谈治国理政》（第3卷），外文出版社，2020，第226页。
② 《习近平谈治国理政》（第3卷），外文出版社，2020，第223页。

主义思潮作坚决斗争。

二是同西方网络信息霸权威胁的斗争。以美国为首的西方国家凭借信息网络技术优势独揽国际互联网规则制定权，控制互联网核心技术，不断加强对我国网络信息安全的威胁，企图瓦解我国的主流意识形态。中国始终坚持党对意识形态领域的领导权，对分裂祖国、破坏民族团结、否定中国共产党的领导和颠覆社会主义制度的舆论信息坚决回击，充分发挥正面导向和凝聚功能，牢牢掌握舆论工具的管理权、话语权，使新闻舆论坚决体现党的意志、反映党的主张，维护党的团结和中央权威。

三是同削弱我国意识形态凝聚力的斗争。社会主义市场经济体制的发展促使原有社会结构大调整，产生的新兴阶层，代表了各自的利益诉求，形成了不同的社会思潮，降低了主流意识形态的凝聚力。为解决利益诉求的多样化对意识形态整合的挑战，党通过教育引导、舆论宣传、文化熏陶、制度保障、服务保障等措施加强思想教育工作，广泛感召群众、教育群众，凝聚共识。

3. 中国共产党巩固拓展反腐败斗争取得压倒性胜利

党的十八大以来，我们党以自我革命精神坚持推进全面从严治党，要求"以敢于刀刃向内的勇气向党内顽瘴痼疾开刀，以一抓到底的钉钉子精神把管党治党要求落实落细"[1]。反腐败是全面从严治党的系统工程，只有不断解决党自身存在的突出问题，才能确保党始终成为领导核心。

党的十八届六中全会审议通过的《关于新形势下党内政治生活的若干准则》要求党员干部深刻认识"四风"的危害和反对"四风"的重点，指出："坚持抓常、抓细、抓长，特别是要防范和查处各种隐性、变异的'四风'问题，把落实中央八项规定精神常态化、长效化。"[2] 研判新时代党面临的"四大考验"和"四大危险"，塑造风清气正的政治生态。一方面，围绕加强党的廉政作风建设，党的十八大以来，党中央在全体党员中开展以作风建设带动纪律建设的教育活动，包括 2013 年党的群众路线教育实践活动、2014 年"三严三实"专题教育、2016 年"两学一做"学习教育，以及党的十九大以后开展的"不忘初心，牢记使命"主题教育等，不仅提升了

---

① 《十八大以来重要文献选编》（下），中央文献出版社，2018，第 590 页。
② 《十八大以来重要文献选编》（下），中央文献出版社，2018，第 428 页。

党员的党性修养，强化了党员的纪律意识，更增强了"不敢腐"的震慑性。另一方面，党中央抓紧建构符合中国国情和时代需求的权力制约、监督体系，坚决把公权力关进制度"笼子"，先后制定和出台了《中国共产党党内法规制定条例》《中国共产党廉洁自律准则》《中国共产党纪律处分条例》《中国共产党问责条例》《中国共产党党内监督条例》《中国共产党纪律检查机关监督执纪工作规则》等一系列法律法规，确保权力始终在监督下运行，并通过深化纪检监察体制改革，实现了对党员领导干部、国家公职人员监督的全覆盖，通过推进反腐败国家立法、修改宪法、修订党章、制定党内法规，实现了客观上的"不能腐"；同时，通过对全体党员和国家公职人员进行党性党风教育、开展党章党规宣传、剖析反面典型案例，帮助增强其拒腐防变的能力，并在全社会开展廉洁文化教育，引导群众认识贪污腐败的危害，不断增强"不想腐"的自觉。党的十九届四中全会将"构建一体推进不敢腐、不能腐、不想腐体制机制"① 作为反腐败斗争的基本方针和重要方略，这三个"不"是一个整体，实现"清廉中国"的重要体制机制保障，既治标又治本，既惩治又预防，既纠风查案又教育监督，大力推进了党风廉政建设和反腐败斗争。

党的十八大以来，中国共产党领导的反腐败斗争取得了压倒性胜利，但全面从严治党需要不断加大治本力度，将来之不易的"零容忍、低水平、可持续"状态保持下去，确保党和国家长治久安。

（二）主要表现

当前，中国正处于实现中华民族伟大复兴的关键时期，如果没有"越是艰险越向前"的勇气和决心，我国就不可能发生深层次、根本性变革，就无法取得全方位、开创性成就。2021 年，中国进入"十四五"时期，这一发展新阶段将是百年未有之大变局中的加速重构期，面对"国际格局发展演变的复杂性""世界经济调整的曲折性""国际矛盾和斗争的尖锐性"，"形势环境变化之快、改革发展稳定任务之重、矛盾风险挑战之多、对我们党治国理政考验之大前所未有"②，党中央站在统筹中华民族伟大复兴战略

---

① 本书编写组：《中国共产党简史》，人民出版社、中共党史出版社，2021，第 484 页。

② 《习近平谈治国理政》（第 3 卷），外文出版社，2020，第 537 页。

全局、世界百年未有之大变局的高度，立足世情、国情、党情的变化，作出重大决策，把握国际形势的"变"与"不变"，党带领广大人民继续保持干事创业的昂扬斗志，与各种风险考验作斗争，办好发展和安全两件大事。

1. 立足于世情，强化防范化解外部风险隐患的担当精神

"无论外部形势如何变化，中国都将坚定不移、心无旁骛地做好自己的事"，"我们完全有能力应对好各种风险挑战，任何艰难险阻都阻挡不了我们前进的步伐"①。适应新时代和世界百年未有之大变局，要求党带领人民站在人类历史进程的高度，对世界的大发展、大调整、大转折、大变化作出重大战略判断，在世界大变局中坚持和发展中国特色社会主义，在危机中育先机、于变局中开新局。

其一，增强开展新时代意识形态领域的斗争的自觉性。习近平总书记指出，"意识形态工作是党的一项极端重要的工作"②，"是为国家立心、为民族立魂的工作"③。"做好意识形态工作，事关党的前途命运、事关国家长治久安、事关民族凝聚力和向心力。"④ 意识形态是关乎旗帜、关乎道路、关乎国家政治安全的重要工作，做好意识形态工作意义深刻，对党来说是一项极其重要的任务。进入新时代，要求我们坚持党对意识形态工作的领导权，发扬勇于担当作为的斗争精神，增强斗争的主动性和自觉性。一是党持续加强党员和领导干部理论武装，运用多种载体扎实开展"四史"学习教育；二是党坚守新闻舆论斗争的主阵地，在事关意识形态领域以及政治原则的关键问题上开展舆论斗争；三是党不断完善意识形态工作制度体系，构建齐抓共管意识形态的工作格局，落细落实意识形态工作责任制。

其二，打好意识形态领域反分裂斗争的主动仗。长期以来，企图分裂祖国统一的反动势力、"机构"、反华分子利用"台独"等行径，以及借助于香港、澳门等问题干扰中国内政、无视中国制度、践踏国家宪法，企图给中国安定团结的社会环境制造事端，对此，中国立场坚定、坚决还击，

---

① 习近平：《同哈萨克斯坦总统托卡耶夫举行会谈时的讲话》，《人民日报》2019 年 9 月 11 日。

② 《习近平关于总体国家安全观论述摘编》，中央文献出版社，2018，第 106 页。

③ 习近平：《高举中国特色社会主义伟大旗帜　为全面建设社会主义现代化国家而团结奋斗——在中国共产党第二十次全国代表大会上的报告》，人民出版社，2022，第 43 页。

④ 中共中央宣传部编《习近平新时代中国特色社会主义思想学习纲要》，学习出版社、人民出版社，2019，第 140 页。

坚决秉持绝不容忍和绝不退让的态度。一是党坚决同分裂敌对势力作斗争，清醒辨识民族抹黑、宗教引诱、暴力恐怖、倒行逆施、虚构污蔑等境外反华势力的分裂手段，坚持以政治建设为主、军事斗争为辅和完善法律机制约束的方式，严厉制止破坏民族团结的行径；二是党坚定不移地贯彻"一国两制"方针，激发维护祖国团结统一的内生动力；三是党牢牢掌握两岸关系发展主导权和主动权，坚决遏制任何形式的"台独"分裂活动。

其三，提升与各种形式的霸权主义和强权政治作斗争的自主性。世界局势总体稳定向好，和平与发展仍是时代主题。但是霸权主义和强权政治依旧存在且出现新的表现形式，世界范围内单边主义逆流而动，西方贸易保护主义抬头，一些国家将自身利益凌驾于别国利益之上，严重破坏了国际秩序。中国将始终站在多边主义和国际正义的一边，坚定维护持久和平、普遍安全、共同繁荣的态度和立场，坚决反对唯我独尊的霸权主义、强权政治和霸凌行径。一是始终做世界和平的建设者，积极维护国际和地区安全，准确把握中国大发展与世界大变革关系的战略走向，倡导各国摆脱结盟或对抗的窠臼；二是始终做全球发展的贡献者，积极参与国际经济治理体系建设，中国作为综合国力强盛、科学技术先进的世界第二大经济体，应以实际行动证明中国有能力也有义务为全球经济发展以及维护世界和平做贡献；三是始终做国际秩序的维护者，中国作为国际社会的组成部分需以身作则，在解决人类面临的共同难题上发挥世界大国的作用，展现大国担当，为国际新秩序的建立贡献中国方案、中国智慧和中国力量，成为国际秩序的维护者和新秩序的建设者。

其四，提升当代中国主流意识形态的影响力。提升中国主流意识形态对多元多样思想观点的引导力、对非主流意识形态的竞争力、对各种噪声杂声的掌控力，开展有理有利有节的舆论斗争，更加注重统筹国内国际两个大局，更加注重维护意识形态安全与兼容并蓄其他思想思潮观念的关系，充分展现中国主流意识形态的博大自信和蓬勃生命力。首先要继续贯彻"四个自信"的主动精神，利用网络坚持不懈地对外宣传中国道路、中国制度、中华文化、社会主义核心价值观，善用微传播宣传习近平新时代中国特色社会主义思想，增进世界人民对中国的了解和认同，塑造自信、包容的大国形象；其次要丰富对外意识形态宣传的主动精神，中国通过"一带一路"倡议的推进，已从多方面、多角度树立起文明大国、东方大国、负责任大国的国家形象，同时也不断采取更加丰富多样的方式来宣传社会主义意识形态的本质体现和价值引领，积极消除国际舆论中对中国的误解和偏见，高标准地讲好中国的抗疫故事、中国的脱贫攻坚故事，准确表达中国主张、发出中国声音。

2. 立足于国情，坚持奋进强国新征程的团结奋斗精神

中国共产党自成立以来，带领中国人民铸就了艰苦卓绝的奋斗史，实现了从"站起来"到"富起来"的飞跃。进入新时代，中国共产党人又将开启为实现从兴国迈向强国的富民强国新篇章。要变成一个强国，实现社会主义现代化强国的总目标，各方面都要体现具有鲜明的时代特征和中国特色的"强"，即努力实现人才强国、制造强国、科技强国、质量强国、航天强国、文化强国等多项"强国合力"目标。夺取中国特色社会主义新胜利、实现各领域"都强"，必须发扬"越是艰险越向前"的斗争精神，保持"深入贯彻社会主义现代化强国战略"的定力，坚定"改革开放是强国富民之路"的信心，秉持"建设人与自然和谐共生现代化强国"的积极态度，打好强国根基。

其一，保持"深入贯彻社会主义现代化强国战略"的定力。我们党和国家的战略定力，建立在坚定的战略信念、平稳的战略心态、清晰的战略思维、明确的战略目标、慎重的战略谋划、完整的战略实施基础之上。党的十八大以来，党中央从经济、社会、科技、文化、安全、生态、人类命运共同体等方面谋划强国战略，指引社会主义现代化建设的前进方向，虽然我国尚处于强国战略实施的初期，但只要保持斗争必胜的定力，就一定能增强战略治理能力，打造强国战略优势。首先要坚定战略信念，深入认识党的十九届五中全会通过的《中共中央关于制定国民经济和社会发展第十四个五年规划和二〇三五年远景目标的建议》的重大意义，不断增强实现中华民族伟大复兴和全面夺取改革发展稳定新胜利的信心；其次要保持平稳的战略心态，统筹"四个全面"和"五位一体"的布局，着力构建全面社会主义现代化的综合战略，抓住用好重要战略机遇期，推动全面建设社会主义现代化开好局、起好步；再次要清晰战略思维，从找问题"补短板"向破除制约高质量发展瓶颈、形成高水平强国优势转变，始终从战略高度总揽全局；最后要明确战略目标，从局部追赶到局部超越、从局部强到部分强再到整体强是中国全面建设社会主义现代化强国的必经之路，通

过发展不断实现国家富强，加快成为世界科技强国。

其二，坚定"改革开放是强国富民之路"的信心。"惟改革者进，惟创新者强，惟改革创新者胜。"① 党的十八届三中全会以来，以习近平同志为核心的党中央发出了全面深化改革的号令，按下了全面深化改革的快进键，要求全国人民抓住全面改革的大好时机，推动改革呈现"全面发力、多点突破、蹄疾步稳、纵深推进的局面"②。面对国际国内形势的深刻复杂变化，改革发展面临诸多新的问题和挑战，如何使改革开放再为国家发展赋能，发挥国家创新竞争力的优势呢？必须坚定不移走改革开放的强国之路，信心来自对优势的自信，环境和形势越复杂，越要以更坚定的信心、更有力的措施不断发挥自身优势，把改革开放推向深入。一是坚持问题导向，抓住影响经济社会发展的主要矛盾和突出问题，有针对性地突破；二是坚持价值导向，始终坚持以人民为中心的价值立场、公平正义的价值追求、统筹推进的价值方法、推进国家治理体系和治理能力现代化的价值目标，使改革向更深层次挺进，开放向更高水平迈进；三是坚持科学的方法论，树立全局意识和系统性思维谋篇布局，充分释放市场活力。

其三，秉持"建设人与自然和谐共生现代化强国"的积极态度。恩格斯曾指出："我们不要过分陶醉于我们人类对自然界的胜利。对于每一次这样的胜利，自然界都对我们进行报复。"③ 人与自然是生命共同体，保持相互联系、相互依存、相互渗透、相互成就的辩证统一关系。同时，人因自然而生，是自然的产物，是自然的一部分，所以我们应该秉持尊重自然、顺应自然、保护自然的态度，秉持"全力构筑人与自然生命共同体"的积极态度。一是摒弃工具理性思维，奋力解决人民群众日益增长的优美生态环境需要与生态污染之间的矛盾；二是贯彻绿色发展理念，拓宽"绿水青山"与"金山银山"的相互转化通道；三是做好重大自然灾害防护工作，坚持以防为主，及时监测报警，防灾减灾、抗灾救灾，有效减轻灾害风险；四是倡导低碳绿色健康的新生活方式，引导人民群众转变陈旧观念，从以治病为中心向以健康为中心转变，普及生态学和传染病学的科学知识。只

① 《习近平谈治国理政》，外文出版社，2014，第 59 页。
② 习近平：《在庆祝改革开放 40 周年大会上的讲话》，人民出版社，2018，第 9 页。
③ 《十八大以来重要文献选编》（下），中央文献出版社，2018，第 164 页。

有抛弃人类中心主义的傲慢，寻求人与自然相济相成、共生共荣的良好秩序，才能真正形成人与自然共生的和谐之美。

3. 立足于党情，坚持全面从严治党管党的自我革命精神

办好中国的事情，关键在党。新时代，要把推进伟大事业、实现伟大梦想与继续推进全面从严治党、继续推进党风廉政建设和反腐败斗争的主要任务结合起来，将党的建设伟大工程推向前进。坚持党要管党、全面从严治党，事关国家长治久安和人民美好生活，必须自上而下严肃对待，持续推进全面从严治党向纵深发展。

其一，党不断加强政治建设的自觉性和坚定性。"旗帜鲜明讲政治是我们党作为马克思主义政党的根本要求。"① 全面从严治党，就是加强党的政治建设。一是牢牢把握国内和国际的发展大局，精准识别现象和本质，清醒辨别行为的是非和善恶，保持党的政治本色；二是全面完整准确地把握党的理论和路线方针政策的基本精神、精髓要义和指导作用；三是着力应对各种困难、复杂局面和风险挑战，有效把握大局、总揽全局、应对变局，以更高标准和更严要求做到"两个维护"。

其二，党不断坚定管党治党从"宽松软"走向"严紧硬"的决心。全面从严治党是"四个全面"战略布局的重要一环，体现了新时代管党治党的重要性，"必须以更大的决心、更大的勇气、更大的气力抓紧抓好"② 。过去一个时期，管党治党出现了宽、松、软的问题，部分党员领导干部精神懈怠，责任意识减弱。党的十八大以来，党坚持发扬"老虎""苍蝇"一起打的充沛顽强的斗争精神。一是严明政治纪律和政治规矩，着力践行真管真严、敢管敢严、长管长严，加强和规范党内政治生活，加大党章、党规、中央八项规定等的学习和监督力度，严明奖罚机制，严抓落实情况；二是强化问责制度作为落实主体责任评判的重要标准，把追究落实责任和追究监督责任一起抓，推动各项任务见实效；三是着力净化党内政治生态，坚决摒弃官僚主义、形式主义、"指尖四风"的工作作风，树牢"四个意识"，坚定"四个自信"，践行"两个维护"。

其三，党不断强化"反腐败斗争取得压倒性胜利并全面巩固"的格局

<hr />

① 《习近平谈治国理政》（第3卷），外文出版社，2020，第48页。
② 《习近平谈治国理政》（第2卷），外文出版社，2020，第63页。

意识。十九届中央纪委五次全会强调，所谓压倒性胜利，是指反腐败在党中央领导下已经形成了全党落实管党治党主体责任的新格局，已经形成了"无禁区、全覆盖、零容忍"的反腐败战略态势，已经形成了党中央统一领导"不敢腐、不能腐、不想腐"的体制机制，保障反腐败这场输不起也决不能输的重大政治斗争取得压倒性胜利。党的十八大以来，党中央以猛药去疴、重典治乱的斗争决心惩治腐败，党要管党、全面从严治党取得显著成效，形成了反腐败斗争的压倒性态势。但面对随时出现的新形势、新问题，仍然要一以贯之地正风肃纪，不断深化党的自我革命。

第二节 斗争精神百年演进的主要经验

回顾建党以来的百年斗争历程，中国共产党以顽强的斗争精神应对前进道路上的各种风险、战胜各种挑战，积累了培养理性斗争认知、尊重人民主体作用、持续建构创新制度、注重斗争策略、深化斗争实践等重要历史经验，这些宝贵的经验培养和保持了党顽强的斗争精神，为我们深刻揭示"中国共产党为什么能"的精神密码提供了一把"金钥匙"。

一 永葆敢于斗争、敢于胜利的政治本色

"敢于斗争、敢于胜利，是中国共产党不可战胜的强大精神力量"[1]，百年来中国共产党不畏惧任何严峻的斗争，坚定理想信念、激昂革命热情，重视对各个时期斗争形势的全面分析和研判，凝聚了共产党人敢于斗争、敢于胜利的强大精神力量。在斗争中，共产党人不断增强斗争意识、坚定斗争意志，运用马克思主义理论和方法认识斗争产生的必然性、研判斗争形势的复杂性，胸有成竹地站出来迎战、冷静清醒地沉着应战，坚守初心、不改本色，赓续党的优良传统，形成激励全党全国各族人民奋勇前进的强大精神力量。

（一）培养敢于斗争的主动意识

唯物辩证法认为，事物矛盾是由矛盾的斗争性所决定的，斗争是事物

---

① 习近平：《在庆祝中国共产党成立 100 周年大会上的讲话》，人民出版社，2021，第 17 页。

发展的状态，更是推动事物发展的手段与动力，必须充分肯定矛盾的对立性，准确理解斗争的内涵，在矛盾的发展中增强斗争意识，是消灭旧事物、创造新事物的根本。中国共产党人所讲的斗争不是为一己私利而不择手段达到目的的争斗，而是顺应历史潮流，为真理、为正义、为人类社会进步事业而进行的正义斗争，领导新民主主义革命、推进社会主义革命和建设、实行改革开放，从对日反侵略战争到反内战，从"东欧剧变""苏联解体"到"98抗洪""汶川抗震"，从基本完成"三大改造"到全面建成"小康社会"，中国共产党人牢记初心使命，与一切损害人民利益、阻碍民族复兴的对象坚决作斗争。作为斗争主体的党员和领导干部，积极发挥关键少数的"头雁效应"，不断增强斗争意识，保持昂扬向上的斗争姿态，防微杜渐，把目标对准矛盾问题，坚决反对党内错误倾向，誓死抵抗强敌入侵，积极遏制以个人利益为导向、沉溺在利益争斗中甚至以权谋私等从斗争主体沦为斗争对象的危险发生，不断唤醒敢于斗争的意识。

（二）研判夺取胜利的斗争形势

探寻中国革命、建设、改革的正确道路是一个极为艰辛、充满挑战的过程，科学研判中国共产党所处的斗争局势是提出具有前瞻性、战略性、指导性的行动纲领，牢牢把握斗争的主动权从而赢得斗争胜利的重要前提条件。第一次大革命失败后，党内被"左"倾错误情绪支配和共产国际"不间断的革命"错误理论误导，由于不能正确认识当时的国情和斗争形势，从而发生了盲动主义错误。1928年党的第六次全国代表大会认真总结了当时的"中国问题"，将工作中心由全国暴动转移到"争取群众"的工作中来，但仍没有认识到农村和农民在中国革命中的主力军作用，把中间派的资产阶级看作革命敌人。1935年召开的遵义会议是中国共产党完全独立自主运用马克思列宁主义基本原理解决革命斗争中路线、方针和政策问题的重要会议。遵义会议正确研判了当时的革命形势和斗争方向，在事实上确立了毛泽东在中央的领导地位，从而挽救了党、挽救了红军和中国革命。抗美援朝战争中，中国共产党秉持"打得一拳开，免得百拳来"的宗旨，遵循"战略上要藐视敌人，战术上要重视敌人"的原则，创造了人类战争史上以弱胜强的伟大胜利。党的十八大以来，党中央认真分析社会主要矛盾的变化，不断适应新时代的新形势，主动应对事业发展的新需要，注重党的理论和政策在地方工作中的"落地生根",敢于担责任、谋发展、办实事,不惧风险、矢志拼搏,以百折不挠的毅力和坚韧不拔的意志,创造了新时代中国特色社会主义的伟大成就。

党在各个时期取得的伟大胜利充分证明,中国共产党和中国人民历来具有不畏强暴、英勇斗争、敢于压倒一切敌人而不被敌人所压倒的英雄主义气概。铸就敢于斗争、敢于胜利的强大精神力量,必须始终坚定砥砺奋进的理想信念、始终激昂革命到底的斗争热情、始终弘扬勤劳勇敢的优秀传统、始终坚守为了人民的初心和担当,破除主观偏见、打碎拘囿束缚,与时俱进研究新情况、解决新问题,以敢于斗争、敢于胜利的政治勇气和开拓进取的精神品格,实现伟大斗争的新胜利。

二 尊重和发挥人民主体作用

尊重和发挥人民主体作用是保持斗争精神的重要支撑。唯物主义历史观认为社会存在决定社会意识,肯定了人民群众在社会历史发展中的主体作用和决定作用。不同的社会主体对历史发展的作用也不同,作为社会主体的人民群众,是社会物质财富和精神财富的积极创造者,任何伟大的文明成果和历史事业,都是建立在劳动群众所创造的物质财富基础之上的。作为实现社会变革的决定力量,人民既创造了丰富的社会财富,又在反抗阶级矛盾的斗争中改变了社会关系。马克思指出:"历史活动是群众的事业,随着历史活动的深入,必将是群众队伍的扩大。"① 人类社会发展历史表明,一切真正的社会革命,在本质上都是人民群众团结起来摧毁腐朽的旧社会制度、建立新社会制度的斗争。人民作为斗争的决定力量、依靠力量、根本力量、攻坚力量,是社会历史的创造主体、价值主体与表现主体,蕴含着无限的积极性与创造力。在斗争中,中国共产党人从"为谁斗"的价值立场出发,以"为了谁发动革命战争""为了谁建设社会主义国家""为了谁实行改革开放""为了谁推动中国强大"为价值导向,确证了为人民根本利益而斗争的价值目标。

---

① 《马克思恩格斯全集》(第 2 卷),人民出版社,1957,第 103~104 页。

（一）人民是战争胜负的决定力量

从中国共产党诞生之日起，就把人民群众当作其力量之源，尊重和发挥人民主体作用彰显了中国共产党人斗争精神的实质与核心。中国共产党在领导人民反抗压迫、寻求解放的革命实践中，始终相信"人民，只有人民，才是创造世界历史的动力"①，并把马克思主义群众史观具体转化为实际工作中的实践智慧，贯彻落实"党的群众路线"，形成了通过人民群众的人心向背长期发挥作用的党的群众观点。毛泽东从群众史观角度审视人民在革命斗争中的主体性作用，他强调党领导的革命本质上是动员、组织人民群众自己起来与敌人斗争，"战争的伟力之最深厚的根源，存在于民众之中"②，如果忘记了人民群众的主体作用，不了解群众的情绪，不帮助和改善群众生活，就有可能"沾染了国民党的作风，沾染了官僚主义的灰尘"③，就绝不会有希望和前途。"红军打胜仗，人民是靠山"④，抗日战争是中国共产党率先举起武装抗日大旗，发动的"正义性"的人民战争，广大人民群众爆发出的铜墙铁壁般的整体性力量"具有不畏强暴、敢于压倒一切敌人而不被敌人所压倒的英雄气概"⑤。为打倒日本帝国主义，中国共产党团结全国的抗日军民建立了最广泛的抗日民族统一战线，使人民成为抗战的主要力量。人民用爱军护军的顽强意志忘死助战，送饭、送药、抬运伤员、参加战斗，不但形成了弥补武器弹药、粮食药品等缺乏的补救条件，更创造了扭转战局、陷敌于灭顶之灾的胜利条件，因此，人民是克服战争中一切困难的前提条件。

（二）人民是社会主义建设的依靠力量

人民是"战争的伟力之最深厚的根源"⑥。新中国成立后，党紧紧依靠人民发扬保卫新中国、建设新社会的斗争精神，推动社会主义改造完成，

---

① 《毛泽东选集》（第3卷），人民出版社，1991，第1031页。
② 《毛泽东选集》（第2卷），人民出版社，1991，第511页。
③ 《毛泽东选集》（第3卷），人民出版社，1991，第933页。
④ 习近平：《在纪念红军长征胜利80周年大会上的讲话》，人民出版社，2016，第5页。
⑤ 习近平：《在南京大屠杀死难者国家公祭仪式上的讲话》，人民出版社，2014，第3页。
⑥ 《毛泽东选集》（第2卷），人民出版社，1991，第511页。

确立社会主义基本制度，开启了人民当家作主的新局面。1953 年，为支援朝鲜人民抗击美国侵略，党领导人民进行了抗美援朝保家卫国战争，战争中，全国人民全力支持，出兵朝鲜抵抗美帝国主义的侵略，淬炼形成的"不畏强暴、敢于斗争"的抗美援朝精神，表现了中国人民和人民军队坚决拥护党的领导，齐心协力抗击强敌的强大力量。新中国成立伊始，由于连年的战争，河道长期失治，堤防残破不堪，水利设施残缺不全，水旱灾害频发。为治水兴水、造福一方，党领导人民开展了对大江大河大湖的"蓄泄兼筹""除害与兴利相结合""治标与治本相结合"的治理工程。1950 年在淮河流域修建"治淮工程"、1951 年在永定河修建"官厅水库"、1952 年在长江荆江建成"荆江分洪工程"、1957 年在黄河兴建"三门峡水利枢纽"、1958 年在黄河干流兴建"刘家峡水电站"等，在气候多变、设备设施落后的条件下，党依靠人民，齐心共渡难关。在荆江分洪工程中，有 30 万军民参加工程建设，以 75 天的惊人速度完成主体工程，并为后续的工程建设积累了丰富的经验，探索出一条中国特色的治水兴水之路。20 世纪 60 年代，林县人民在极其艰难困苦的条件下修建"引漳入林工程"，历经 10 年在太行山腰的峭壁上凿出了一条 1500 公里的"红旗渠"，彰显了"团结就是力量"的振奋时代的人民伟力。

（三）人民是将改革进行到底的推动力量

人具有改造世界的强大力量，马克思说："创造［Schöpfung］是一个很难从人民意识中排除的观念。"[①] 中国共产党领导中国革命和建设积累的成功经验，使邓小平关于人民在党和国家事业中"主体地位"的认识不断深入，社会主义初级阶段主要矛盾的变化要求我们改变落后的社会生产力。在邓小平的指导下，党作出实行改革开放的重大决策，开启了分"三步走"充分调动人民群众的积极性和创造性的现代化征程。邓小平坚持"把改革当作一种革命"[②]，提倡将不同时代的特征与人民群众的意愿相结合，解放和发展生产力的前提是"人民群众必须自己解放自己"。首先，改革开放点燃了人们干事创业的热情，鼓励人民群众大胆地"试"和"闯"。在深圳，

---

① 《马克思恩格斯文集》（第 1 卷），人民出版社，2009，第 195 页。

② 《邓小平年谱（1975~1997）》（下卷），中央文献出版社，2004，第 1003 页。

特区建设者们筚路蓝缕、披荆斩棘勇当敢为天下先的"拓荒牛"，积极开展提高生产效率的斗争，创造了三天盖一层楼的"深圳速度"式的经济发展模式和比较健全的市场机制，形成了"敢闯敢试、敢为人先"的特区精神。其次，改革开放为党团结带领全国各族人民赓续斗争精神、开辟中国特色社会主义崭新道路激发了创新活力。在山西吕梁，这个曾经的革命老区、贫困山区，人民群众为改变艰苦落后的条件，勇敢走转型发展和跨越发展的非常规创新之路，不但在全国率先拍卖"四荒"，开山区小流域治理的先河，而且他们探索的"吕梁土地流转制度"作为全国农村改革的好政策被写入党的十五届三中全会的决议，还创造了收入增幅 7 年蝉联山西省第一的"吕梁速度"。吕梁人民在革命时期为保卫延安形成坚固的后方屏障，改革年代仍不断丰富和发展"艰苦奋斗、顾全大局、自强不息、勇于创新"的"吕梁精神"，中国共产党一贯尊重人民群众的创造性，充分发挥人口优势，转化成改革创新发展的强大动力，诚心诚意地从人民群众中汲取推进社会主义改革开放的不竭力量。

（四）人民是防范化解重大风险和奋斗美好生活的攻坚力量

党的十八大以来，中国的政治经济文化、内政外交国防等方面都发生了巨大的变化，内外部环境的不稳定、不确定风险增多，在前进的道路上，我们遇到的艰难困苦更多更难，遇到的"拦路虎"和"绊脚石"各式各样。以习近平同志为核心的党中央以强烈的责任担当，带领人民开启了新的伟大斗争。为建设伟大工程、推进伟大事业、实现伟大梦想，党必须带领人民有效应对重大挑战、抵御重大风险、克服重大阻力、解决重大矛盾，必须进行具有许多新的历史特点的伟大斗争。进行新时代伟大斗争的形势严峻，主要表现为"意识形态领域斗争严峻复杂""社会领域斗争交织叠加""网络领域斗争日益突出"，同时加强和改进党的建设面临的外部考验和内部风险依然复杂严峻，打好防范化解重大风险攻坚战，必须依靠广大人民群众战胜来自各方面的困难与挑战，通过巩固和发展爱国统一战线，汇聚人民群众的合力，通过加强各民族交往交流交融，找到符合人民意愿的最大公约数，为实现伟大梦想、为"十四五"时期中国经济社会全方位发展，亿万人民群众在中国共产党的领导下凝心聚力。

新时代，中国共产党始终坚持"人民至上"的理念，始终将斗争精神

熔铸于发扬伟大创造精神、伟大奋斗精神、伟大团结精神、伟大梦想精神
之中，将对美好生活的需要和对幸福生活的追求内化为最持久的牵引力和
最根本的出发点，不断寻找解决社会主要矛盾的途径和方法。党带领人民
经过长期努力，解决了许多长期想解决而没有解决的难题，经过艰苦奋斗，
办成了许多过去想办而没有办成的大事，在民主、法治、公平、正义、安
全、环境等方面不断取得新突破，使人民的主动精神显著增强、拼搏进取
的激情不断迸发，社会凝聚力和向心力显著提升，广大人民心往一处想、
劲往一处使，汇聚成不可战胜的磅礴力量，创造了新时代中国特色社会主
义的伟大成就。全国人民倾尽全力抗击疫情、复工复产、脱贫攻坚、振兴
乡村、修复生态、绿化环境，持续发扬能吃苦、能战斗、能攻关、能奉献
的斗争精神，团结一心打好新时代的"大仗、硬仗、苦仗"。

三　建构创新制度

建构创新制度是保持斗争精神的必要保障。"中国共产党和中国人民是
在斗争中成长和壮大起来的"①，党在赓续传承斗争精神的过程中，不但积
累培养斗争认知、尊重人民主体作用的经验，还认识到要不断建构创新制
度。创新制度代表了中国共产党为更好发扬斗争精神所形成的与党的创新
精神和创新价值观等意识形态相适应的制度、规章、条例、组织结构等。
所谓"建构创新制度"，就是在现有条件下，为回应问题、解决矛盾，通过
创设新的、适应现实需要的、更能有效激励人们行为的制度为发扬斗争精
神提供制度保障。党建构创新制度是在坚持科学的原则基础上开展的，主
要包括合法性原则、系统性原则和连续性原则。

（一）坚持制度建构的合法性

建构保持斗争精神的创新制度，目的是服务于更好地领导人民进行斗
争，最核心的就是坚持制度建构的合法性。所谓"合法性"，是指制度本身
和制度的权威性被自觉尊重、认可、服从的性质和状态。

为牢牢把握正确的斗争方向，党在不同时期及时颁布综合性和专门性
的法律规范，完善制度建构。土地革命时期，为提高党的战斗力和应对残

① 《习近平谈治国理政》（第 4 卷），外文出版社，2022，第 71 页。

酷斗争环境的能力，制定了《中华苏维埃共和国宪法大纲》《中华苏维埃共和国中央苏维埃组织法》《中华苏维埃共和国惩治反革命条例》等法律法规和《中国工农红军暂行编制法》《中国工农红军政治工作暂行条例》等军事法规；为保证党的纯洁性和先进性、中国共产党创建了大量有关党的纪律的法规制度，不仅在党的一大到党的七大的党章中明确规定党的纪律和规矩，还制定了《中国共产党中央执行委员会组织法》《中央巡视条例》《保守党内秘密条例》《惩治汉奸条例》《关于重行颁布三大纪律八项注意的训令》等基础性党内法规；为强调党的集中统一领导，颁布了《中共中央关于增强党性的决定》、通过了《关于目前政治形势与党的任务决议》。新中国成立后，为有效应对全面执政条件下党的建设和社会主义革命与建设的新形势与新任务，防范思想松懈和不良思潮蔓延的危害，党通过了《关于增强党的团结的决议》《关于在全党全军开展整风运动的指示》等。改革开放以来，党内纪律制度主要针对纠偏与重塑，党中央制定了《关于党内政治生活的若干准则》，从 12 个方面明确规定了党组织和党员在政治生活中的行为规范；制定了《中国共产党党内法规制定程序暂行条例》《中国共产党党员权利保障条例》《中国共产党纪律处分条例》等。2012 年以来，全面从严治党成效显著，中国共产党遵循"立破并举"、横扫"四风"、"惩防结合"的思路，把制度融入政党与国家治理的战略布局，开展自我革命斗争，正式颁布了《中国共产党党内法规制定条例》《关于新形势下党内政治生活的若干准则》，通过了《中共中央政治局贯彻落实中央八项规定的实施细则》，落实了《中国共产党问责条例》等，为开展新的伟大斗争提供了有效制度保障。

（二）坚持制度建构的系统性

建构保持斗争精神的创新制度内蕴于党的制度体系建构之中，是与党的建设同步发展的，党的制度体系以党章为根本，与党各层次的制度相互联系、互相衔接。在一定时期内，有关斗争精神的制度建设服务于党的建设总体布局，以历史形态转变为划分依据，党的建设经历了"三位一体""四位一体""五位一体""五加二"总体布局四个阶段，这四个阶段反映了党的建设总体布局的体系化、系统性、综合性，是一个有机的整体，斗争精神的制度建构内蕴于该系统中，虽然强调不同时期的斗争各有侧重，但都是在发挥党的建设整体功能的前提下进行，且注重整体推进、协同发力。

1. 民主革命时期，斗争精神制度建构内蕴于党的建设"三位一体"总体布局中

这一时期，党围绕思想建设、组织建设、作风建设建构党的制度，尤其注重思想建设，全党将"掌握思想教育"放在"进行伟大政治斗争的中心环节"①，积极开展思想斗争。1928年下发的"中央通告第三十二号"针对集体领导导致工作无中心、思想松散懈怠等问题提出指导意见；1929年毛泽东起草的《关于纠正党内的错误思想》中，对极端民主化、单纯军事观点、非组织观点等党内各种错误思想和错误倾向的表现、来源进行了深入分析，提出了纠正方法；抗日战争时期，毛泽东撰写的《实践论》和《矛盾论》全面阐释了马克思主义科学世界观和党的思想路线，他又在《〈共产党人〉发刊词》中将思想上与政治上、组织上的巩固一同作为加强思想斗争的目标。组织建设方面，党通过党章和重要会议上通过的决议案，明确了党的组织原则、组织路线，强化了党的集中统一领导。作风建设方面，共产党成功开展了延安整风运动，发出了《关于在全党进行整顿三风学习运动的指示》、通过了《关于若干历史问题的决议》，开展了与王明"左"倾教条主义和右倾错误的斗争，在检讨和总结经验教训中整顿学风、党风、文风，为夺取抗日战争和民主革命的胜利奠定了纪律基础。

2. 改革开放时期，斗争精神制度建构内蕴于党的建设"四位一体"总体布局中

改革开放时期，逐渐形成了以党的思想建设、组织建设、作风建设、制度建设"四位一体"为架构的党的建设总体布局。这一时期的斗争精神服务于切实加强党的制度建设，为把制度建设贯穿于党的思想建设、组织建设和作风建设，不断释放党的建设的整体效能，推动经济快速发展，整顿作风、纯洁组织，清除危害党的政治隐患提供保障。党的十一届三中全会后，全党工作重心向经济建设转移，服务于经济发展的各项国家领导制度相继出台，包括《党和国家领导制度的改革》《中共中央关于整党的决定》《中共中央关于经济体制改革的决定》《关于改进计划体制的若干暂行

---

① 《建党以来重要文献选编（1921~1949）》（第22册），中央文献出版社，2011，第188页。

规定》等，为改革党和国家的领导制度，充分发挥社会主义优越性，反对官僚主义和干部领导终身制等特权现象，加强党的纪律，突破计划经济同商品经济对立的传统观念，充分发展商品经济，改革我国科技和教育体制等方面提供了保障。

3. 从党的十七大到党的十八大，斗争精神制度建构内蕴于党的建设"五位一体"总体布局中

党的十七大将"反腐倡廉建设"纳入党的建设总体布局中，形成了包括思想建设、组织建设、作风建设、制度建设、反腐倡廉建设的"五位一体"的布局形态。基于不断提高党员的拒腐防变能力和抵御风险能力的战略要求，保持党的斗争精神的制度建构围绕着"一手抓改革开放，一手抓惩治腐败"展开，突出"反腐倡廉建设"这个核心。党的十七大通过了题为《坚持惩防并举，更加注重预防，深入推进党风廉政建设和反腐败斗争》的工作报告，报告系统总结了从 2002 年到 2007 年我们党在反腐倡廉斗争中取得的成就，指出今后反腐的方针。中共中央先后出台了《建立健全惩治和预防腐败体系 2008—2012 年工作规划》《关于实行党政领导干部问责的暂行规定》《中国共产党党员领导干部廉洁从政若干准则》《关于实行党风廉政建设责任制的规定》等制度。党的十八大沿用党的十七大的党建布局，并对顺序进行了微调，将"反腐倡廉建设"位置前移，这进一步反映了党坚持发扬斗争精神，坚决把反腐败斗争进行到底的决心。

4. 党的十九大至党的二十大，保持斗争精神的制度建构内蕴于党的建设"五加二"总体布局中

党的十九大宣布中国特色社会主义进入新时代，新时代党的建设总体布局既接续以往的布局特点，又结合新时代党和国家发展事业的变化不断丰富内容，服务于党的建设新的伟大工程。确定了党的十九大以来"五加二"的总体布局为，"全面推进党的政治建设、思想建设、组织建设、作风建设、纪律建设，把制度建设贯穿其中，深入推进反腐败斗争"[1]。其中前五项，即"五"作为党的建设的基本面，后两项，即"二"是总体布局中单列的部分，新的总体布局实现了对以往党的建设总体布局的内容完善和结构创新。以总体布局为纲，这一时期保持党的斗争精神的制度建构

---

① 《习近平谈治国理政》（第 3 卷），外文出版社，2020，第 504 页。

有以下三个重要特点：一是将党的政治建设确立为党的根本性建设，颁布了《中共中央关于加强党的政治建设的意见》等新时代推进政治建设的意见和关键举措，要求同一切不讲政治的思想和行为作斗争，增强"旗帜鲜明讲政治"的自觉性和坚定性；二是将党的纪律建设纳入党的建设总体布局，尤其注重党的纪律建设在全面从严治党斗争中的地位和作用，出台了《中国共产党党内法规和规范性文件备案审查规定》《中国共产党党内监督条例》《中国共产党纪律处分条例》等管党治党的规章制度；三是将制度建设贯穿于其他各项建设，使每项党的建设都有制度作保障，围绕制度开展斗争。

（三）坚持制度建构的连续性

梳理百年来党的建设总体布局中的制度建构，始终紧密聚焦党的中心工作，为巩固党的领导和党的建设开展斗争、提供抓手，从未间断和松懈。建构的创新制度体现了百年来党的斗争精神演变存续的制度依托，凝结了在丰富和完善创新制度中的经验，提供了多维度、多视角的有益借鉴和优势特点，其坚持连续性原则主要体现在以下几个方面。

1. 在坚持实践探索与理论升华的良性互动中相互衔接

中国共产党的斗争精神是在党的建设的每一次演进和飞跃中升华的，实践探索在前，理论总结在后，理论在实践中又进一步被检验和完善，在斗争精神制度建设的过程中，实践探索和制度理论生成之间密切配合，是极具问题意识和事实针对性的调整和完善。

2. 兼顾整体性与重点性是贯穿于斗争精神制度建构的一条主线

党的建设从"三位一体"总体布局到"五加二"总体布局，每个阶段的制度建构是水乳交融、不可分割的整体，斗争精神也内蕴在总体布局中，统一发挥党的建设整体功能。但每个时期的斗争精神又要针对主要矛盾和矛盾的主要方面，既有重点任务又兼顾整体推进、协同发力。

3. 在发展趋势和发展状态上坚持继承性与创新性深度融合

保持斗争精神的制度建构伴随着党的百年发展，经历了由静态化转向动态化、由简单化转向复杂化的过程，从以思想建设、组织建设、作风建设为基础架构，转向服务于党的制度建设、反腐倡廉建设、政治建设、纪律建设等党建中的现实问题，深刻反映了斗争精神是具体的、历史的、发展的精神，关于保持斗争精神的创新制度建设也应该是系统化、综合性、精准性相统一的制度体系，既有对母版的继承，又有对时代主题的发展，呈现连续性和阶段性的统一。

精神的存续要在连续性过程中不断激励和传承，人的行为斗争也要与内在体验双向融通，那些管根本、管长远的制度，必然是在长期实践的过程中摸索总结出来的。

四　善于从斗争规律中把握"时、度、效"

斗争不仅要有"刚"的一面，敢于亮剑、敢于出手，还要有"柔"的一面，注重斗争策略和斗争方法。中国共产党是在斗争中发展壮大起来的政党，也在斗争实践中根据形势需要，积极把握"时、度、效"，不断探索总结有利于党开展斗争的规律、策略和方法。

（一）保持斗争精神必须把握斗争的"时"

在战争中，把握战机才能赢得主动，贻误战机则会陷入被动。中国共产党在斗争中把握时机是以科学的战略预见为前提的。毛泽东曾在《中国革命战争的战略问题》中着重探讨过战略退却开始时机的问题，他强调解决这一问题的着眼点是："断定这种时机，要从敌我双方情况和二者间的关系着眼。"① 在中央苏区第一次反"围剿"中，由于及时退却，红军完全立于主动地位，以逸待劳休整后转入反攻。1947 年 2 月，毛泽东在《迎接中国革命的新高潮》中预测："中国时局将要发展到一个新的阶段。这个新的阶段，即是全国范围的反帝反封建斗争发展到新的人民大革命的阶段。"② 同年 6 月，人民解放战争的战略反攻正式开始。邓小平评价说："事实证明，反攻是恰当其时的，迟了就要犯错误。因为蒋介石的反革命战略方针是要把战争扭在解放区打，这是他从长期反人民战争中得到的经验。"③ 党在长期的斗争中根据斗争实际灵活选择斗争策略，积累了准确全面分析斗争之"时"的丰富经验，在历史发展的关键节点审时度势，主动抓住机遇。

---

① 《毛泽东军事文集》（第 1 卷），军事科学出版社、中央文献出版社，1993，第 721 页。
② 《建党以来重要文献选编（1921~1949）》（第 24 册），中央文献出版社，2011，第 64 页。
③ 《建党以来重要文献选编（1921~1949）》（第 25 册），中央文献出版社，2011，第271 页。

1978 年邓小平抓住实行"改革开放"的机遇，使中国走上了发展的快车道，进一步深化改革扩大开放时不我待。进入新时代，只有深刻把握中华民族伟大复兴战略全局和世界百年未有之大变局，才能充分利用战略机遇加快实现伟大复兴的奋斗目标。

（二）保持斗争精神必须把握斗争的"度"

把握斗争的"度"即合理把握斗争的火候，做到有理、有利、有节，"要抓主要矛盾、抓矛盾的主要方面，坚持有理有利有节，合理选择斗争方式、把握斗争火候，在原则问题上寸步不让，在策略问题上灵活机动"[①]。毛泽东在《井冈山的斗争》报告中，从军事、土地、政权、党的组织、革命性质等方面认真分析了割据地区的现势，井冈山当时存在经济、军队建设、军事素养的问题，以及官兵反水问题、内部分歧问题等矛盾，革命斗争的具体情形非常复杂、困难重重，面对"数倍于我军之敌"，毛泽东和陈毅作为边界特委提出当时的"斗争政策"，"坚决地和敌人作斗争，造成罗霄山脉中段政权，反对逃跑主义；深入割据地区的土地革命；军队的党帮助地方党的发展，军队的武装帮助地方武装的发展；对统治势力比较强大的湖南取守势，对统治势力比较薄弱的江西取攻势；用大力经营永新，创造群众的割据，布置长期斗争；集中红军相机迎击当前之敌，反对分兵，避免被敌人各个击破；割据地区的扩大采取波浪式的推进政策，反对冒进政策"[②]。同时采取了有理、有利、有节的斗争方法，包括依托湖南、江西两省边界罗霄山脉边界山险的有利地形建立军事根据地，对势力强大之敌取守势、对势力薄弱的取攻势、集中兵力迎击反对分兵，通过政治教育提高士兵的阶级觉悟，将"支部建在连上"，在基层巩固党的领导，释放俘虏和医治伤兵等。毛泽东强调，"红军必须在边界这等地方，下斗争的决心，有耐战的勇气，才能增加武器，练出好兵"[③]，这些斗争政策和斗争方法有力地激发了红军初建时期"不畏强敌、坚决革命"的斗争精神，成功保存了被白色政权包围中"一小块或若干小块的红色政权区域"，它们犹如点燃

---

① 《习近平谈治国理政》（第 3 卷），外文出版社，2020，第 227 页。
② 《毛泽东选集》（第 1 卷），人民出版社，1991，第 59 页。
③ 《建党以来重要文献选编（1921~1949）》（第 5 册），中央文献出版社，2011，第 760 页。

的"星星之火"成为中国革命胜利的伟大起点。在抗日战争中，毛泽东提出要建立最广泛的爱国统一战线，又强调共产党要保持统一战线中独立自主的原则，这是准确把握当时革命的形势而提出的，一方面，在抗战初期国民党掌握全国政权，拥有庞大军事力量和经济财力，但实行片面抗战的策略，为推动国民党抗日，必须团结一切爱国阶级、阶层广泛参与抗战，形成统一战线促成国共合作；另一方面，面对国民党的反共投降活动，必须保持在统一战线中的思想、政治、组织上的独立性，在领导权、具体作战方针策略等原则性问题上更要保持高度自主性的"度"。

（三）保持斗争精神必须追求斗争的"效"

追求斗争的"效"就是追求斗争的实效性，强调应以实效为标准，灵活选择。中国共产党"既要有斗争也要有妥协，既要有斗争的勇气也要有斗争的艺术"[1]。1929年，古田会议直面问题，毛泽东起草了《中国共产党红军第四军第九次代表大会决议案》，《决议案》提出正确对待共产党内存在的"各种非无产阶级的思想"，"若不彻底纠正，则中国伟大革命斗争给予红军第四军的任务，是必然担负不起来的"[2]。古田会议对于不正确的思想进行了坚决斗争，彻底加以肃清，确立了党对军队的绝对领导，解决了红军"为谁当兵、为谁扛枪、为谁打仗"的基本问题，这次会议成为红军全新的定型和自我重塑的里程碑；1935年遵义会议的最重要议题是讨论"在反对五次'围剿'中与西征中军事指挥上的经验与教训"[3]，清算了博古、李德等人在军事指挥上的"左"倾错误路线，纠正了在敌强我弱条件下仍要实行单纯防御路线的错误，包括堡垒主义、分兵抵御、短促突击等，成为党和红军生死攸关的转折点。古田会议、遵义会议为夺取抗日战争和中国革命的最终胜利奠定了坚实基础，也用事实证明了斗争策略应为斗争效果服务。

斗争是为了更好的团结，斗争是实现团结的手段，如果当亮剑时不亮剑，固守教条不想闯险滩，不敢直面真困难，就会变成浮于表面、缺乏实

---

① 《江泽民文选》（第1卷），人民出版社，2006，第313页。
② 《建党以来重要文献选编（1921~1949）》（第6册），中央文献出版社，2011，第726页。
③ 《建党以来重要文献选编（1921~1949）》（第12册），中央文献出版社，2011，第114页。

效的"伪斗争"。毛泽东在《目前抗日统一战线中的策略问题》曾指出："以斗争求团结则团结存，以退让求团结则团结亡。"[①] 靠妥协、退让得来的"脆弱团结"或对错误思想视而不见的"错误团结"，都不是真实有效的团结。唯有通过实际且有效的斗争，才能够获得存在和发展中的"团结"。

本章小结

本章主要解答了党的斗争精神"如何形成"的问题。在历时态中分析中国共产党斗争精神产生、形成、恢复、发展的历史背景和主要表现，并总结斗争精神百年演进的历史经验。

一是探讨了中国共产党斗争精神的历史生成。党的斗争精神萌芽于民族危难之际，从克服艰难险阻到走近世界舞台的中央，经历了极不平凡的斗争过程，在新民主主义革命、社会主义革命和建设、改革开放和社会主义现代化建设、中国特色社会主义新时代各个阶段，斗争精神的表现方式和形态也不尽相同，清晰认识斗争精神的形成发展过程，为深刻认识新时代斗争精神的形成提供了丰富的史实资料。

二是总结归纳了中国共产党斗争精神百年演进的主要经验。历经百年，在党开展伟大斗争的过程中斗争精神之所以逐渐完善、丰富升华、历久弥新，在于党不断总结自身建设的历史经验，涵养和锤炼着斗争精神。其中，培养斗争认知是首要前提，尊重和发挥人民主体作用是重要保障，建构创新制度是必要支撑，善于把握斗争规律是高超策略。

---

① 《毛泽东年谱（1893~1949）》（中卷），中央文献出版社，2013，第178页。

第四章　发扬斗争精神与助推民族
复兴的内在逻辑关系

实现伟大复兴的梦想必然离不开伟大精神的支撑，从中国共产党成立到推进新时代中国特色社会主义伟大事业，党百年的光辉历史在发扬"越是艰险越向前"的斗争精神中发展，中国共产党的斗争精神以其完整的精神体系、先进的精神品格、强劲的精神力量，在党进行宏大的战略调整和总体建设中引领着伟大复兴的历史走向。本章通过阐释民族复兴进程中发扬斗争精神的必要性，回答了"为什么要发扬斗争精神"的问题，为实现伟大复兴注入不竭的精神动力。

第一节　民族复兴进程中发扬斗争
精神的历史必然性

中华民族伟大复兴是一项划时代的伟业，中国共产党斗争精神是实现中华民族伟大复兴最深沉的精神标识，对传递民族复兴历史使命、铸就民族复兴的价值底蕴、规定民族复兴的实践路向产生了必然的影响，接续调动起全体中国人民的积极性、主动性与创造性，为实现伟大复兴不断注入精神的、行动的、信仰的力量。

一　历史逻辑：传递民族复兴的历史使命

从传递历史使命来看，斗争精神的丰富和发展推动了中华民族从"站起来"到"富起来"再到"强起来"的伟大飞跃，保证了这个过程紧密的历史连续性和内在的历史关联性。反抗压迫、寻求解放的斗争精神引领中国人民"站起来"；解放思想、实事求是的斗争精神引领中国人民"富起来"；改革创新、富国强民的斗争精神引领中国人民"强起来"，中国共产党的斗争精神激励着中华民族开启了走向复兴的光明前景。党的初心和使命映照着民族复兴的梦想，"站起来""富起来""强起来"三个发展阶段是层层递进、内在统一的，"站起来"赢得了独立自主的地位，奠定了"富起来"和"强起来"的坚实政治基础，为民族复兴创造了历史前提；"富起来"实现了经济发展的全面振兴，既为"站起来"提供了基本的政治保障，也为"强起来"提供了有力的经济支撑；"强起来"既是数量强和质量强，也是物质强和精神强，是建立在"站起来"和"富起来"成就之上的繁荣富强，使持续复兴的步伐比"富起来"更加稳健，以习近平同志为核心的党中央为人民擘画了更完善、更全面的新发展阶段，遵循新时代中国特色社会主义思想"强国论"的时间表和路线图，按照关系民族复兴大局的"两个一百年"奋斗目标，中国将在实现强党强国强军的治理实践中全面"强起来"。

（一）斗争精神支撑中国人民"站起来"

斗争精神支撑中国人民"站起来"，开创民族复兴的历史前提。鸦片战争爆发后，中国开始沦为半殖民地半封建社会，从此中华民族开始了 100 多年艰苦探索、上下求索的民族自立的复兴之路。对世界的文明进步作出伟大贡献的中华民族历来是不甘任人宰割的，靠奋发图强、誓死斗争也要实现民族独立是中华民族和中国人民共同的愿望和追求。无数仁人志士为救国救民前仆后继、献身革命，不同阶级在争取实现中华民族伟大复兴的实践中，提出不同的求变革的思想主张，力求指导具体的复兴实践，相继爆发太平天国运动、戊戌变法、义和团运动、辛亥革命，但都未能完成挽救民族危亡的任务。正如张闻天所说："我们对于这种不合理的社会，情意上早感到不安，因不安也早产生了改造的决心。不过用什么方法来改造呢？应该改造成什么样呢？"[①] 如何唤起民众对革命的信心，精神革命是社会革命的先导。李大钊热情赞颂俄国十月革命不但是"Bolshevism 的胜利"，更是"二十世纪世界人类人人心中共同觉悟的新精神的胜利！"[②] 在新思潮的激荡中，马克思主义的时代潮流与中华民族伟大复兴的历史潮流开始汇合，

---

① 张闻天选集编辑组：《张闻天文集》（第 1 卷），中共党史资料出版社，1990，第 36 页。
② 《李大钊选集》，人民出版社，1959，第 118 页。

一群先进的中国人，一改先前被动苦闷的精神面貌，"以新人格；以新国家；以新社会；以新家庭；以新民族"① 启蒙民智、激发群情、唤醒民族，投身到真正意义的民族复兴的革命斗争中去。在新民主主义革命时期，以毛泽东同志为主要代表的中国共产党人为救亡图存、寻求解放，走上了"农村包围城市、武装夺取政权"的正确革命道路，发扬大无畏的革命斗争精神，浴血奋战相继进行了土地革命、抗日战争、解放战争等艰苦卓绝的斗争，取得了新民主主义革命的胜利。新中国的成立，使中国人民从此翻身解放"站起来"，开创了中华民族复兴的历史前提，继续发扬革命战争时期的斗争精神，撑起了民族的脊梁。三大改造的完成、社会主义制度的确立，"完成了中华民族有史以来最为广泛而深刻的社会变革"②，为国家的繁荣富强和人民的共同富裕奠定了良好的发展基础。

（二）斗争精神加快中国人民"富起来"

斗争精神加快中国人民"富起来"，走上民族复兴的康庄大道。"富起来"是中华民族梦寐以求的美好夙愿。从中国古人以"钟鸣鼎食"来形容富人生活的奢侈豪华，到"文景之治"、"开元盛世"和"康乾盛世"的"小康社会"，富足是我国人民由来已久的社会理想，蕴藏着丰盈富足的精神寄托。毛泽东曾指出："我们的目标是要使我国比现在大为发展，大为富、大为强。"③ 只不过要找到"大为富、大为强"的社会主义中国富强之路，使一个"大而穷"的国家发展成为一个"富而强"的国家，不可能一帆风顺、一蹴而就。为实现这一目标，中国必然要走适合自己特点的发展道路，"以毛泽东为核心的党中央领导全党和全国人民探索在中国建设社会主义的道路，进行了巨大的努力，取得了巨大的成就，积累了许多正面和反面的经验。实践证明，在社会主义事业中如同在民主革命中一样，必须把马克思列宁主义的普遍原理和中国的具体实际相结合"④。社会主义是人类历史上全新的事业，在当时极为落后的基础上建设社会主义，实现这种结合，而且要结合得很好，那是特别艰难的，唯有迎难而上、顽强斗争、

---

① 《陈独秀文集》（第1卷），人民出版社，2013，第132页。
② 《习近平谈治国理政》（第3卷），外文出版社，2020，第11页。
③ 《毛泽东文集》（第6卷），人民出版社，1999，第495页。
④ 中共中央党史研究室：《中国共产党的七十年》，中共党史出版社，1991，第563页。

久久为功、接续奋斗。邓小平反复强调："社会主义是一个很好的名词，但是如果搞不好，不能正确理解，不能采取正确的政策，那就体现不出社会主义的本质。"[①] 如果"不发展生产力，不提高人民的生活水平，不能说是符合社会主义要求的"[②]。在蕴含着社会主义本质论、社会主义初级阶段理论、社会主义市场经济理论等邓小平理论的指导下，推进党与人民伟大觉醒、伟大思想解放的精神火种被"点燃"，中国特色社会主义建设成功转移工作重点，加快中国的经济建设，开创了改革开放的新局面。

党的十三届四中全会以后，党中央提出了"发展是党执政兴国的第一要务"的新命题，围绕着如何建立和完善社会主义市场经济体制改革等重大问题，大力发扬"艰苦奋斗、开拓创新"的斗争精神，继续推进全面建设小康社会的伟大斗争实践。党的十六大以后，总结过去发展的成功经验，改革执政理念，转变战略要点，提出了意义重大的科学发展观，着眼于"实现什么样的发展、怎样发展"这一根本性问题，发扬锐意进取、真抓实干、团结和谐的斗争精神，破解日益激烈的国际竞争和传统现代化路径带来的贫富分化、环境污染、资源枯竭等弯路问题，与一系列严峻挑战作斗争，努力把中国特色社会主义事业推进到一个新的发展阶段，指引中国人民成功走向中国特色社会主义的康庄大道。

（三）斗争精神激励中华民族"强起来"

斗争精神激励中华民族"强起来"，迎来民族复兴的光明前景。改革开放以来，人民生活水平显著提高，综合国力显著增强，2001 年中国正式成为世界贸易组织第 143 个成员，中国在更大范围内和更深程度上参与经济全球化的进程；2010 年中国超越日本和欧洲发达国家，跃升为世界第二大经济体，代表中国特色社会主义物质文明建设取得了重大成果，意味着中国在完成从"站起来"到"富起来"的成功飞跃中，在指导思想、经济体制、社会结构、外交策略等方面实现了重大转变，积累了加快发展的宝贵经验。党的十八大以来，中国共产党将习近平新时代中国特色社会主义思想确立为党的指导思想，以聚焦满足人民日益增长的美好生活需要

---

① 《改革开放三十年重要文献选编》（上），中央文献出版社，2008，第 138 页。
② 《习近平谈治国理政》（第 2 卷），外文出版社，2017，第 5 页。

为目的，领导中国人民从"小康"向"全面小康"奋进，统筹推进"四个伟大"的现实要求正在如火如荼地进行。从"富裕"向"富强"的跃升充满新的挑战、问题和威胁。如何"强起来"？习近平总书记强调："当严峻形势和斗争任务摆在面前时，骨头要硬，敢于出击，敢战能胜。"① 面对危害我国主权、安全、发展利益的各种风险挑战，中国共产党带领中国人民发扬"敢于斗争、善于斗争"的斗争精神，"坚持增强忧患意识和保持战略定力相统一、坚持战略判断和战术决断相统一、坚持斗争过程和斗争实效相统一"②，保持"草摇叶响知鹿过、松风一起知虎来、一叶易色而知天下秋"③ 的见微知著能力，练就科学预判的能力和百炼成钢的功夫，争当挺立潮头的"弄潮儿"，彰显斗争本领和英雄本色。2020 年，中国如期完成脱贫攻坚任务，实现了第一个百年奋斗目标，解决了绝对贫困问题，进入了经济更加发展、民主更加健全、科教更加进步、文化更加繁荣、社会更加和谐、人民生活更加殷实的全面小康社会。

迈入新发展阶段，当前和今后一个时期，我国将处于百年未有之大变局的时代背景下，进入各种风险挑战不断积累甚至集中显露的时期，重大斗争不会减少，反而会越来越复杂，风险也会越来越大。党在新时代面对各种严峻挑战、惊涛骇浪时，需要拿出更大的勇气、更多的举措，从容应对，发扬斗争精神。

二 价值逻辑：铸就民族复兴的价值底蕴

社会在矛盾运动中不断前进，矛盾是斗争产生的根源。"我们党要团结带领人民有效应对重大挑战、抵御重大风险、克服重大阻力、解决重大矛盾，必须进行具有许多新的历史特点的伟大斗争。"④ 近代以来中华民族伟大的复兴梦，既是为人民谋幸福、为民族谋复兴的中国梦，也是为世界谋大同的世界梦。从价值逻辑来看，中国共产党斗争精神与民族复兴的大业在价值立场、价值内核、价值目标上是根本统一的，都表现出以人民幸福、民族复兴为目的的价值追求，这是统筹中华民族伟大复兴战略全局和世界

---

① 《习近平谈治国理政》（第 3 卷），外文出版社，2020，第 226 页。
② 《习近平谈治国理政》（第 3 卷），外文出版社，2020，第 227 页。
③ 《习近平谈治国理政》（第 3 卷），外文出版社，2020，第 226 页。
④ 《习近平谈治国理政》（第 3 卷），外文出版社，2020，第 12 页。

百年未有之大变局的根本价值的标准与最终价值的依据，它的根本来源正是内嵌于中国共产党"两个大局"战略中的价值底蕴。

（一）斗争精神彰显了民族复兴使命的人民价值立场

"共产党人的斗争是有方向、有立场、有原则的。"[①] "我们党近百年来所付出的一切努力、进行的一切斗争、作出的一切牺牲，都是为了人民幸福和民族复兴。"[②] 中国共产党的伟大斗争是有明晰斗争方向和坚定斗争立场的斗争，中国共产党的斗争精神也是始终为了人民的利益，以完成人民赋予的历史重任为己任的高度自觉的精神。党和国家历史发展正反两方面的经验证明，开展伟大斗争需要人民群众的广泛支持，尊重人民群众创造历史、积极作为的斗争精神，坚守人民立场、站稳人民立场。

中国共产党是中华民族发展史上第一个全心全意为人民服务的政党，这是党的根本宗旨和初心使命。马克思和恩格斯指出"无产阶级的运动是绝大多数人的，为绝大多数人谋利益的独立的运动"[③]，并有说服力地指明了无产阶级作为资本主义的掘墓人和摆脱了剥削、压迫的未来社会的创造者的历史使命。中国共产党是坚守人民立场的马克思主义政党，党在创建初期就提出，要为了中国人民从帝国主义和封建军阀的双重压迫下解放出来的目标而战斗，并坚持把马克思主义唯物史观、群众史观与中国传统文化中以人为本的理念相结合，深化了人民的历史主体地位，强调"人们自己创造自己的历史"。

中国共产党领导人民群众在革命、建设、改革的伟大斗争中形成了紧密的联系。我们党始终牢牢坚守无产阶级人民立场，坚持群众路线。民主革命时期，中国共产党正确认识人民的主体地位和历史作用，始终坚信只有人民才能担当起拯救民族危亡的使命，中国共产党在抗日战争中积极发挥中流砥柱的作用，面对日本帝国主义的疯狂侵略，中国共产党人英勇无畏、敢于斗争，义无反顾地承担起救国救民的历史重任。为发展和壮大人民的抗日力量，党坚持放手发动群众在敌后开展游击战争，扩大抗日人民

---

① 《习近平谈治国理政》（第3卷），外文出版社，2020，第226页。
② 《习近平谈治国理政》（第3卷），外文出版社，2020，第538页。
③ 《马克思恩格斯选集》（第1卷），人民出版社，2012，第411页。

武装和抗日根据地。新中国成立后，粮食要靠自己、实体经济要靠自己、制造业要靠自己，中国共产党领导人民展现出自强不息的斗争精神，基本建立起独立的、比较完整的工业体系和国民经济体系，使人民生活得到很大改善，确立了社会主义制度；改革开放新时期，中国共产党为开启改革开放大业，带领人民冲破"两个凡是"的束缚，解放人民思想，开展与各种路线的斗争，比如坚持四项基本原则与全盘西化的斗争、坚持社会主义核心价值观与资本主义价值观的斗争等，关于公有制占主导地位与私有制占主导地位的斗争、坚决反腐败主张与"腐败是改革的润滑剂"主张的斗争等，认识到只有真正坚持代表人民利益的正确路线，最终会被人民认识和接受、支持和拥护，一切违背人民意愿的错误路线最终会被人民抛弃。进入新时代，中国共产党提出"以人民为中心"的发展思想，更加努力践行全心全意为人民服务的根本宗旨，把人民对美好生活的向往作为奋斗目标。

中国共产党"坚守人民立场"的百年历史，成功积累了实现好维护好发展好最广大人民群众的根本利益的宝贵经验，正是因为我们党始终把人民放在心中最高位置，为了人民而斗争、依靠人民开展斗争，不断总结人民的斗争经验，虚心向人民学习，才能领导社会主义伟大斗争从胜利走向胜利。

（二）斗争精神代表了民族复兴使命的民族价值内核

中华民族历史上曾经创造了无数辉煌的历史文明成果，但近代以来，中华民族陷入内有封建势力和官僚资本主义的压迫、外有帝国主义侵略威胁的半殖民地半封建社会的悲惨境地，不希望自己的人民忍受苦难贫穷的中华民族认识到必须进行伟大斗争。在"伟大复兴"这个民族的最高利益面前，任何苦难和困难都不能成为不屈、优秀的中华民族前进道路上的"绊脚石"。

民族复兴意味着国家富强、民族振兴，就是要让中华民族傲然屹立于世界民族之林。在共同抵御外敌、争取民族独立和解放的斗争中，中国各民族建立了休戚与共、鱼水相依的亲密关系，产生了互不离弃、共同发展的民族认同感和归属感，形成了各族人民把热爱本民族与热爱祖国的深厚感情相统一的优秀传统，为增强民族的生命力、凝聚力和创造力，展现出以民族大义为重的伟大斗争精神；在生死存亡的危急关头，与当时国民党当局妥协退让政策形成鲜明的对照，中国共产党以民族利益和大局为重，提出"发展进步势力、争取中间势力、孤立顽固势力"①的斗争策略，建立广泛的民族统一战线，使越来越多的人与中国共产党发生密切的联系，并且愿意在政治上向党靠拢，开辟了全民族共同抗敌的新局面。

加强党的领导是实现民族复兴的前提，搞好党的建设是民族复兴的保证。在现代民族国家建构过程中，党逐渐成为领导各民族社会革命、促进民族共同发展和国家现代转型的核心力量。革命战争时期，针对边疆地区一直存在的错综复杂的民族问题和强大的地方宗教势力，中国共产党以尽可能少的军事斗争行动实现了边疆的和平解放。新中国成立后，实现民族振兴和国家富强，把中国建设成为社会主义现代化强国成为中国共产党斗争的最高目标和价值追求，改变经济落后、文化落后的国家面貌，要求个人利益服从于民族的和人民群众的利益。中国共产党为维护新生的社会主义中国，巩固来之不易的和平，毅然决然地作出了抗美援朝的重大决策，中华民族的英雄儿女为了祖国和民族的尊严舍生忘死战胜各种风险挑战，展现了以爱国主义为核心的民族斗争精神。为巩固边疆政权、维护国家统一，中国共产党以承认和保护多元为前提，与阻碍民族发展的弊政作斗争，实现各民族人民翻身当家作主，并广泛吸收少数民族人民参加政权，使中国的民族治理在政治整合中具有了显著的优势。进入新的发展阶段，中国共产党面对的风险和考验更加尖锐和复杂，不稳定、不确定性因素明显增多，我们党面临长期执政考验、改革开放考验、市场经济考验、外部环境考验，为推动各民族、各宗教团体、各阶层等社会各界的团结合作、共同繁荣，中国共产党积极把握中华民族伟大复兴战略全局，有效应对复杂的革命形势、艰巨的改革建设任务，构成了进行伟大斗争的民族价值的题中应有之义。

（三）斗争精神体现了民族复兴使命的世界价值目标

中华民族伟大的复兴梦不只是为人民谋幸福、为民族谋复兴的中国梦，也是为世界谋大同的世界梦。近代以来，中华民族从救亡图存的斗争中走

---

① 《建党以来重要文献选编（1921~1949）》（第17册），中央文献出版社，2011，第198页。

来，励精图治，从耻辱到觉醒的伟大复兴之路既不是压迫、欺侮、支配、干涉、颠覆和不尊重小国、弱国、穷国的"霸权邪路"，也不是闭门造车、墨守成规、与世隔绝、作茧自缚的"封闭老路"，而是为实现社会主义现代化、创造人民美好生活、推动世界变局朝积极方向发展的"和平崛起道路"。中国共产党为推进中华民族伟大复兴，超越变局、赢得全局，彰显了致力于为世界的共同繁荣不断贡献自主力量的斗争精神。在中国共产党百年的奋斗历程中，以不同的斗争方式维护了中国和世界的和平发展。

改革开放以来，中国与世界日益紧密的交流、合作与互融，让我们比历史上任何时期都更加接近、更有底气、更有能力实现中华民族伟大复兴的中国梦。面对经济全球化历史潮流的挑战，中国共产党清晰认识到中国发展离不开世界，实现民族复兴使命更需要我们把握世界百年未有之大变局的斗争规律，把准有效维护国际发展环境的和平稳定的斗争方向，采取应势而谋、因势而动、顺势而为的斗争策略，构建"合作共赢"的全球命运共同体。中国共产党为"世界谋大同"的斗争精神体现了中国通过争取和平国际环境发展自己，又以自身发展维护和促进世界和平的价值内涵。

三 实践逻辑：规定民族复兴的实践路向

中国共产党百年的发展进程中，争取实现民族复兴是带有全局性和根本性的实践内容。党始终把为中华民族谋复兴作为自己的使命，一以贯之体现到党的全部奋斗历程之中。从实现方式的规定性来看，中华民族实现从"站起来"到"富起来"再到"强起来"的伟大飞跃绝非偶然，必须依靠伟大的斗争实践来实现，斗争精神作为精神火线贯穿于中国共产党的伟大事业，从根本上规定了成功实现的实践路向，是一个包括锻造领导力量、开辟正确道路、发展科学理论、建构有效制度等在内的整体系统。

（一）斗争精神锻造党成为引领民族复兴的核心力量

中国的无产阶级在半殖民地半封建社会的夹缝中不断斗争，在斗争精神的互促互动中不断壮大自身的力量，锻造产生了引领民族复兴的领导和组织力量——中国共产党。中国共产党在斗争中诞生、发展、壮大，一以贯之地以自我革命的斗争精神保持党的先进性、巩固党的领导核心地位，斗争精神催化了党作为"使命型"政党的诞生、激励着党作为"革命型"

政党的发展、促进了党作为"创新型"政党的成熟。

1. 斗争精神催化了党作为"使命型"政党的诞生

帝国主义严重侵犯的主权危机和封建政权腐败落后的政权危机，在半殖民地半封建社会的中国并存，这两大危机叠加造成的中国特殊的国情和历史困局，决定了"救亡"在中国近代民族觉醒历程中有着民族革命与民主革命的双重意义，但"改良派"和"革命派"的斗争都未能把祖国从极端危急的局势中拯救出来。严峻的危机激发了进步青年强烈的爱国热忱和斗争精神，"救亡图存"的民族使命催化了作为革命的组织者和领导者的中国共产党的诞生。与西方选举型政党不同，中国共产党是以马克思主义为指导的"使命型"政党，其成立之初就提出彻底的反帝反封建的民主革命纲领，为实现中国人民"站起来"而斗争。中国共产党是以人民的彻底解放为己任的无产阶级的政党，建党伊始，"开天辟地、敢为人先"的红船精神和"不畏牺牲、勇于斗争"的建党精神就使中国共产党在审视"我是谁"的强烈历史主体意识中，塑造了准确把握"为了谁"的责任担当，共产主义的崇高价值理念决定了中国共产党必然担负起"舍我其谁"的政党使命。

2. 斗争精神激励着党作为"革命型"政党的发展

列宁强调："革命的结局将取决于工人阶级是成为在攻击专制制度方面强大有力但在政治上软弱无力的资产阶级助手，还是成为人民革命的领导者。"[①] 中国共产党因使命而建立，肩负着扭转社会政治秩序衰败、推动民族复兴的重任，"在实践方面，共产党人是各国工人政党中最坚决的、始终起推动作用的部分；在理论方面，他们胜过其余无产阶级群众的地方在于他们了解无产阶级运动的条件、进程和一般结果"[②]。大革命失败后，以毛泽东同志为主要代表的中国共产党人深刻认识到领导权的重要性，党的四大明确提出无产阶级在民主革命中的领导权和工农联盟问题，通过了《对于民族革命运动之议决案》，强调民族革命运动"必须最革命的无产阶级有力的参加，并且取得领导的地位，才能够得到胜利"[③]。抗日战争时期，中国共产党在推动全民族抗战过程中确立了稳定的社会地位，形成了独特

---

① 《列宁全集》（第11卷），人民出版社，2017，第3页。
② 《马克思恩格斯全集》（第28卷），人民出版社，2018，第431页。
③ 《建党以来重要文献选编（1921~1949）》（第2册），中央文献出版社，2011，第219页。

的斗争风格，铸就了斗志昂扬、开拓前进的强大精神力量。为夺取民族独立和人民解放斗争的胜利，中国共产党人以敢于牺牲、乐于奉献、不畏强暴、战胜困难的斗争精神确立了党作为"革命型"政党的领导核心地位。

3. 斗争精神促进了党作为"创新型"政党的成熟

中国共产党的执政党地位是历史和人民的选择，在时代发展的洪流中要巩固执政党的领导核心地位，必须不断自我完善、与时俱进。深刻总结国际共产主义运动正反两方面的经验教训，事实证明，那些被迫退出历史舞台、丧失执政地位的共产党，是在落后于世界发展的潮流中丧失了存在的生机和活力。建设"创新型"政党是中国共产党执政日臻成熟的又一成果，新形势下中国共产党永葆生机和活力的根本原因，是在继承优良传统的基础上立足中国、放眼世界，涵养自己勇于自我革命、自我发展、自我完善的斗争精神，与时俱进，不断创新创业。首先，斗争精神促进了党的执政理念的创新。井冈山精神点燃了中国革命的星星之火，促进形成了"先有农村红军、后有城市政权"的革命理念，"灵活多变的游击战术"的军事理念，"思想建党、政治建军"的建党建军理念；改革开放精神将"春天的故事"写在了中国大地上，促进形成了"实践是检验真理的唯一标准"的开放理念，"时间就是金钱、效率就是生命"的发展理念，"贫穷不是社会主义、社会主义要消灭贫穷"的改革理念；脱贫攻坚精神书写了人类减贫史上的奇迹，促进形成了"把脱贫攻坚摆到治国理政突出位置"的建设理念，"脱贫攻坚四个切实、五个一批、六个精准、七个强化"的基本方略，"真扶贫、扶真贫、脱真贫"的有力措施。从星星之火到燎原之势、从一穷二白到世界第二大经济体、从脱贫攻坚到乡村振兴，每一次斗争实践的深刻变革都伴随着党执政理念的不断探索和成熟，中国共产党以求真务实、开拓创新的斗争精神战胜了一次又一次困难与挫折，探索出更加完善的执政理念和执政方式。其次，斗争精神提高了党领导科学发展的能力。抵御各种风险挑战、判断各种复杂形势，始终是中国共产党作为执政党的主旋律，唯有在思想理论、制度体制、服务体系方面不断突破创新，实现领导方式、执政模式的科学化，才能不断满足人民对美好生活的向往。准确把握时代脉搏、成功战胜各种风险挑战必须发扬斗争精神。在新形势下，党坚持发扬自我革命的斗争精神，建设"创新型"政党，使党领导科学发展的能力不断提高。一是使党具有更清醒的自觉意识，在自身建设上保持自我觉醒，在自我创新上充满勇气和智慧；二是使党具有更高的战略主动权，主动采取战略力量的强化措施迎接、战胜各种困难和挑战；三是使党具有更强的执政权威和执政合法性，主动关注民生、理解民意；四是使党具有更可靠的战略保障，提升所有战略措施站位角度、意图准度、水准高度的可靠性，延伸了党的战略视野，提高了党的执政能力和掌控能力。最后，斗争精神提高了党执政为民的能力。以人民为主体的执政理念是中国共产党长期执政中始终坚持和信奉的价值理念，从为人民求解放的反压迫的斗争，到满足人民物质生活需要的反贫困的斗争，再到为满足人民美好生活需要的斗争，中国共产党始终不忘"为中国人民谋幸福"的初心，本着对人民负责、为人民服务的态度，始终不忘权为民所赋、权为民所用、权为民所察的要求，发扬反腐倡廉的斗争精神。将合理用权作为执政的基本依据，不越红线、守住底线；将谨慎用权作为执政的基本准则，持有敬畏心、常戒焦躁心；将公正用权作为执政的基本原则，保障人民的合法权益，提高人民对党执政的认同感。

"新发展阶段"重大战略的判断蕴含着斗争精神要契合建设"创新型"政党的创新特征，要求直面错综复杂的国内外经济形势，围绕经济增长速度、战略目标定位、未来发展空间等议题适应新常态、开展新研究、总结新经验。

（二）斗争精神激励民族复兴正确道路的开辟

中国共产党百年发展历程铸就的斗争精神，贯穿于党对中国特色革命道路、中国特色社会主义建设和改革开放道路，以及全面建设社会主义现代化国家新征程的不懈探索之中，是打开通往光明道路之门的精神密钥，体现在坚定马克思主义理想信念方面。毛泽东强调："不要散布幻想，不要在精神上解除自己的武装。不作精神准备，就无法教育人民，无产阶级自己也就没有革命干劲。用和平手段也是要斗争的。"[1] 时代发展永不停息，每一条道路的艰难抉择都时刻考验着中国共产党人的斗争意志、斗争能力和斗争精神。

---

[1] 《毛泽东文集》（第 8 卷），人民出版社，1999，第 94 页。

1. 探索中国特色革命道路

有矛盾就会有斗争，有斗争就需要斗争精神的支撑。马克思和恩格斯曾预言中国人民的反抗斗争，"过不了多少年，我们就会亲眼看到世界上最古老的帝国的垂死挣扎，看到整个亚洲新纪元的曙光"①。近代中国命运的转机，并非马克思主义传到中国就自然发生的，而是中国共产党以救亡图存和民族复兴为己任，始终在斗争中学习、研究马克思主义，以斗争的态度深刻认识、准确把握近代中国的严峻现实，把马克思主义基本原理同中国具体实际相结合。当时的中国与马克思、恩格斯、列宁所处的西方国家不同，毛泽东在《中国社会各阶级的分析》中系统分析了中国社会各阶级的斗争态度，提出"工业无产阶级是我们革命的领导力量。一切半无产阶级、小资产阶级，是我们最接近的朋友"②。大革命的失败，使中国共产党清醒认识到必须选择"适合中国国情的道路"，开始在井冈山、在瑞金，一边和敌人作斗争，反对逃跑主义、分兵和冒进政策，一边深入割据地区的土地革命，创造群众割据、布置长期斗争，"工农武装割据"的红色政权在中华大地上渐成燎原之势。这预示着中国共产党在农村建立革命根据地、开展土地革命，走出了一条不同于"城市武装暴动"并能把中国革命引向胜利的新路。28年的新民主主义革命历程，中国共产党发扬实事求是、敢闯新路、勇往直前、艰苦奋斗的斗争精神，开辟出一条适合彼时中国国情的"中国特色革命道路"，实现了让中国人民"站起来"的愿望。

2. 开创中国特色社会主义建设和改革开放的道路

新中国成立之初，如何带领全国人民从贫穷走向"富起来"，是中国共产党人选择新道路时必须回答的时代之问。"以苏为师"，我国仅用3年时间就完成了社会主义改造，走完了由新民主主义向社会主义过渡的必经之路，正式进入社会主义。列宁指出："随着当前社会局势的变化，必然会出现新的、为这个时期的活动家所不知道的斗争形式。"③而照抄、照搬苏联模式暴露出生产力不适应生产关系的弊端，证明苏联模式不是社会主义的唯一模式。苏共二十大以后，中国共产党在"以苏为鉴"的斗争中，开始

---

① 《马克思恩格斯选集》（第1卷），人民出版社，2012，第800页。
② 《毛泽东选集》（第1卷），人民出版社，1991，第9页。
③ 《列宁全集》（第14卷），人民出版社，2017，第2页。

探索"找出在中国怎样建设社会主义的道路"①。党的十一届三中全会是中国开始探索中国特色社会主义改革开放道路的起点,以邓小平同志为主要代表的中国共产党人提出了"一个中心,两个基本点"的社会主义初级阶段的基本路线。这一时期,为开辟中国特色社会主义改革开放新道路,中国共产党拿出非凡的斗争勇气、超强的斗争智慧、"乱云飞渡仍从容"的斗争定力,发扬"开拓创新、勇于担当、开放包容、兼容并蓄"的改革开放精神,为中国特色社会主义事业开创了让中国人民"富起来"的改革开放之路。

3. 开启全面建设社会主义现代化国家的新征程

"实现中国梦必须走中国道路"②,实现中华民族伟大复兴的中国梦要求我们必须走中国特色社会主义道路,经过改革开放 40 多年的发展,中国实现了全面建设小康社会的目标,接下来中国将为全面建设社会主义现代化国家继续奋斗。站在历史发展的高度,审视全球化浪潮中的中国现代化发展模式,在指导思想、战略目标、规划设计上都是全新的安排,这意味着今后要进行难度更大、困难更多、挑战更严峻的斗争。中国共产党带领人民准确把握中国新的历史方位,提出新时代分"两步走"的战略安排,努力发扬"为民服务孺子牛、创新发展拓荒牛、艰苦奋斗老黄牛"的斗争精神,不畏艰险、锐意进取,体现了对深入开拓中国特色社会主义道路的信心。

(三) 斗争精神推动民族复兴科学理论的创新

习近平总书记指出:"我们党的历史,就是一部不断推进马克思主义中国化的历史,就是一部不断推进理论创新、进行理论创造的历史。"③ 探析中国共产党民族复兴科学理论的形成过程,不难发现党始终在伟大斗争中坚持和发展马克思主义,运用马克思主义的斗争理论,并在实践中检验,使这一理论成为民族复兴的科学理论依据。

1. 立足中国实际促进民族复兴科学理论的产生

中华民族伟大复兴科学理论的形成、丰富与发展,是以马克思主义中

---

① 本书编写组编《中国共产党 90 年学习读本》,人民出版社,2011,第 97 页。
② 中共中央宣传部编《习近平总书记系列重要讲话读本》,人民出版社,2014,第 30 页。
③ 习近平:《在党史学习教育动员大会上的讲话》,人民出版社,2021,第 12 页。

国化理论创新和创造为标识的，与中国共产党成立百年来实现的重大理论创新、形成的独特理论成果相辉映，是可以在世界社会主义政党中彪炳史册的伟大功绩。从民主革命时期的毛泽东思想到改革开放时代的中国特色社会主义理论体系，每一次的理论创新都伴随着"要分清创造性的马克思主义和教条式的马克思主义"①的斗争，毛泽东坚决反对把马克思主义教条化，从秋收起义到井冈山斗争，直到开辟赣南和闽西革命根据地，无论局势怎样险恶，毛泽东从不放松对周围环境进行周密的调查和研究，坚持从斗争中创造新局面，形成了以"实事求是、敢闯新路"为核心的井冈山精神和以"求真务实"为精髓的苏区精神。毛泽东在《反对本本主义》中强调，"中国革命斗争的胜利要靠中国同志了解中国情形"②。中国共产党不断在阶级斗争和生产斗争实践中总结经验，进行新的理论创造，其中既包括成功的经验，也包括失败的教训，毛泽东在为《共产党人》撰写发刊词时指出，"没有两次胜利和两次失败的比较，还没有充分的经验，还不能充分认识中国革命的规律"③。这种发扬斗争精神不断进行自身革命，并在自我革命中实现超越和发展的思想，推动了与中国化实践主题相结合创立具体理论形态的方法。进入新时代，围绕"新时代坚持和发展什么样的中国特色社会主义、怎样坚持和发展中国特色社会主义"的重大问题，产生了马克思主义中国化的最新理论成果，即"习近平新时代中国特色社会主义思想"，这一最新思想规定和指引着新时代实现民族复兴的道路和方向。

2. 坚持理论强党转化为推动民族复兴的生动效能

理论强党是中国共产党百年发展历程和理论成长的经验总结。中国共产党在党的建设中把理论创新、理论武装、理论践行和理论自信有机统一起来，把握斗争的方向、立场和原则，用马克思主义理论武装全党，巩固党的执政地位、实现党的长期执政。列宁强调："只有以先进理论为指南的党，才能实现先进战士的作用。"④

一是用理论创新丰富民族复兴科学理论的内涵。中国共产党坚信只有马克思主义科学理论才能指导无产阶级革命的斗争实践，才能实现人的自

---

① 《毛泽东文集》（第2卷），人民出版社，1993，第373页。
② 《毛泽东文集》（第8卷），人民出版社，1999，第259页。
③ 《毛泽东文集》（第8卷），人民出版社，1999，第299页。
④ 《列宁选集》（第1卷），人民出版社，2012，第312页。

由全面发展，才能完成民族复兴的历史使命，理论"一经掌握群众，也会变成物质力量"。"而理论只要彻底，就能说服人。"① 中国共产党在马克思主义理论中国化创新的过程中，充分认识到理论中所具有的真理威力和强大生命力是探索人类历史规律和寻求自身解放道路的强大思想指引。一方面，中国共产党在革命斗争实践、社会主义建设实践、改革开放实践、新时代强国实践中不断将马克思主义理论推向新的历史高度；另一方面，党通过不断的学习、研究、阐释，与否认马克思主义劳动价值论、丑化唯物主义、嘲弄唯物辩证法、攻击剩余价值论、鄙视社会基本规律等理论作斗争，在批判中继承和创新，拓展马克思主义理论的深度；同时，党不断用马克思主义理论指导中国人民在政治、经济、文化、生态、外交、军事等领域做好斗争准备，发展中国特色社会主义，延伸理论的广度。

二是用理论武装增强对民族复兴科学理论的自信。习近平总书记强调："理论创新每前进一步，理论武装就跟进一步。"② 理论武装是理论强党的本质，目标在于武装全党，中国共产党一方面运用革命的理论来确定斗争目标和任务方针，从理论中汲取革命必胜的信念；另一方面用党的理论武装广大党员和革命群众，抵御各种风险诱惑，站稳斗争立场，焕发出以人民为根基的社会变革合力；同时，用革命、建设、改革理论教育全党、武装全党，发扬伟大斗争精神，夯实党的建设伟大工程、推进伟大事业、实现伟大梦想的领导核心地位。

三是用理论践行实现民族复兴科学理论的现实依托。党的理论创新、理论武装、理论自信的根本追求是理论践行，中国特色社会主义理论、道路、制度、文化的融合共进，为国家大政方针和长远战略的实施提供了巨大动能，使人民的获得感、幸福感显著增强，很好地展示了理论创新中中国经验、中国方案、中国智慧的奥秘。

四是用理论自信筑牢民族复兴科学理论的价值追求。自信来自底气，理论强党就是用理论的武装建立斗争的自信，使斗争有底气、有力量。改革开放以来，党不断强化理论创新，坚持与时代同步，探索中国建设和改

---

① 《马克思恩格斯文集》（第1卷），人民出版社，2009，第11页。
② 习近平：《在"不忘初心、牢记使命"主题教育工作会议上的讲话》，人民出版社，2019，第2页。

革的一般规律与特殊规律，使党和人民的理论自信不断增强。特别是党的十八大以来，面对四种考验、四种危险，以习近平同志为核心的党中央提出适合时代发展的一系列治国理政新理念、新思想、新战略，发展创新当代马克思主义、21世纪马克思主义，引领中国的实践走向成功，为世界提供了构建人类命运共同体的中国方案。

（四）斗争精神促进民族复兴进程中制度优势转化为治理效能

总结马克思主义发展史和中国共产党追求社会主义事业百年来的斗争历程，习近平总书记对中青年干部说："共产党人的斗争是有方向、有立场、有原则的，大方向就是坚持中国共产党领导和我国社会主义制度不动摇。"① 党的十九届四中全会指出，要坚持和完善我国的国家制度，推进国家治理体系和治理能力现代化，应对这一问题的关键是要解决好国家制度和国家治理体系坚持什么、巩固什么、完善什么、发展什么。有效制度的构建直接关系到社会主义现代化和中华民族伟大复兴能否顺利实现，中国共产党建党初期和大革命时期就开始探索制度的建立，抗日战争时期出台了组织建设、军队建设、作风建设等系列文件，构建了制度的基本框架；解放战争时期，为应对复杂的斗争形势，中国共产党积极做好为赢得战争胜利和夺取全国政权的制度构建。新中国成立后，中国共产党带领人民踏上了中国特色社会主义治理之路，在改革开放中凸显制度优势，使综合国力全面增强，人民的生活水平显著提升。在为实现民族复兴构建有效制度的征程中，中国共产党坚持把准斗争方向、力求斗争实效、站稳斗争立场，从坚定制度自信、严格制度约束、彰显制度优势三个方面着力，构建了时间跨度长、内涵概括宽的制度系统工程。

1. 坚定中国特色社会主义制度自信

中华民族从"站起来"到"富起来"再到"强起来"的过程中，形成和发展了党的领导和经济、政治、文化等各方面制度，其中"中国共产党领导是中国特色社会主义最本质的特征，是中国特色社会主义制度的最大优势"②。坚持和加强党的全面统一领导，就要同一切削弱、歪曲、否定、

① 《习近平谈治国理政》（第3卷），外文出版社，2020，第226页。
② 《习近平谈治国理政》（第3卷），外文出版社，2020，第181页。

诋毁党的领导和社会主义制度的言行作坚决斗争，保持共产党人昂扬向上的精神状态和一往无前的奋斗姿态，把准斗争方向，增强制度自信。

2. 彰显中国特色社会主义制度和国家治理体系的显著优势

中国特色社会主义制度的显著优势是在"破"与"立"中体现的。首先，中国的制度是以马克思主义为指导，结合中国自己的实际进行科学设计与安排的制度体系。其次，中国的制度遵循以人民为中心的价值取向，人民代表大会制度、政治协商制度、民主集中制等以满足最广大人民的利益、维护最广大人民的权利为标准，"消灭剥削，消除两极分化，最终达到共同富裕"[1]，在此基础上实现好、维护好、发展好最广大人民的根本利益，着力保障和改善民生。最后，中国的制度从理论指导、方略制定、执行实施方面都能"实事求是"，坚决阻止和纠正了任何超越现实、超越阶段、急于求成的思想、路线、方针、政策的制定，又根据形势变化妥善应对，使中国特色社会主义制度具有强大的纠错能力和自我完善能力，始终充满生机和活力。

3. 严密中国特色社会主义制度的组成和架构

中国特色社会主义制度在制度的安排和执行中之所以具有优势，在于它的组成和架构都要求严密、力求实效。最明显的，就是扎根于中国大地的制度融合，每次的制度转型，都在与开放性不足、创新力不够、竞争力不强的旧制度作斗争。从计划经济体制到市场经济体制，均在考量当时国情现状的基础上架构，计划经济是高度集中的经济体系，为新中国成立初期打破经济封锁、巩固社会主义公有制起到了积极的作用。但随着商品经济的发展，我们党认识到"只搞计划经济会束缚生产力的发展"[2]。为改变生产力仍然相对落后、人民生活的供给仍然不足的现状，1978~1992年，我国进行了"计划经济为主，市场调节为辅""有计划的商品经济""国家调节市场，市场引导企业"三个阶段的经济体制改革探索，与以指令性计划为主的直接管理方式进行斗争，发扬解放思想、实事求是、与时俱进的精神，实现了中央给地方和企业松绑放权。我们明确了"不能适应社会主义商品经济发展要求"的原因，确立了"市场"在经济领域的主导地位。

---

[1] 《习近平谈治国理政》（第2卷），外文出版社，2017，第14页。
[2] 《改革开放三十年重要文献选编》（上），中央文献出版社，2008，第410页。

1992~2003 年是构建社会主义市场经济体制的关键阶段，《中共中央关于建立社会主义市场经济体制若干问题的决定》的颁布，制定了市场主体、宏观调控体系等"五大支柱"构成的基本框架。中国特色社会主义制度在"变"与"不变"的比较、抗争中更加严密和完善，体现在民主集中制与民主协商制的政治组织制度、社会公平正义的政策取向制度、法治与德治相结合的管理制度等实现了效果层面的强大优势，不但解放和发展了生产力、保障了新中国成立 70 多年来社会大局的安定团结，还凝聚最广大人民群众的智慧集中力量办成了许多大事，一次次成功地应对风险挑战，化"危"为"机"。

第二节　民族复兴进程中发扬
斗争精神的时代必要性

伟大的时代铸就伟大的精神。中国共产党一经诞生，就把为中国人民谋幸福、为中华民族谋复兴确立为自己的初心使命，前赴后继、英勇战斗，在斗争中应对各种复杂局面和风险考验，不断发展、壮大成为世界上最大的马克思主义执政党，面对越来越多和越来越复杂的挑战和困难，共产党人从不退缩、毫无畏惧，只因为在党的精神血脉里有"斗争"的精神基因和"理想""为民""奉献"的精神品质。中华民族为抵抗外敌侵略、争取民族独立和人民解放、实现国家富强而不懈斗争的百年历史也是一部党不断进行社会革命和自我革命的伟大斗争史，彰显了中国共产党人在斗争中求生存、谋发展、促跨越，敢于斗争、善于斗争的伟大精神力量，在这一历史进程中应运而生的斗争精神始终贯彻着一个明确的主题：实现中华民族伟大复兴。

一　"把握时代大趋势"的必然要求

中国共产党依靠斗争走到今天，遵循社会发展的客观规律，实现了新民主主义革命和社会主义革命、建设、改革的伟大胜利，并在追求共产主义远大理想和中国特色社会主义共同理想的过程中，推动中华民族伟大复兴进入了不可逆转的历史进程。民族复兴是一代又一代中国共产党人共同奋斗的艰巨事业，昨天的"雄关漫道真如铁"、今天的"人间正道是沧桑"

和明天的"长风破浪会有时"都是在把握时代发展大趋势中进行伟大斗争，只有在新时代大潮中涵养斗争精神，勇担历史使命、贡献智慧力量，才能战胜前进道路上的各种风险挑战。

（一）解决"发展需要"问题必须发扬斗争精神

中国步入"发展起来时期"和"新发展阶段"后，解决"发展需要"问题必须发扬斗争精神。以发展水平来划分，改革开放以来，中国经历了由1978年初期"未发展起来时期"到成为世界第二大经济体以后"逐渐发展起来阶段"，尤其是党的十八大以来，我国总体上步入了"发展起来时期"，2021年"十四五"规划开启，我国又进入一个"新发展阶段"，但无论是步入"发展起来时期"还是进入"新发展阶段"，我国仍然处于并将长期处于社会主义初级阶段这个最大的国情没有改变。总的来说，发展时期不一样，承担的历史任务、提出的实践要求、解决的根本问题往往也不一样。改革开放初期，中国处于"未发展起来时期"，大多凸显的是解放生产力、发展生产力和解决人的"生存需要"的根本问题；党的十八大以来，我国进入总体"发展起来时期"，全面建成小康社会和建成富强民主文明的社会主义国家的"两个一百年"奋斗目标是这一时期承担的历史任务，由大国成为强国是提出的实践要求。习近平总书记强调："当前，全党面临的一个重要课题，就是如何正确认识和妥善处理我国发展起来后不断出现的新情况新问题。"[1] 着力解决制约"发展需要"的突出瓶颈和深层次问题，实现更加平衡、更加充分的发展，既需要完善的制度保证和坚实的物质基础，也需要不可战胜的强大精神力量。

（二）解决"发展能力"问题必须发扬斗争精神

从"未发展起来时期"走向"发展起来时期"，既是发展水平的整体"升级"，也是发展方式和发展状态的"转型"，"整体转型升级"是这一时期呈现的发展趋势。一是实现生产力的转型升级，要求由"要素驱动、投资规模驱动"向"创新驱动"转变，"十三五"时期，我国经济加快从"速度规模型"向更加注重"质量效益型"转变，依靠创新驱动培育了新动

---

① 《习近平谈治国理政》，人民出版社，2014，第401页。

力、拓展了新空间；二是实现生产关系的转型升级，要求由"一部分人先富起来"向实现"共同富裕"逐渐转变，由"收入差距过大"向"分配正义"和"使全体人民共享发展成果"转变，提出了共享发展理念和进行三次分配的协调配套制度；三是实现国家权力运作方式的转型升级，要求以"国家治理"代替"国家管理"，既可以凸显体制优势，集中力量办大事，又能推进国家治理体系和治理能力现代化，实现"协商共治"；四是实现整体社会发展水平的转型升级，要求由"非均衡发展"向"全面协调可持续发展"转变，增强区域发展、行业发展的协调性，均衡各种力量和各个发展主体的发展诉求。

科学把握新发展阶段，实现 14 亿人口大国整体的转型升级对科技创新、产业发展、乡村振兴、绿色环保等迈向高质量现代化目标提出新要求，面对企业创新能力不足、人们对共同富裕的心理认同不高、发展不平衡不充分问题仍然突出、能源资源和生态环境约束持续强化、万能政府向廉洁勤政务实高效政府转变等挑战，困难越是增多、环境越是复杂，越需要提高党领导我国发展的能力和水平，确保发展行稳致远，更需要不断发扬顽强拼搏的斗争精神，练就铁肩膀、硬脊梁，做好应对任何形式矛盾风险挑战的准备。

二 "顺应人民新期待"的必要保证

中国共产党人的初心和使命，肯定了"人民"是实现中华民族伟大复兴的历史主体，是享有当家作主权利的国家主体，更是享受幸福美好生活的价值主体，以人民为中心、为人民谋幸福是中国共产党永恒不变的初心和事业。我们党始终坚持人民立场，并根据新中国成立以来社会主要矛盾的 4 次变化判断，践行以保障和发展民生为主要目标的治理行动，包括"土地革命"的斗争，"社会主义'三大改造'"的斗争，"发展重工业、强大国防"的斗争，"实行改革开放、改善人民生活水平"的斗争，"满足人民群众美好生活需要"的斗争，这些都体现了正义性、变革性、人本性的斗争思想，实现了从单向度的获得自由、解决温饱到促进"人的全面发展"的高质量飞跃，彰显了不懈奋斗的斗争精神。习近平总书记在庆祝中国共产党成立 100 周年大会上的讲话中提出，"必须团结带领中国人民不断为美好生活而奋斗"①，这是不断"实现人民对美好生活的向往"、践行"以人民为中心"发展思想的时代价值的体现。当前，在新起点、新矛盾、新需求的背景下，进行具有新理念和新方向的伟大斗争，顺应人民新期待，需要不断增强斗争精神。

（一）顺应"维护最广大人民的根本利益"的新期待

维护最广大人民的根本利益是中国共产党开展斗争的核心要义。回顾党的百年峥嵘岁月，党义不容辞地肩负起为人民谋利益的神圣职责，接续传递人民至上的公仆情怀，弘扬立党为公、忠诚为民的奉献精神，使中国人民获得了真正解放、解决了温饱问题，并不断创造使人民更加幸福的美好生活。

1. 发扬斗争精神是提高人民群众物质生活水平的保证

物质利益是人民群众生存和发展的前提和基础，恩格斯曾明确指出："人们首先必须吃、喝、住、穿，然后才能从事政治、科学、艺术、宗教等等。"② 物质利益决定和影响着其他利益，实现美好幸福生活要以物质财富相对富足为基础，维护人民的物质利益，"一切空话都是无用的，必须给人民以看得见的物质福利"③。生产力是人类创造物质财富的现实力量，为满足人民物质需求，必须提高社会生产力，而促进现代生产力发展必须依靠科技创新，斗争精神是触发科技创新的精神动力和引擎，我们既要发扬党的"敢闯、敢试、敢干"的斗争精神，不断进取、开拓创新，提升物质生产效益；又要发扬不惧困难、不懈奋斗的斗争精神，保持可持续发展；还要发扬不为利益所惑、不为私心所扰的斗争精神，坚持不懈纠正"四风"、坚决遏制腐败蔓延，公平获利、诚实致富，实现共同富裕。因此，新时代发扬斗争精神是让人民群众获得更多看得见、摸得着、可持续的民生实惠的保证。

2. 发扬斗争精神是满足人民群众精神需求的保证

精神利益的满足会成为助推物质利益增加的先导，尤其是全面建成小

---

① 习近平：《在庆祝中国共产党成立100周年大会上的讲话》，人民出版社，2021，第11页。
② 《马克思恩格斯全集》（第25卷），人民出版社，2001，第594页。
③ 《毛泽东著作选读》（下），人民出版社，1986，第563页。

康社会后，大多数人民群众的物质利益已经得到满足，开始追求更高层次的身心愉悦和人的全面发展。满足高质量的精神利益，不仅要发扬顽强奋斗、攻坚克难的斗争精神，大力发展生产力、创造美好的精神产品，还要号召广大党员干部自觉紧跟最广大人民群众的利益需求，发扬自我革命精神，提升道德修养，掌握斗争艺术，引导人民群众追求自尊自信、积极乐观的良好品格和崇高精神。由此可见，顺应"维护最广大人民群众根本利益"的新期待，全党要坚持同一切危害人民根本利益的行为作坚决斗争，将实现社会主义现代化的长远利益与满足物质利益和追求精神利益结合起来，始终把人民群众在利益需求方面的新期待放在心上，以昂扬的奋斗姿态切实为保障人民群众根本利益勇敢斗争。

（二）顺应"协同推进人民富裕"的新期待

实现脱贫摘帽、全面小康不是实现人民美好生活的终点，而是"协同推进人民富裕"的新起点，随着新时代社会主要矛盾的转化，人民对美好生活的愿景提出了更高层次的要求，"在民主、法治、公平、正义、安全环境等方面的需求日益增长"[①]，党的十九大报告提出，全党要"不断满足人民日益增长的美好生活需要……使人民获得感、幸福感、安全感更加充实、更有保障、更可持续"[②] 的目标，这顺应了人民对获得感、幸福感、安全感的新的、更高的、更多样的要求，也决定了党完成"打赢脱贫攻坚战"这个实现全面建成小康社会目标的重大任务，以及将要继续进行的伟大斗争的价值取向。"协同推进人民富裕"、保障和改善民生没有终点，是应时而变、不断发展的变量，我们党必然要加强战略性、系统性、前瞻性的谋划，充分发扬主动斗争、善于斗争的斗争精神，把民生内容的多样化与人民诉求的多元化结合起来，改善区域间、行业间发展不平衡的现象；"协同推进人民富裕"取得实质性进展是人民"为美好生活而奋斗"的新期待，也必然要继续发扬实事求是的斗争精神，密切关注人民获得感、幸福感的来源与途径，尽力而为、量力而行，统筹全局、着眼长远，处理好经济效益、民生诉求、生态环境发展的关系，保证人民群众获得更多看得见、摸得着、

---

① 《习近平谈治国理政》（第3卷），外文出版社，2020，第9页。
② 《习近平谈治国理政》（第3卷），外文出版社，2020，第35页。

可持续的民生实惠。

三 "回应实践新要求"的必然选择

2020 年,"十三五"规划圆满收官,全面建成小康社会取得了伟大的历史性成就。只有正确把握新时代的发展特征和历史任务,才能正确适应时代对党和人民的新要求。新时代需要进行许多具有新的历史特点的伟大斗争。夺取新时代伟大斗争的新胜利,关键在于发扬斗争精神,坚持全面从严治党,在斗争中化解各种风险和挑战、汇聚实现中华民族伟大复兴的磅礴力量,坚定捍卫构建人类命运共同体的方向和目标。

(一)确保全面从严治党向纵深推进的必然选择

中国共产党是带领人民进行伟大斗争、推进伟大事业、实现伟大梦想的核心领导力量,夺取新时代伟大斗争的新胜利,必须毫不动摇坚持全面从严治党,持续推进党的建设新的伟大工程。2015 年,习近平总书记在谈到全面从严治党时指出:"全面从严治党,是我们党在新形势下进行具有许多新的历史特点的伟大斗争的根本保证。"① 党的十八大以来,以习近平同志为核心的党中央持之以恒推动党风廉政建设和反腐败斗争,大力整治群众身边的腐败和作风问题,为全面建成小康社会、全面深化改革、全面依法治国把握正确的发展方向。2021 年,在十九届中央纪委五次全会上,习近平总书记深刻阐述了全面从严治党的新形势、新任务,为新征程上推动全面从严治党向纵深发展提供了重要遵循。从党的十八大"党要管党、从严治党"的战略要求到党的十九大"推动全面从严治党向纵深发展"的重大战略部署,体现了新形势下加强和改进党的建设的时代要求。治党务必从严,回应"全面从严治党"要求的关键在"严",要始终发扬斗争精神,磨炼斗争意志和强化责任担当,不折不扣地把全面从严治党基本要求和决策部署落实到党的政治建设、思想建设、组织建设、作风建设、纪律建设、反腐倡廉建设和制度建设等各个方面,覆盖到各个党员和各个基层党组织。

---

① 《习近平关于全面从严治党论述摘编》,中央文献出版社,2016,第 9 页。

1. 压紧主体责任要发扬斗争精神

习近平总书记强调，全面从严治党要"强化主体责任，完善监督体系"①，紧盯主体责任缺失、监督责任缺位，破解管党治党"宽松软"等问题。各级党组织及其负责人是全面从严治党的责任主体，强化主体责任，就是要增强各级党委的主体责任、落实好党组织负责人的法定职责，用"关键少数"引领带动全党"绝大多数"，发扬党的斗争精神能够提高各级党委的政治自觉意识，激发党员干部的担当精神，有利于带头落实好全面从严治党的各项要求；各级纪委和纪委负责人是管党治党的重要力量，担负着精准有效开展监督执纪问责和监督调查处置的重要职责，发扬斗争精神能有效监督杜绝纪委"不履责、不尽责、任性用权"等违规违纪问题，推动实践监督执纪"四种形态"不断提升监督执纪问责实效，增强各级纪委的监督责任意识；发扬斗争精神还有利于推进全面从严治党的责任落实，增强党员领导干部脚踏实地的干劲，解决执行力不强、落实不到位、形式主义、官僚主义等问题，为全面从严治党的政策落地、责任落实、工作落细提供重要的精神支撑。

2. 增强政治自觉要发扬斗争精神

习近平总书记强调："新的征程上，我们要牢记打铁必须自身硬的道理，增强全面从严治党永远在路上的政治自觉。"② 将全面从严治党进行到底，是保持党自身领导核心坚强有力、党和人民事业无往不胜的保证，党要始终代表时代的先锋、人民的核心，自身必须始终过硬，面对新时代、新使命对党的建设提出新要求和新目标，为"确保党不变质、不变色、不变味"，必然要发扬"狭路相逢勇者胜"的斗争精神，提高政治判断力、政治领悟力、政治执行力，一刻不停歇地推动全面从严治党向纵深发展。

3. 坚持"依规治党"要发扬斗争精神

依规治党就是以覆盖党的领导和党的建设各方面的党内法规体系规范权力的运行、加强对权力的制约和监督、提高权力运行和监督的透明度。在全党内部落实"用制度管权、用制度管事、用制度管人"规范权力运行，

① 《习近平在十九届中央纪委三次全会上发表重要讲话强调　取得全面从严治党更大战略性成果巩固发展反腐败斗争压倒性胜利》，人民网，2019 年 1 月 12 日，http：//politics. people. com. cn/n1/2019/0112/c1024-30523582. html。

② 习近平：《在庆祝中国共产党成立 100 周年大会上的讲话》，人民出版社，2021，第 19 页。

必然要发扬斗争精神，与不服管、不愿管、不敢管、不会管的思想和行为作斗争，防止出现对制度和规矩认识不明确、领会不深刻、贯彻不及时、落实不到位的现象，杜绝假落实、慢落实、少落实、难落实、乱落实等问题。

（二）汇聚实现中华民族伟大复兴磅礴力量的必然选择

唯物辩证法认为"斗争"和"团结"是辩证统一不可分割的，斗争是团结的手段、团结是斗争的归宿，只讲斗争不讲团结，或者脱离团结只讲斗争，是形而上学的观点。总结党历史上的经验教训，抗日战争时期，"以斗争求团结"建立抗日民族统一战线，中国共产党团结全国各民族一切抗日力量打败日本侵略者，"则团结存"；抗日战争进入相持阶段后，一部分人"以退让求团结"，国民党限共溶共，"则团结亡"。① 发扬斗争精神要坚持马克思主义辩证法和科学方法论，坚持"以必要的斗争，求必需的团结"的思想，充分把握斗争的策略。新时代，中国共产党为实现中华民族伟大复兴而进行的伟大斗争，不是要回到极左思想，靠斗争树立更多的敌人，不是破坏法治、制造紧张气氛，而是根据复杂多变的客观形势与艰巨繁重的历史任务采取不同的斗争方式，对某些敌对势力、犯罪分子或重大阻力采取攻势防御的斗争行动；既要斗争也要团结，新时代的伟大斗争是为了团结更多的人齐心协力为实现中华民族伟大复兴的中国梦而努力奋斗。因此，团结一切可以团结的力量开展斗争是新时代发扬斗争精神的辩证方法，用斗争精神凝聚追梦力量是新时代党斗争实践经验的科学总结，依靠顽强的斗争精神把最广大人民群众迸发出的无穷智慧和势不可挡的力量团结统一起来，集中力量办大事，是克服实现中华民族伟大复兴道路上阻力的必然选择。

（三）推动构建人类命运共同体的必然选择

推动构建人类命运共同体是在面对更多需要人类共同关心和解决的问题时，中国站在新的历史起点上提出的满足世界人民对美好生活向往的中国方案。虽然经济全球化的趋势势不可挡，中国也在改革开放战略的带动

---

① 《毛泽东选集》（第 2 卷），人民出版社，1991，第 745 页。

下实现持续高速发展，已成为世界格局演变中的主要力量，但全球化的逆流涌动，世界经济增长低迷、全球财富分配失衡、发展鸿沟凸显、霸权主义和强权政治仍然存在、不公平的世界政治经济秩序等都是构建人类命运共同体之路上最大的"绊脚石"和"拦路虎"，需要我们认真面对和解决。虽然和平与发展仍然是当今世界发展的主题，但"逆全球化"的暗流从未停止涌动，事实证明，一味强调和谐与团结，放弃斗争，只会失去争取团结、谋求合作、发展共赢的机遇。

从斗争形势和对象看，为捍卫国家主权、争取世界和平，抵制霸权主义的险恶用心和保护主义、单边主义政策，必须发扬不畏强敌、果断亮剑的斗争精神，塑造有利于自己的国际环境。

从斗争的权利和结果看，坚持斗争到底的意志和正义必胜的信念，成功抵制霸权主义，捍卫和平独立的地位，必然要发扬敢战敢胜、善作善成的斗争精神。应对全球风险挑战、推动我国改革开放向纵深发展，必须旗帜鲜明地与霸权主义、强权政治作斗争，众志成城为推动构建人类命运共同体提供精神保障。

第三节　民族复兴进程中发扬
斗争精神的现实挑战性

诚如马克思所言，"如果斗争只是在有极顺利的成功机会的条件下才着手进行，那末创造世界历史未免就太容易了"①。我国进入新发展阶段，越是接近实现伟大复兴，越要警惕日益严峻和复杂的风险挑战，第一个百年奋斗目标已经实现，迎接第二个百年奋斗目标必须发扬"踏平坎坷成大道，越是艰险越向前"的斗争精神，深刻认识现实的困难，将党和人民的事业不断推向胜利。

一　和平环境的优越性带来消极影响的挑战

斗争精神是中国共产党薪火相传的火种，是中国共产党从稚嫩走向成熟的精神利器。对于中国共产党来说，每一个历史任务的顺利完成都离不

---

① 《马克思恩格斯全集》（第33卷），人民出版社，1973，第210页。

开斗争精神的激励作用，也正是其对斗争精神正确的运用和发挥，才为中国迎来了和平发展的内外部环境，明显改善了人民群众的现实生活条件。和平的环境以及优越的生活条件为斗争精神的培育提供有利条件，斗争精神的发挥在此环境下面临重大困境。

（一）长期处于和平环境对发扬斗争精神的影响

和平的发展环境是人类社会发展追求的永恒主题，稳定的社会环境是人民群众的共同心声和普遍愿望，同时也是整个社会经济发展的必要前提。但是长期的和平环境会对斗争精神的养成产生负面影响，容易使生活在和平环境中的人们缺乏必要的忧患意识和斗争意识，在面对重大斗争任务时缺乏正确的斗争认知和责任感，最终会难以将我们党的斗争精神切实践行下去。和平的斗争环境影响了人们对现实斗争形势的正确认知，不同的发展阶段有不同的斗争任务，这意味着和平环境下也充满了斗争的色彩。特别是在新中国成立后，逐渐稳定的和平环境让很多人产生一种错误的认知，他们认为战争的炮火已经不在，便不需要再进行任何的斗争活动，自然也不需要增强斗争意识、培育斗争精神。

一是长期的和平环境削弱了人们的斗争使命感和危机感。没有经历过流血牺牲的青年群体，沉浸在长期和平环境给他们带来的极度舒适中，使部分人始终绷不紧斗争这根弦，无论是在工作学习中还是在日常生活中，一直奉行"不求有功，但求无过"的斗争态度，这种现象对斗争精神的发扬产生了负面效应。

二是在长期的和平环境下，一些人容易滋生懈怠思想和侥幸心理。斗争精神反映的是追求理想信念的意志品质，是克敌制胜的最佳利器，在斗争实践中要做到信念坚、骨头硬。当前，一些人在争议面前，该发声时不发声，在困难面前，该斗争时不斗争，在问题面前，充当多一事不如少一事的"老好人"。他们的共同心理是明哲保身，共同特点是追名逐利，根本原因是信念缺失、动力不足，导致在关键时刻患上不愿斗争的"软骨病"，过分强调和谐而完全忽略斗争。长久以来逐渐滋生的精神弊病，会使斗争意识消解、斗争精神尽失，最终导致我们党始终永葆的斗争基因得不到应有的传承。

三是在长期的和平环境下，少数共产党员丢失了固有的斗争品格。和平时代的年轻人由于成长环境不同，遇到挑战往往选择能避则避、能躲则躲。因此，深化斗争认识、参与斗争实践是斗争精神价值的有效体现，斗争精神的实践主要看在困难面前会不会承担责任、能不能挺身而出、敢不敢顽强斗争。事实上，相对稳定的和平环境反而使很多人缺乏斗争的历练，所以在斗争出现时便会惊慌失措，也就是患上了所谓的不会斗争的"无能症"，无法真正把共产党人真抓实干、敢于碰硬的斗争精神体现出来。

可见，在长期的和平环境下，我们党斗争精神的彰显发扬依然遇到了阻碍。针对斗争认识不足、斗争意志缺乏、斗争经验欠缺等现实问题，我们党要找准问题根源、对症下药，不断提高人们的认知水平、磨砺人们的斗争意志，通过实践不断获取斗争经验、增强斗争本领，实现党的斗争精神的赓续传承。

（二）生活条件的显著改善对发扬斗争精神的影响

在战火硝烟的年代，受战乱的影响，在灾难中寻求生存的人民苦不堪言，中国共产党人不畏枪林弹雨，浴血奋战，在为人民谋幸福的过程中丰富和发展着斗争精神的内涵和本质。在党为人民追求幸福生活而开展斗争的同时，广大人民群众积极参与和配合党领导的一切斗争活动，在颠沛流离的逆境中谋求生存发展的人民也将党的斗争精神淋漓尽致地展现出来，斗争精神成为人们战胜外来强敌、化解饥荒危机的力量源泉，为新时代人民生活营造了安居乐业、欣欣向荣的繁荣景象。但是在优越的生活条件下，同样暗藏着不利于斗争精神发扬的各种因素。中国共产党的历史是一部充满色彩的斗争史，"历史是最好的教科书，也是最好的清醒剂"①，我们不应当在和平、幸福的年代忘记我们党的顽强斗争史，也不应让在这个过程中展现的斗争精神被历史尘封。相反，美好的生活条件更需要我们饮水思源，党的斗争精神的历久弥新，需要我们铭记历史，用斗争精神这弥足珍贵的财富来凝聚时代力量。

人民生活水平的提高意味着群众的幸福感和获得感的不断满足，没有了亡国灭种的危机，没有了在危难之际求生存的紧迫感，足够安逸的生活使部分人只看得见繁荣稳定，却看不见隐藏着的危机和挑战，他们认为国

---

① 《习近平谈治国理政》（第 4 卷），外文出版社，2022，第 287 页。

家的强大和人民的幸福已经没有必要再进行任何形式的斗争。持有此类想法的人很容易安于生活现状,更不愿投身时代所需要的斗争之中,也就不能继续发扬党的斗争精神。生活条件的改善还容易使人产生不思进取、甘于平庸等不良思想,生活现状的暂时满足成为他们不愿再奋斗的理由,长此以往,这部分人就会在需要斗争的重要时刻选择无视斗争且止步不前,这与我们党所倡导的接续奋斗、砥砺前行的斗争精神截然不同。在新时代,我们要珍惜现有的优越条件,学习好我们党不断超越、永不懈怠的自觉态度,发扬好我们党艰苦奋斗、积极进取的斗争精神。物质生活富裕是精神生活富足的前提和基础,但是物质财富的积累会滋生奢侈享乐的消极思想,在物质利益的诱惑下,有的人开始在思想、作风上腐化堕落,追求与我党性质和宗旨完全背道而驰的腐朽的生活观念和生活方式。

二 "四种考验"的长期性带来重大风险的挑战

为实现"两个一百年"奋斗目标和中华民族的伟大复兴,中国共产党人始终奔着矛盾问题和风险挑战去进行伟大斗争,广大党员领导干部深刻认识到党面临的严峻形势和巨大挑战,包括长期执政考验、改革开放考验、市场经济考验、外部环境考验,随着时间的推移,"四种考验"被赋予新的历史特点,其所具有的长期性和复杂性给发扬斗争精神、保持斗争热情带来重大风险。

(一)长期执政考验

中国共产党为什么"能"?为什么能作为我国的执政党,能始终走在时代前列,能成为人民的主心骨?中国共产党在不断建设和发展中积累了很多成功的经验,关键一点在于党始终重视加强自身建设,能在错综复杂的执政环境中保持自身的先进性与纯洁性,坚持发扬党的斗争精神和优秀传统。

纵观世界各大执政党,不管是通过和平选举还是通过革命手段获得的政权,在长期执政的过程中都不可避免地要应对形形色色的考验,因经受不住考验而丧失执政地位的也不在少数,中国共产党的长期执政也会面临党内分裂危机、腐败现象滋生以及受党内异己力量影响等诸如此类的挑战,如何跳出"历史周期率"的支配,是中国共产党长期执政必须破解的难题。

新中国成立后，中国共产党顺利完成角色转换，成为掌握国家前途与命运的执政党，对内而言，党面临稳定新生政权、恢复生产发展、维护国家主权和安全等重大考验，对外而言，党面临克服资本主义国家施加的种种压力和威胁的挑战。但是新生的人民政权以只争朝夕、时不我待的紧迫感经受住了执政考验，创造了世所罕见的经济快速发展奇迹，形成了社会长期稳定的局面，并且留下了许多可吸收、可借鉴、可推广的实践经验。改革开放以来，中国共产党带领中国人民披荆斩棘、艰苦创业，经济社会取得了史无前例的跨越式发展，综合国力、国际地位得到大幅提升。中国在追求经济社会发展的过程中，始终秉持和平发展理念，坚持以科学的发展道路、合作共赢的方式实现中华民族伟大复兴的目标。进入新时代以后，中国共产党肩负的职责和使命任务具有复杂性、艰巨性，如何应对新时代的执政风险是中国共产党必须妥善处理的重大课题。要科学应对新时代党的执政风险，我们就要深刻透视和剖析当前党在领导建设中面临的主要执政风险，适时采取相应的措施以巩固党的执政地位。

通过对当前党执政现状的考察和分析，新时代中国共产党面临的执政风险有：党的基本路线动摇的风险、党员意识淡化的风险、为政不廉的风险、故步自封的风险、创新能力不足的风险等内源性风险，以及西方敌对势力的西化、分化等外源性风险，内外风险交织必然要求党在长期执政过程中主动进行自我革命，"我们党作为百年大党，要打破'其兴也勃焉，其亡也忽焉'的历史周期率，实现长期执政，就必须始终保持忧患意识和斗争精神"①。

（二）改革开放考验

2013 年 11 月，党的十八届三中全会的召开，开启了全面深化改革的新局面。从改革开放的广度、深度、外部环境、领导者、意识形态领域等方面来看，新时代所遇到的这些重大风险、重大矛盾、重大阻力是我们党在治国理政过程中需要不断解决的现实问题。从改革开放的广度来看，全面深化改革是一个系统的整体性工程，它不仅是局部或者针对某一领域的改革，它还涉及多个领域、涵盖多个方面，是从中央到地方、从市场到产业、

---

① 江嵩、王晓宁：《夯实敢于斗争善于斗争的思想根基》，《光明日报》2019 年 11 月 25 日。

从组织到个人、从国内到国外等，在全社会形成的全方位、多层次、宽领域的全面开放新格局，为我国发展面临的新矛盾和新问题寻找合理的解决方案。从改革开放的深度来看，改革开放不是对不符合社会发展的旧体制进行简单的修补或改良，而是要从根本上对束缚生产力发展、制约社会进步以及阻碍人民追求美好生活的体制机制弊端、利益固化藩篱和僵化陈旧的思想观念进行破解。习近平总书记说，中国的改革已经进入深水区，"好吃的肉都吃掉了，剩下的都是难啃的硬骨头"①。

新时代的改革开放具有深刻性，是要从"顶层设计"的高度，结合实际大胆探索创新。从改革开放的外部环境来看，新时代的改革开放处于世界的大发展、大变革、大调整时期，世界百年未有之大变局是改革开放的机遇亦是挑战，敢于同阻碍和约束中国发展的一切外部势力作斗争。从新时代改革开放的领导者来看，在变化莫测的国际形势、危机四伏的周边环境、艰巨繁重的改革发展稳定任务面前，党员领导干部要以顽强的斗争意志、过硬的斗争本领、越是艰险越向前的斗争精神，积极应对各类风险挑战，把改革发展稳定任务扎实向前推进。从改革开放的意识形态领域来看，推进改革的难度和风险加大，我们的改革开放是以马克思主义为指导，坚持中国特色社会主义道路不动摇的改革开放，而西方敌对势力的社会思潮加强对我国意识形态领域"去思想化""去价值化""去历史化""去中国化""去主流化"的颠覆和渗透，因此，在新时代依然要把准意识形态工作的方向性、根本性、全局性，确保改革开放局势稳定。针对改革开放不同领域面临的挑战，党的十八大以来，党中央对当前改革的整体形势作出科学分析，作出"改革要涉险滩""改革要啃硬骨头""改革进入攻坚期深水区"等论述，深刻表明当前改革的道路并不完全是一帆风顺的，改革的深化势必会伴随风险隐患交汇、矛盾问题叠加的严峻考验。因此，改革开放的顺利推进，首先要准确判断挑战和考验主要来自哪些方面。

从总体上看，当前改革开放主要面临方向性考验、复杂性考验、协调性考验和长期性考验。② 改革开放的方向性考验关乎的是道路问题，避免改革开放发生方向性错误，我们要"既不走封闭僵化的老路，也不走改旗易

---

① 《习近平谈治国理政》，外文出版社，2014，第 101 页。
② 陈金龙：《认识把握新时代党面临的改革开放考验》，《人民日报》2018 年 4 月 1 日。

帜的邪路"①，在方向、道路问题上，我们要发扬斗争精神、明确改革目标、抵制错误观点、坚持正确方向；在新旧矛盾交织、内外环境复杂的国内外背景下，凝聚社会共识、突破重点难题、应对国际环境都具有复杂性，对我国全面深化改革开放也提出了全新挑战；改革开放需要统筹各方资源、协同各个领域、兼顾两个大局，考验着党对改革开放的协调水平和治理能力；此外，改革开放只有进行时，没有完成时，制度完善的长期性、解决社会主要矛盾的长期性、对外开放的长期性，矛盾问题长期存在，改革就会永无止境，全面深化改革以来的伟大历程，证明了党必须在新时代继续发扬斗争精神，坚定改革开放的信心和决心，将改革进行到底。

（三）市场经济考验

社会主义市场经济全面推行以来，对调动亿万人民的生产积极性、增强党和国家的生机活力大有裨益，对我国的经济发展、社会变迁等各方面起到了极大的促进作用。但是由于市场经济具有二重性：一方面，市场经济作为社会经济运行的一种形式，是推动经济平稳运行、资源优化配置的重要手段，生产力发展和财富积累都离不开市场经济的推动力量；另一方面，市场并不是一个封闭的场所，开放的市场经济及其本身所固有的特点，成为我们党必然要面临的市场经济考验。

当前，我国市场经济的考验主要表现为对价值观的考验、正确处理改革发展稳定关系的考验以及面临激烈国际竞争的考验。一是对人们价值观产生双重效应的考验，以等价交换原则为基本原则、个体追求利益最大化为核心目标的市场经济，从局部来看，金钱至上、利益至上等观念致使部分社会成员道德失范；从整体来看，错误价值取向一定程度上破坏了市场经济秩序，严重阻碍了社会主义市场经济的发展。二是正确处理改革发展稳定关系的考验，在全面深化改革进程中，我们同样要正确处理好改革、发展、稳定之间的关系，通过改革促进高质量发展，依靠发展生产化解社会矛盾、消除不稳定因素，维护社会和谐稳定，对这三者之间的关系的正确处理成为社会主义市场经济健康发展的考验。三是面临激烈国际竞争的考验，中国的国际竞争力在全球化的激烈竞争中呈现上升的发展态势，在

---

① 《习近平谈治国理政》（第 3 卷），外文出版社，2020，第 14 页。

综合国际竞争力方面，具备世界第二经济大国的强大优势，也存在发展中国家的短板和缺陷，中国国际竞争力面临内部和外部的双重挑战，既有国内市场不成熟、基础设施不完善、相关机制不健全的制约，也有被少数发达国家政治上排挤和技术上打压的威胁，都是我国在发展社会主义市场经济过程中面临的长期考验。

（四）外部环境考验

党的十九届五中全会对世界局势作出了科学分析，明确指出"当今世界正经历百年未有之大变局，新一轮科技革命和产业变革深入发展，国际力量对比深刻调整，和平与发展仍然是时代主题，人类命运共同体理念深入人心，同时国际环境日趋复杂，不稳定性不确定性明显增加"①，这是对当今世界现实的科学判断。

今后一个时期，我们将面对更加复杂的外部环境，必须做好应对一系列新的风险挑战的准备。在错综复杂的国际乱象中，践行多边主义，坚持维护和平、促进发展，坚持公平正义、互利共赢，需要我们发扬斗争精神，既要看到外部环境的纷纭多变，也要把握和平与发展的时代主题，准确识别风险、科学应对挑战、善于转危为机、敢于主动求变。

三　"四种危险"的尖锐性带来严重危害的挑战

（一）精神懈怠的危险

成立之初的中国共产党，还是一个仅拥有50多名党员的稚嫩政党，在帝国主义、封建主义、官僚资本主义等强大的敌人面前，中国共产党丝毫不敢松懈，始终保持着蓬勃的朝气和昂扬的斗志。然而在革命形势逐渐明朗、社会局势逐步稳定以后，党内的个别人士出现了居功自傲的情绪，精神懈怠的苗头也逐渐显露，毛泽东敏锐察觉到了这类危险的严重性和危害性。1944年4月，毛泽东在延安高级干部会议上作了《学习和时局》的报告，要求大家深刻吸取李自成教训，引以为鉴，在伟大的成就面前依然谦虚谨慎，戒骄戒躁。1945年7月，毛泽东与黄炎培在延安以党内怎样克服

---

① 《十九大以来重要文献选编》（中），中央文献出版社，2021，第788页。

精神懈怠危险，如何破解"兴勃亡忽"的历史周期率为主题，进行了著名的"窑洞对"。对于中国共产党能否成功应对，毛泽东干脆且自信的回答："我们已经找到新路，我们能跳出这周期率。这条新路，就是民主。只有让人民来监督政府，政府才不敢松懈。只有人人起来负责，才不会人亡政息。"① 1949 年 3 月，在党的七届二中全会上，毛泽东在报告中强调全党要预防"在糖弹面前要打败仗"② 的危险，同时向全党提出了"两个务必"的重要思想，"务必使同志们继续地保持谦虚、谨慎、不骄、不躁的作风，务必使同志们继续地保持艰苦奋斗的作风"③，"两个务必"成为全党破解"政怠宦成""人亡政息"的锐利武器。新中国成立后，如何继续保持新民主主义革命时期共产党人艰苦奋斗的精神面貌，成为党中央高度重视的问题。1957 年 2 月，毛泽东对不承认社会主义条件下矛盾依然存在的观点进行了尖锐批判，他指出："许多人不承认社会主义社会还有矛盾，因而使得他们在社会矛盾面前缩手缩脚，处于被动地位。"④ 同年 3 月，毛泽东指出党内出现"争名誉，争地位，比较薪水，比较吃穿，比较享受"⑤ 的思想，对党内存在的革命意志衰退、革命热情不足的现象进行批驳，强调必须通过整风把党艰苦奋斗的优良传统继续发扬起来。由此，我们可以看出毛泽东对党内精神懈怠的危险的关注主要涉及两个方面，一方面，因胜利而骄傲、贪图享乐、故步自封；另一方面，社会主义时期的革命意志消沉、进取精神不够、抛弃艰苦奋斗的优良作风。

改革开放时期，邓小平力求通过改革同"文革"时期精神懈怠、思想混乱的局面决裂，党的十一届三中全会以后，邓小平在思想领域展开了全面整顿，首先强调要克服重重阻力解放思想，破除长期束缚共产党人的"左"倾僵化思想。1978 年 12 月，邓小平在中央工作会议闭幕会上作的报告中提到，部分领导干部的思想不够解放，"也可以说，还处在僵化或半僵化状态"⑥。从本质上看，思想僵化是在"左"倾思想枷锁羁绊下精神懈怠、

---

① 《毛泽东年谱（1893~1949）》（中），中央文献出版社，2013，第 611 页。
② 《建党以来重要文献选编（1921~1949）》（第 26 册），中央文献出版社，2011，第 212 页。
③ 《毛泽东年谱（1893~1949）》（下），中央文献出版社，2013，第 465~466 页。
④ 《毛泽东文集》（第 7 卷），人民出版社，1999，第 213 页。
⑤ 《毛泽东文集》（第 7 卷），人民出版社，1999，第 284 页。
⑥ 《改革开放三十年重要文献选编》（上），中央文献出版社，2008，第 2 页。

思想慵懒的现实表现。同时，邓小平从四个方面对思想僵化的危害进行深入分析，思想僵化会使"条条框框就多起来了""随风倒的现象就多起来了""不从实际出发的本本主义也就严重起来了""不打破思想僵化，不大大解放干部和群众的思想，四个现代化就没有希望"①。针对思想僵化的危害，邓小平进行了大刀阔斧的改革，在全国范围内展开了一场真理标准问题大讨论，在意识形态领域冲破市场"姓资姓社"的抽象思维定势，提出社会主义同样可以搞市场经济，此外，还提出了"三个有利于"②是非判断标准。正是由于解放思想的措施持续推进，才出现了敢闯敢试的改革开放新气象，才逐渐摆脱了思想的桎梏和精神的懈怠。

改革开放的推进伴随的是经济发展水平的提高，物质生活的改善难免会使部分人滋长不思进取、骄奢淫逸等腐朽思想，江泽民指出："物质贫乏不是社会主义，精神空虚也不是社会主义。"③由此可见，这一时期的精神懈怠的危险同样对社会主义发展构成威胁。因此，为实现社会主义现代化，江泽民倡导要在全社会坚定不移发扬不懈奋斗的精神。此外，明确了不懈奋斗的精神的具体表现为"解放思想、实事求是的精神，紧跟时代、勇于创新的精神，知难而进、一往无前的精神，艰苦奋斗、务求实效的精神，淡泊名利、无私奉献的精神"④。但是精神懈怠的危险是胡锦涛同志在庆祝中国共产党成立90周年大会上的讲话中正式提出的，他指出，精神懈怠是全党面临的首要危险，处于四大危险之首。党的十八大报告再次强调新形势下全党面临精神懈怠的危险的尖锐性，要认识到克服精神懈怠的危险的紧迫性。

党的十八大以来，习近平总书记同样高度重视精神懈怠给全党带来的隐患，并对精神懈怠的危险的严峻性、现实表现、克服路径等方面作了重要论述。首先，从思想上高度重视当前党面临精神懈怠的危险的严峻性和尖锐性。习近平总书记指出："没有危机感和紧迫感，看不到问题和症结所在，那危险就不远了。"⑤其次，"四风"问题突出是精神懈怠的危险的现实

---

① 《改革开放三十年重要文献选编》（上），中央文献出版社，2008，第3页。
② 《改革开放三十年重要文献选编》（下），中央文献出版社，2008，第981页。
③ 《十七大以来重要文献选编》（下），中央文献出版社，2013，第561页。
④ 《江泽民文选》（第3卷），人民出版社，2006，第244～245页。
⑤ 《习近平关于党风廉政建设和反腐败斗争论述摘编》，中国方正出版社，2015，第8页。

表现。精神懈怠"说到底是信仰迷茫、精神迷失"①，在一定程度上淡化党的斗争精神、弱化党的斗争意志。因此，强化斗争精神、坚定斗争意志首先要克服精神懈怠的危险，通过思想理论建设夯实党的理想信念根基，以务实之举清除思想尘埃，彻底改变党内"慵懒散"的不良风气，提振全党敢于斗争、勇于斗争的精气神，把斗争精神继续发扬光大。

（二）能力不足的危险

能力不足的危险是中国共产党执政过程中面临的内生风险，党的历届中央领导集体在加强能力建设方面进行了长期的探索和实践。

毛泽东基于党的历史方位和发展阶段的变化，告诫全党尤其要重视作风建设和思想建设，以此来提高党领导干部队伍的工作能力、学习能力，增强宗旨意识和服务意识。以邓小平同志为核心的中央领导集体，汲取历史的经验和教训后转变发展思路，党的十一届三中全会的召开，首先在思想上展开拨乱反正，端正党的思想路线；其次，加强党组织队伍建设，强调任人唯贤，打造德才兼备的党员干部队伍；再次，继续端正党风党纪，不断改善党的领导，加强作风建设；最后，强调制度建设的极端重要性，坚持民主法制、实行党政分开，优化执政理念、转变执政方式。20世纪90年代，世情、国情、党情在改革开放的推进中发生了新的变化，江泽民站在新的历史方位提出"三个代表"重要思想，阐明了党的执政要代表最广大人民的根本利益，对提高党的执政能力提出了根本要求。以胡锦涛同志为总书记的党中央把提高党的执政能力建设作为一项重要战略任务，并将其贯穿于推进社会主义现代化建设的全过程。进入新时代，中国改革也随之进入了攻坚期和深水区，我们所遇到的困难、阻力和障碍前所未有，这意味着我们所肩负的发展责任也是前所未有的，面对新情况、新问题，本领恐慌、能力不足等问题在一些党员领导干部的身上逐渐显现出来。

总体来看，党员领导干部所具备的本领、能力，既有与党和国家事业发展要求相适应的一面，也有不相适应的一面，但是相适应的一面在变化发展着的形势面前呈下降趋势，不相适应的一面呈上升趋势。大致来说，新时代的能力不足的危险，主要是在思想上、视野上、能力上、知识上、

---

① 《习近平关于党风廉政建设和反腐败斗争论述摘编》，中国方正出版社，2015，第137页。

经验上、作风上有不同程度的缺陷。一是思想上的桎梏和视野上的局限使有些党员领导干部缺乏开拓进取精神。解放思想是指导我们不断开创事业新局面的行动指南，也正是有了解放思想的精神，党带领人民在改革开放的艰辛开拓中取得了斐然的历史成绩。进入新时代以来，那些观念转变不彻底、思想解放不深刻的党员领导干部不敢冲破僵局领风气之先、不敢劈波斩浪越雷池半步，出现了文件没说的话不敢说、没有惯例可循的事不敢做，凡事等上面、看外边的现象。针对这一现象，习近平总书记明确指出："一些思想观念障碍往往不是来自体制外而是来自体制内。思想不解放，我们就很难看清各种利益固化的症结所在，很难找准突破的方向和着力点，很难拿出创造性的改革举措。"① 所以，习近平总书记引用了《瘳言二·迁都建藩议》的名句："不谋万世者，不足谋一时；不谋全局者，不足谋一域。"② 以此告诫全党同志必须观大势、识大体、顾大局。二是知识上的劣势和能力上的短板使部分党员领导干部缺乏全面的知识体系和综合的管理能力。有些党员领导干部对专业知识掌握不牢靠，对马克思主义理论知识点系统性学习不够重视，法治理论欠缺，运用法治思维、法治方式推动发展、化解矛盾的能力还不够，以言代法、以权压法的问题也屡见不鲜，党员领导干部作为推动人民事业发展的骨干，习近平总书记强调："各级领导干部要加快知识更新、加强实践锻炼，使专业素养和工作能力跟上时代节拍，避免少知而迷、无知而乱，努力成为做好工作的行家里手。"③ 三是经验上的不足和作风上的弊端使部分年轻党员干部在实际工作中执行力不强、落实力不够。年轻干部是充满活力、富有朝气、极具创造力的青年群体，是推动党和国家事业接续发展的中坚力量，但是大多数人存在不缺学历缺阅历、不缺活力缺经历的情况，他们工作经历单一，基层一线工作经验欠缺，缺乏复杂环境的历练，缺少急难险重任务的磨砺，阅历、经历的缺位使他们在应对突发事件时容易不知所措，甚至成为只会纸上谈兵的"稻草人"。对此，习近平总书记指出："'空谈误国，实干兴邦'，说的就是反对学习和工作中的'空对空'。"④ 要求年轻干部做到学以致用、知行合一、苦

---

① 《习近平谈治国理政》，外文出版社，2014，第 87 页。
② 《十六大以来重要文献选编》（下），中央文献出版社，2008，第 480 页。
③ 《十八大以来重要文献选编》（下），中央文献出版社，2018，第 357 页。
④ 《习近平谈治国理政》，外文出版社，2014，第 406 页。

干实干，并且要深刻吸取两晋学士"虚谈废务"、战国赵括"纸上谈兵"的惨痛教训，避免夸夸其谈，切勿"客里空"。

党员能力不足的种种表现皆是斗争精神欠缺的突出体现，影响了党的斗争精神在新时代的发扬和传承。为了展现我们党顽强的斗争精神，实现斗争精神光芒的永续传承，必须化解能力不足的危险，走在时代前沿，在思想、视野、能力、知识、经验、作风等领域有全方位的提升。

（三）脱离群众的危险

"政之所兴在顺民心，政之所废在逆民心"，事实一再证明，人民才是我们党执政成绩好坏的最高评判者，脱离群众是我们党执政过程中面临的最大风险，如果脱离了人民甚至违逆了民心，就会动摇党的执政根基，使我们党在斗争中丧失战斗力。"密切联系群众"是中国共产党在实践中用经验和教训总结的真理性认识，基于这一真理性认识，1994年9月，毛泽东在张思德同志追悼会上言简意赅地道明了中国共产党的性质和宗旨，他指出，"我们这个队伍完全是为着解放人民的，是彻底地为人民的利益工作的"[1]；1995年4月，在党的七大政治报告中，毛泽东又一次强调，"我们共产党人区别于其他任何政党的又一个显著的标志，就是和最广大的人民群众取得最密切的联系"[2]，深刻阐明了党与人民群众的密切关系；邓小平坚定地认为："只要我们密切联系群众，深入地做工作，把道理向群众讲清楚，就能得到群众的同情和谅解，再大的困难也是能够克服的。"[3] 习近平总书记多次强调人民的重要性。他指出："我们党来自人民、植根人民、服务人民，一旦脱离群众，就会失去生命力。"[4] 中国共产党的历届领导人都十分重视党同人民群众的血肉联系，只有在人民中扎根，才能在人民中开花、结果。

新时代，脱离群众的危险在新旧风险交织的影响下依然尖锐而复杂，随着全体人民民主和法治意识的进步，脱离群众的危险已成为中国共产党执政后"四种危险"中的最大危险，主要表现为在思想上违背群众，在逐

---

[1] 《毛泽东年谱（1893~1949）》（中卷），中央文献出版社，2013，第544页。

[2] 《十七大以来重要文献选编》（下），中央文献出版社，2013，第102页。

[3] 《改革开放三十年重要文献选编》（上），中央文献出版社，2008，第93页。

[4] 《习近平谈治国理政》（第3卷），外文出版社，2020，第135页。

渐改善的政治环境和执政条件下，少数掌握着执政资源的党员领导干部居高临下，不愿同群众同坐一条板凳，在各种外部诱惑下，对如何保持好党同人民群众血肉联系这一永恒课题的重要意义失去了认同感。价值观出现严重偏差的部分党员领导干部，在群众问题上，降低自身党性修养，失去宗旨意识、公仆意识、服务意识，不能以平常心、平等心对待群众；此外，在工作中逐渐远离群众，群众心声、群众意见、群众诉求得不到领导决策者的倾听和支持，群众的疾苦、群众的忧愁得不到积极的回应，越发紧张的干群关系、屡见不鲜的腐败案件和恶性事件、层出不穷的"形象工程"和"面子工程"，都在一步步损害政府的公信力，危害社会的公平正义。虽然脱离群众的问题只存在于极少数的党员领导干部身上，但"千里之堤，溃于蚁穴"，脱离群众的危险给营造和谐健康的党群、干群关系造成了极大困扰，使斗争精神失去了发扬的根基和载体，我们必须对此高度重视。因此，党员领导干部要做到始终与最大多数劳动人民站在一起，为党的斗争精神的传承奠定扎实的群众基础。

（四）消极腐败的危险

权力的腐败突出表现为形式主义、官僚主义、享乐主义、奢靡之风这"四风"问题。为此，确保党的清正廉洁，坚决肃清腐败流毒，是我们党长期执政面临的终极考验。我们党历来重视反腐败斗争，党的历届中央领导集体都把反腐倡廉作为一项重要工作来抓，党的十八大以来，党中央以无禁区、全覆盖、零容忍的反腐决心，把廉政建设作为党和国家的大局工作来推进，并取得了巨大成就。党的十九大报告明确指出，"人民群众最痛恨腐败现象，腐败是我们党面临的最大威胁"[1]，这两个"最"字深刻地指出了新形势下反腐败斗争的尖锐性。

我们必须清醒地认识到，党员领导干部本身并不具备对腐败的天然免疫力，思想防线会在糖衣炮弹的侵袭下逐渐崩溃，如果这个危险化解不了，任由消极现象滋生，首先会对党员干部的精神世界、对全党的精神风貌产生极为不利的影响，这不仅危害了党群关系、破坏了党风社风，而且削弱了执政能力和政治权威，终将会成为妨碍党的斗争精神薪火相传的直接因

---

[1] 《习近平谈治国理政》（第 3 卷），外文出版社，2020，第 52 页。

素。有效消除一切不利于斗争精神发扬的消极腐败因素，最根本的要切实抓好思想教育这个基础，因为行为上的腐败是思想腐化的必然结果，因此必须形成防腐的强大精神力量，提高拒腐防变的能力，为斗争精神的发扬营造风清气正的党内环境。

本章小结

本章主要探寻发扬党的斗争精神与实现中华民族伟大复兴的内在逻辑关系，解答实现中华民族伟大复兴"为什么要发扬斗争精神"的问题，表现为以下三点。

一是历史必然性，党的斗争精神引领伟大复兴的必然历史走向，即它实现了民族复兴使命的传递、支撑着民族复兴使命的价值底蕴、规定着实现复兴梦想的实践路向。

二是时代必要性，通过必要性的分析，总结发扬斗争精神是回应时代新要求、把握时代大趋势、顺应人民新期待的必然选择。

三是现实挑战性，深刻认识现实的困难和挑战，克服实现民族复兴道路上的阻力，使斗争精神成为应对和平环境中存在的消极影响的有力思想武器，成为克服"四种考验"和"四种危险"等现实挑战的重要法宝。

第五章　新时代发扬斗争精神实现
民族复兴的路径选择

中国特色社会主义已进入新的发展阶段，更需要进行具有许多新的历史特点的"伟大斗争"，这启发我们追问：进行什么斗争，为何进行斗争，以什么样的精神状态进行斗争？马克思说过："主要的困难不是答案，而是问题。"① "问题就是时代的口号，是它表现自己精神状态的最实际的呼声。"② 新时代，"进行具有许多新的历史特点的伟大斗争"是为解决中国"发展起来以后的问题"而提出的，作为夺取中国特色社会主义伟大胜利、实现中华民族伟大复兴的精神支撑，本章围绕"伟大斗争"实践，回答了新时代"如何发扬斗争精神"的问题，拓展发扬斗争精神的新路径，坚定斗争意志、把准斗争方向、讲求斗争方法、增强斗争本领，保持永不言弃、勇往直前的精神状态，"积土而为山，积水而为海"，撸起袖子奋斗美好生活。

第一节　新时代发扬斗争精神必须坚定斗争意志

"坚定理想信念，坚守共产党人精神追求，始终是共产党人安身立命的根本。"③ "坚定"和"坚守"的前提是培养和保持坚韧的斗争意志。意志是人们决心达到某种目的，支配和调节自己行为的一种心理状态，是影响一个人认识活动的方向性、持久性与耐受性的重要因素。没有斗争意志或斗争意志不坚定，人们就会放松警惕、动摇信心、弱化斗志，在真正的危

---

① 《马克思恩格斯全集》（第1卷），人民出版社，1995，第203页。
② 《马克思恩格斯全集》（第40卷），人民出版社，1982，第289~290页。
③ 《习近平关于全面从严治党论述摘编》，中央文献出版社，2016，第57页。

险和挑战到来时输了气势、没了主意、慌了手脚。新时代发扬斗争精神，必须拥有坚定顽强的意志品质，才能在困难、风险、挑战面前坚定必胜信心、保持顽强斗志，砥砺奋进接续赢得新的斗争胜利。

一 充分认识伟大斗争的必然性长期性复杂性艰巨性

"马克思主义产生和发展、社会主义国家诞生和发展的历程充满着斗争的艰辛。"[①] 可见，新时代聚焦于实现民族复兴的中国共产党的伟大斗争也充满着艰辛，具有必然性、长期性、复杂性、艰巨性的特点。充分认识这些特点，能使我们深刻体会到新时代发扬斗争精神的必要性和重要性，进而培养和保持坚韧的斗争意志。

（一）充分认识伟大斗争的必然性

马克思主义认为矛盾无时不在、无时不有。列宁强调了矛盾存在的绝对性，"在社会主义下，对抗将会消失，矛盾仍将存在"[②]；毛泽东指出，"矛盾的斗争贯串于过程的始终，并使一过程向着他过程转化，矛盾的斗争无所不在，所以说矛盾的斗争性是无条件的、绝对的"[③]。矛盾的绝对性决定了斗争存在的必然性。和平发展时代，在中国特色社会主义的伟大社会革命中，重大挑战、重大风险依然存在，而且浪更急、坡更陡。"社会是在矛盾运动中前进的，有矛盾就会有斗争"[④]，一方面，斗争性作为矛盾运动的基本形式，也是解决实际困难、促进社会发展的根本动力；另一方面，不同时代有不同的矛盾，旧的矛盾解决了，新的矛盾会不断出现，回避矛盾、逃避挑战就会陷入被动挨打的局面，我们必须咬定挑战不放松，依靠不断地斗争解决矛盾。

（二）充分认识伟大斗争的长期性

党的成长发展史就是一部长期坚持不懈、艰苦斗争的历史，与其复杂的斗争环境、艰巨的斗争目标紧密相关。中国共产党自成立以来，带领中

---

① 《习近平谈治国理政》（第 4 卷），外文出版社，2022，第 547 页。
② 《列宁全集》（第 60 卷），人民出版社，1990，第 282 页。
③ 《建党以来重要文献选编（1921~1949）》（第 14 册），中央文献出版社，2011，第 462 页。
④ 《习近平谈治国理政》（第 3 卷），外文出版社，2020，第 12 页。

国人民，冲破艰难险阻，战胜无数困难，取得了举世瞩目的成绩，比任何时候都更接近伟大复兴这个目标。但距离目标真正实现还有很长的一段路要走，在这关键时刻绝不可麻痹大意，防止出现干劲斗志不够、意志力薄弱、动力不足等消极现象。正如习近平总书记所强调的，"我们面临的各种斗争不是短期的而是长期的，至少要伴随我们实现第二个百年奋斗目标全过程"①，踏上全面建设社会主义现代化强国的新征程，我们必须接力奋斗，做好长期斗争的准备。

（三）充分认识伟大斗争的复杂性

新时代中国特色社会主义事业的发展机遇和挑战、风险并存，国内外发展环境已经发生深刻复杂的变化。一方面，国际环境充满了不稳定性和不确定性，霸权主义和强权政治长期存在、单边主义和贸易保护主义不断抬头，冲击和挑战着国际贸易体系规则；人类命运共同体的构建迫在眉睫；各国各地区之间的政治、经济、科技联系空前紧密，思想文化交流、交融、交锋日益频繁。另一方面，国内正处于改革的深水区和攻坚期，社会环境、生态环境、网络环境日趋复杂，党面临的执政环境错综复杂。面对如此复杂的斗争环境，需要抽丝剥茧，冷静应对，克服麻痹思想、厌战情绪、松劲心态，果断出招。

（四）充分认识伟大斗争的艰巨性

距离实现民族复兴的目标越近，面对的风险和挑战也就越大。许多潜在的因素已经或者可能显露出来，成为前进道路上的重大阻力。基于此，我们必须以强烈的责任意识，打好"主动仗"，对潜在或已经出现的风险做到心中有数、分类施策，做好风险防控；以超强的斗争耐力和毅力，在民族复兴伟大征程中将斗争进行到底。

二　增强忧患意识，坚定斗争意志

忧患意识具有高度的前瞻性和自觉性，是中华民族重要的精神品质，是应对风险挑战的大智慧，更是一种责任担当。中国共产党在面对严峻的

---

① 《习近平谈治国理政》（第3卷），外文出版社，2020，第226页。

斗争时，之所以能迎难而上、积极应对，其中一个重要原因就在于党在每个时期都始终抱有强烈的忧患意识，注重分析斗争的形势、把握斗争的特点、明晰斗争的目标，做到未雨绸缪。踏上新时代的新征程，我们必须对斗争形势保持清醒和谨慎、下好"先手棋"、坚定斗争意志，打好防范和抵御各种风险挑战的有准备之战，夺取新的胜利。

（一）面临险局危局难局时保持斗争清醒

如何预防和应对各种危机、变局，最能体现一个民族的精神面貌、战略定力，这需要我们培养对各种险局、危局、难局的预见意识，增强谨慎之心。增强清醒的预见性是做好事前防范的必要前提，"以史为鉴，可以知兴替"，作为党员应该以史明理，对历史知识的学习、历史经验的总结、历史规律的揭示，帮助我们把握历史趋势，增强预见性，更好地走向未来。中华民族5000多年文明史，提示我们要牢记"其兴也勃焉，其亡也忽焉""居安而念危，则终不危"；中国共产党的百年奋斗史，昭示我们环境越复杂、斗争越激烈、目标越伟大，就越要时刻保持高度警觉、增强危机意识；党执政70多年的治国理政史，明示我们"备豫不虞，为国常道"，要秉持"两个务必"的作风，走好新时代的"赶考路"。只有保持居安思危的斗争清醒，正确充分预见危机变局，知道风险在哪儿、以何种形式表现、未来发展趋势如何，才能遇事不慌，夺取战略主动权。

（二）应对未知风险挑战时保持斗争勇气

增强防范风险挑战的意识，必须提高必胜的信心和勇气。未雨绸缪，才能在风险挑战来临时定气凝神、有效应对、扭转局面。未雨绸缪就是要坚持底线思维，凡事设定最坏的结果、努力争取最好的成果，在争取最大期望值的同时增强斗争必胜的勇气。中国共产党带领人民夺取抗疫斗争的阶段性胜利后，仍保持外防输入的戒备状态、坚守内防反弹的工作底线，谨记传播渠道犹存、燃点风险仍在，丝毫未放松警戒，坚守岗位做好疫情防范，最终夺取抗疫斗争的全面彻底胜利。可见，做好事前防范，进行顶层设计和战略谋划，尽最大努力化解或减少各种风险挑战的负面影响，才能提升战胜各种风险挑战的概率和底气。

（三）面对"顽疾痼疾"时保持斗争毅力

这需要我们保持面对风险挑战的斗争毅力，增强意志力、坚忍力、自制力。中国共产党在风雨如磐的革命道路上、在艰辛探索的社会主义建设道路上、在荆棘密布的改革开放道路上进行伟大斗争夺取伟大胜利，道路险阻而又漫长，与长期留存的"顽疾痼疾"作斗争，比的是耐力和毅力，靠的是崇高的理想、坚定的信念激励和指引着党一路向前。对马克思主义、共产主义的信仰，对中国特色社会主义的信念是我们在长期、复杂、艰巨的伟大斗争中保持顽强斗争毅力、实现中华民族伟大复兴的核心支撑力。但战胜风险挑战的过程不是一帆风顺的，更不是一蹴而就的。在市场经济大潮和经济全球化趋势下，难免会出现质疑马克思主义的真理性，悲观对待社会主义和共产主义的前途命运等不正常现象；在复杂的社会环境中两面派、个人主义、形式主义、享乐主义等不良现象在一定范围内蔓延。这些现象会严重消磨斗争毅力，成为阻碍不断夺取伟大斗争新胜利的最大障碍，对此必须坚定共产党人的政治信仰，牢记初心使命、夯实思想根基，才能在面对各种风险挑战时，不泄气、不松劲、不停步，勇往直前与一个又一个风险挑战作斗争，彻底根除"顽疾痼疾"，把百折不挠的奋斗精神落到实处。

第二节　新时代发扬斗争精神必须把准斗争方向

方向决定成败，朝着正确的方向前进，拼搏奋斗才更有价值，才能驾驭全局、把握主动、取得成功。实现"两个一百年"奋斗目标是新时代中国共产党人的历史担当，能否在复杂、艰巨、长期的斗争中廓清方向、掌握主动，是完成这个伟大目标的首要任务，只有牢牢把握斗争方向不动摇，才能以钢铁般的精神斗志与担当精神战胜矛盾难题、风险挑战，使党的伟大工程、伟大事业、伟大梦想汇聚成更加强大的力量、取得更加辉煌的成绩。

一　"坚持党的全面领导不动摇"的斗争方向

中国共产党是具有强烈责任担当和使命意识的政治组织，历史已经证明且将继续证明，党的领导是实现人民根本利益和民族复兴的根本政治保证。中国的巨轮正扬帆起航驶向民族复兴的方向，要保证这一"巨轮"在新时代潮平岸阔或急流险滩的航程中能行稳致远，需要有核心组织带领大家沿着既定的航线坚定前行，应对挑战、走出困境。

（一）坚决维护党在国家社会中的领导地位

新时代，面临的诸多风险挑战要求我们必须坚决捍卫党的领导地位，牢记"中国特色社会主义最本质的特征是中国共产党领导，中国特色社会主义制度的最大优势是中国共产党领导"[①]。

一是对党的信赖要坚定不移，坚决维护党中央权威和集中统一领导，做维护党的领导的模范。回望历史，中国共产党带领中国人民克服重重困难、历经百年沧桑，使中国从"落后"到"追赶"再到"引领"，使人民从"贫穷"到"温饱"再到"小康"，使社会主义理想在中国得到成功实践，开辟出通向国家富强、民族复兴、人民幸福的正确道路，铸就了辉煌伟业、实现了伟大壮举，这些伟大实践证明了只有中国共产党才能扛起民族复兴使命的大旗、才能肩负起满足人民美好生活需要的使命。无论是在千难万险的战争年代还是在改革发展的创业时代，革命加拼命的斗争精神已经融入中国共产党人的血脉，为立党、兴党、强党提供丰富滋养，使中国人民不断增强对党的信心，永远把中国共产党作为引领我们不懈奋斗的动力源泉、智慧源泉、力量源泉，坚定不移信任党、矢志不移跟党走，才能永葆斗争精神的光芒。

二是对党的忠诚要坚定不移，为党经受考验、克服危险贡献自己的力量，做拥护党领导的卫士。"天下至德，莫大于忠"，"为共产主义奋斗终身，随时准备为党和人民牺牲一切，永不叛党"的入党誓词，代表了中国共产党人必须具备的政治品格。革命战争年代，党的斗争方向是"用革命的方法，坚决彻底干净全部地消灭一切反动势力"[②]。中国共产党人以"彻底革命"的精神创造了夺取民主革命胜利的壮举，取得了人民的胜利，这种革命到底的斗争精神特质感召着无数共产党员前赴后继，抛头颅、洒热

---

① 《习近平谈治国理政》（第3卷），外文出版社，2020，第94页。
② 《毛泽东年谱（1893~1949）》（下），中央文献出版社，2013，第428页。

血，谱写了一篇篇感天动地的忠诚华章。当下，广大党员更要在自己平凡的工作岗位上传承斗争到底的历史经验，勤奋工作、锐意进取、勇担责任，干净做事、清白做人、真诚为民，为净化党内良好政治生态与一切歪曲党的历史、否定党的领导、违背党的基本路线的言行作斗争，在实际工作中对照先进审视自己，取长补短，提高本领。

（二）始终维护习近平总书记核心权威地位

党的十八大以来，习近平总书记站在战略和全局高度，坚持鲜明问题导向，正确认识把握党和人民事业所处的历史方位和发展阶段，深刻分析我国社会主要矛盾的历史性变化，为适应新时代社会发展的需要，不断推进马克思主义中国化时代化，创造性地提出了一系列治国新思想、新战略，开启了全面建设社会主义现代化国家新征程。他以强烈的历史担当、坚定的斗争意志、非凡的斗争智慧，号召和凝聚人民群众的力量以应变局、克风险、抗疫情、战洪水，取得新时代的重大成就。习近平总书记的核心权威地位是具体的而不是抽象的，代表了新时代国家发展、人民需要的奋斗方向，是在带领全党全军全国各族人民持续奋斗中、与人民群众同进退共荣辱中选择的"正道"，是民心所向、大势所趋，我们必须尊崇和坚决维护习近平总书记党中央的核心、全党的核心地位。一方面，既要学习领会习近平新时代中国特色社会主义思想，以新思想武装全党，还要研读他的权威著作，学习他的人格魅力和高雅素质，将其化为内在认同。另一方面，要认真贯彻落实习近平总书记系列重要讲话精神，积极响应和践行党中央的号召，为早日实现民族复兴不断努力、砥砺前行。

二　"坚定以人民为中心政治立场"的斗争方向

"民惟邦本，本固邦宁"，人民是党执政最深厚的根基，只有站稳人民立场，维护人民群众利益、满足人民群众需求，才能动员全体人民参与到伟大斗争中来，为斗争建立广泛且牢固的群众基础，向着民族复兴的目标奋勇前进。

（一）斗争是为了维护最广大人民的根本利益

社会发展带来利益主体的多元并存和利益关系的调整，与人民利益相关的热点、难点问题也不断增多，甚至出现严重损害人民利益的作风问题，"更好维护最广大人民根本利益"是体现社会主义优越性的关键。习近平总书记强调："江山就是人民，人民就是江山。中国共产党领导人民打江山、守江山，守的是人民的心。治国有常，利民为本。为民造福是立党为公、执政为民的本质要求。必须坚持在发展中保障和改善民生，鼓励共同奋斗创造美好生活，不断实现人民对美好生活的向往。"① 中国共产党矢志不渝地坚持为人民谋利益的初心使命，坚信只有把为人民利益而奋斗的精神落在实处，才能守住"人民的心"，人民才能心甘情愿跟党走。社会历史是人民群众创造的历史、人民是社会实践的主体、"群众观点"是马克思主义政党的根本观点。马克思指出："在这里，国家制度不仅自在地，不仅就其本质来说，而且就其存在、就其现实性来说，也在不断地被引回到自己的现实的基础、现实的人、现实的人民，并被设定为人民自己的作品。"② 完善的国家制度是人民各方面的利益诉求得以实现的重要保障，中国共产党在提升党的执政能力和领导水平的过程中，保障人民群众的利益得到进一步维护和彰显。党的十九届四中全会提出要坚持和完善中国特色社会主义制度，包括"党的领导制度体系""人民当家作主制度体系""共建共治共享的社会治理制度""生态文明制度体系"等。党的十九届五中全会提出"坚持把实现好、维护好、发展好最广大人民根本利益作为发展的出发点和落脚点"。只有把人民群众的利益摆在至高无上的地位，认真对待"群众反映强烈的问题"，坚决纠正"损害群众利益的行为"，勇于同危害国家和人民利益的行为作斗争，才能更有效地凝聚人民群众的智慧和力量，更显著地发挥人民群众的积极性和主动性。尊重人民群众的首创精神，鼓励群众主动反映自己的诉求，维护群众的合法权益。

（二）斗争是为了更好满足人民需求

需求是一种动力，满足人民群众多层次、多样化的需求，是新发展阶段调动人民干劲、汇聚人民力量、激发人民内生动力的重要途径和有力抓

---

① 习近平：《高举中国特色社会主义伟大旗帜　为全面建设社会主义现代化国家而团结奋斗——在中国共产党第二十次全国代表大会上的报告》，人民出版社，2022，第46页。

② 《马克思恩格斯全集》（第3卷），人民出版社，2002，第39~40页。

手。中国共产党人在百年奋斗中，始终把"人民"这一价值主体的需求写在党的旗帜上。新民主主义革命时期，推翻"三座大山"的压迫，是为了满足人民"站起来"的需求；改革开放时期，"以经济建设为中心，大力发展生产力"是为了解决人民"富起来"的需求；如今，人民对美好生活的需求体现为民主、法治、公平、正义、安全、环境等各方面的要求。党中央为顺应广大人民对美好生活向往迈出了坚实步伐，2020 年咬定目标打赢脱贫攻坚战，2021 年实施乡村建设行动、全面推进乡村振兴落地见效，2022 年优化调整疫情防控措施、强化基本民生保障，及时回应人民关切、满足人民愿望，发扬"踏平坎坷成大道，斗罢艰险又出发"的斗争精神，带领人民向着"创造更加幸福美好生活"的方向努力奋斗。

三　"实现'两个一百年'奋斗目标"的斗争方向

目标指引方向。实现"两个一百年"的奋斗目标，是指引全党全民族共同奋斗的正确方向和有效路径。中国共产党带领人民实现全面建成小康社会的奋斗目标之后，又开启了全面建设社会主义现代化强国的新征程，面对日趋复杂的斗争形势，必须瞄准 2035 年决胜第二个百年的奋斗目标，发扬斗争精神，汇聚斗争力量，从胜利走向下一个胜利。

（一）积极主动作为，锚定斗争目标

有了正确的目标，就有了斗争的方向。向着目标，笃定前行，方能实现预期目标。"推翻三座大山、建立新中国为新民主主义革命指明了方向；改造所有制、改变贫穷落后的状态为社会主义革命指明了方向；发展生产力、提升人民生活水平为改革开放指明了方向。"① 中国共产党正是有着坚定的目标追求，才能在不同的历史时期带领中国人民攻坚克难、久久为功，创造了非凡的业绩，开启了新的征程。一要谨记，目标一经确立，必须镌刻于心。从"六五"计划到"十三五"规划，实现小康始终是我们的奋斗目标，在全党全国各族人民的共同努力下，决胜全面建成小康社会取得了决定性成就。2021 年 3 月，十三届全国人大四次会议表决通过了《中华人

---

① 刘富胜、柏沁雪：《"两个一百年"奋斗目标的三维逻辑研究》，《重庆工商大学学报》（社会科学版）2021 年第 4 期。

民共和国国民经济和社会发展第十四个五年规划和 2035 年远景目标纲要》，标志着开启了全面建设社会主义现代化国家新征程。踏上第十四个五年规划和 2035 年远景目标新征程，预示着 2035 年基本实现社会主义现代化和到 21 世纪中叶把我国建成富强民主文明和谐美丽的社会主义现代化强国是我们新的拼搏目标，新目标是我们"朝哪里奋斗"的方向，必须笃定前行。二要牢记，目标不是用来看和想的，勤奋耕耘、苦干实干，方能有所作为。没有目标的行动是盲目的，只想目标却没有持之以恒的行动，只能是空想。目标与行动相辅相成，为实现新目标，必须把贯彻落实党中央的决策部署作为根本遵循，自觉在大局下谋划、在大小事上积极作为，展现新担当。

（二）勇于自我革命，凝聚斗争力量

为实现第二个百年奋斗目标，党和国家面临的不稳定、不确定性因素更加突出，许多前所未有的新问题、新挑战、新风险等待去解决、去应对、去抵御，还有新的目标要去实现。中国共产党作为世界第一大党，我们要认识到：打倒我们的从来不是任何外部因素，而是我们自己。习近平总书记指出："我们党作为世界第一大党，没有什么外力能够打倒我们，能够打倒我们的只有我们自己。"[1] 正是基于这样的认识，中国共产党始终秉持坚持真理、修正错误的精神，敢于刀刃向内、刮骨疗毒，实现了在斗争中争取团结、谋求合作，一次次带领中国人民走向胜利。新时代，全党深入推进自我革命的斗争方向不能变，保证肌体健康，提升党的组织力必须上下同心、步调一致，用看齐意识锻造铁一般的党员队伍，凝心聚力把党建设成为经得起各种风浪考验、走在时代前列的政党。一方面，批评和自我批评的作风是保持党肌体健康的锐利武器，我们要用好这一优良传统，积极开展党内思想斗争，直面错误、改正错误；另一方面，纪律严明是党的独特优势，加强纪律建设是全民从严治党的重中之重，要把纪律挺在管党治党最前沿，促进党内政治生态环境的净化，增强党的凝聚力、战斗力和社会号召力。

---

① 《习近平谈治国理政》（第 3 卷），外文出版社，2020，第 531 页。

（三）坚持磨砺锻炼，积聚斗争势能

第一个百年奋斗目标已经达成，向第二个百年奋斗目标进军的号角已经吹响，在漫长的百年历史中把准前行航向，必须依靠持久力维系斗争的延续性。长期面对各种困难挑战和矛盾冲突，没有强劲的持久力，战斗力再强、意志力再强，也经不起时间和历史的考验，一遇到困难就会半途而废。在百年奋斗历程中，党带领人民经过28年艰苦斗争建立了新中国、历经万里长征实现了战略大转移、坚持14年持久抗战战胜了日本帝国主义，正是这股永不言败的斗争韧劲、强劲的斗争持久力，激励党战胜一个个困难、经受一次次历史考验、取得一个个胜利。中华优秀传统文化和时代精神具有更深沉、更持久的力量，进入新阶段，为了实现第二个百年奋斗目标，在更艰巨长远的斗争新征程上，需要发扬党的斗争精神积聚磅礴能量，敢于攻坚克难、敢于直面风险挑战，努力化危为机。党的斗争精神绝不是不正义的斗争或消极的活动，相反是为了正义敢闯敢拼、积极进取，不畏艰难、勇于开拓、勇于担当的优良风貌和精神状态。我们要重视显著成就的说服力。实现百年奋斗目标的事实和取得的成就是党获得人民选择、人民跟随最有说服力的语言，只要把实事办好，关心、关注、解决群众"急难愁盼"问题，让人民得到更多实惠，就能凝聚起中国特色社会主义事业发展的强大力量。

四　"促进人的全面发展和社会全面进步"的斗争方向

列宁指出："一个国家的力量在于群众的觉悟。只有当群众知道一切，能判断一切，并自觉地从事一切的时候，国家才有力量。"[1] 要取得斗争的胜利，就必须要有强大的斗争力量，人民群众自觉参与伟大斗争的实践，积极创造社会物质财富和精神财富，促进自身全面发展，他们是不断壮大斗争力量、取得斗争胜利的力量源泉。社会全面进步是构成人的全面发展的现实基础，面对新形势下的诸多风险挑战，必须加强物质文明、政治文明、精神文明和生态文明建设，为人的全面发展创造和提供丰富的条件、广阔的空间，确保人的发展的进步性，增强斗争力量。

---

① 《列宁全集》（第33卷），人民出版社，2017，第16页。

（一）加强物质文明建设，为人的全面发展提供物质条件

物质资料缺乏，社会生产力水平低下的社会是不可能实现人的全面发展的。当人所需的衣食住行等物质产品在质和量上都得不到充分满足时，是谈不上促进人的全面发展的。"而物质文化条件越充分，又越能推进人的全面发展。"① 改革开放 40 多年，中国共产党带领人民开展了以"社会主义改革"为主要内容、以"对内改革""对外开放"为主要形式的伟大斗争，解放和发展了社会生产力，增强了社会发展活力，使人民生活显著改善，中国跃居世界第二大经济体，更激发了广大人民群众敢闯敢试、开拓创新的斗争精神。事实证明，我们只有为不断解放和发展生产力、使人民彻底摆脱贫困、实现共同富裕而斗争，才能不断提升人民生活的获得感，推动社会飞速发展。

（二）加强政治文明建设，为人的全面发展提供政治保障

政治关系是人类在社会政治实践活动中形成的一种观念反映，这种观念一旦凝结成一定的政治意识形态，将反作用于现实的政治活动及其发展。构建社会主义和谐政治关系，有利于促进公民有序的政治参与、推进社会主义民主政治建设，更好地把人民群众的主观能动性发挥出来，为实现人民的愿望和利益积极参与国家政治生活，立足实际、敢于问政、积极献策。党的十九大报告明确提出新时代党的建设总要求，就是要加强党的政治建设，习近平总书记指出："旗帜鲜明抵制和反对关系学、厚黑学、官场术、'潜规则'等庸俗腐朽的政治文化，不断培厚良好政治生态的土壤。"② 政通人和、安定有序的良好政治生态可以检视心灵、洗涤灵魂，增强人的原则性和战斗性。

（三）加强精神文明建设，为人的全面发展提供精神动力

加强精神文明建设，可以平衡和协调人们对物质性和精神性的追求，实现心灵的充实与宁静，保持一种积极、健康的奋斗心态。首先，要大力

---

① 《改革开放三十年重要文献选编》（下），中央文献出版社，2008，第 1184 页。
② 《十八大以来重要文献选编》（下），中央文献出版社，2018，第 458 页。

发展科学教育文化，完善精神文明的"硬件"建设，重视教育学科发展，开辟门类齐全、尽显优势的现代化教育，努力形成比较完善的公共文化服务体系。其次，要切实加强思想道德建设，完善精神文明的"软件"建设，帮助人们树立正确的"三观"。最后，要积极发展文化事业，弘扬中华优秀传统文化、继承中国革命文化、发展社会主义先进文化，丰富人的精神世界，满足人的精神生活需求。

（四）加强生态文明建设，为人的全面发展提供良好生态环境

马克思强调："自然界，就它自身不是人的身体而言，是人的无机的身体。人靠自然界生活。"① 恩格斯指出："我们不要过分陶醉于我们人类对自然界的胜利。"② 这启示我们人类与自然界是密不可分的，如果我们只顾眼前的利益和自身的发展，破坏生态环境，一定会遭到自然的报复，不仅会影响社会经济的发展，更严重的会危及人类的生存和发展。

因此，我们只有树立长远眼光，坚持可持续发展战略，处理好人与自然、自然与社会、发展与代价的关系，才能使人的全面发展的空间更广阔，进而在物质文明、政治文明、精神文明进步的基础上真正实现人的全面发展。

第三节　新时代发扬斗争精神必须讲求斗争方法

新时代，取得伟大斗争的胜利绝非易事，许多党员领导干部深感知识有弱项、视野有局限、能力有不足等本领恐慌，如不抓紧掌握斗争规律、寻求方法、增强本领，久而久之因盲打莽撞斗争而陷入被动或丢掉前行的勇气，就难以完成斗争任务、实现斗争目标。毛泽东强调："倘若无产阶级政党的斗争策略是错误的，或者是动摇犹豫的，那末，革命就非走向暂时的失败不可。"③ 斗争要讲究策略、讲求方法、追求实效，新时代发扬斗争精神必须汲取斗争智慧、把握斗争时机、抓住斗争着力点，讲求斗争方法、

① 《马克思恩格斯选集》（第 1 卷），人民出版社，2012，第 55 页。
② 《马克思恩格斯选集》（第 3 卷），人民出版社，2012，第 998 页。
③ 《毛泽东选集》（第 1 卷），人民出版社，1991，第 115 页。

力求斗争实效、提升斗争能力。

一 学习经典理论，汲取斗争智慧

斗争智慧是党带领人民群众，在复杂的国内外斗争环境中取得斗争胜利的思想支撑，而提升思维能力是增强斗争智慧的核心。习近平总书记强调："马克思主义始终是我们党和国家的指导思想，是我们认识世界、把握规律、追求真理、改造世界的强大思想武器。"[①] 通过学习马克思主义理论，掌握马克思主义唯物辩证法和方法论等立场、观点和方法，能有效提升斗争的思维能力。为此，必须特别重视对马克思主义基本原理学习从"量的积累"到"质的飞跃"，不断汲取科学智慧和理论力量。

（一）重视学习马克思主义理论，达成"量的积累"

习近平总书记强调："阅读经典著作，本身就是增长知识、开阔眼界、增加思想深度和训练思维方式的过程。"[②] 首先，我们一定要毫不动摇地以马克思主义科学理论武装头脑，走好自己的路，坚定斗争必胜的信心。马克思主义是随着社会实践与时俱进的科学理论，为中国革命、建设和改革提供了强大的思想武器，中国共产党通过学习马克思主义基本原理领导中国人民创立了社会主义伟大事业，取得了新民主主义革命、社会主义革命和建设、改革开放等伟大成就，也必将通过学习马克思主义走向未来，实现中华民族伟大复兴。因此，新时代我们仍要系统学习、掌握马克思主义基本原理，学会用马克思主义观察、阐释、引领时代。其次，要推动学习党的创新理论走深、走心、走实，让思想跟上时代步伐。思想是行动的先导，习近平总书记强调，"全党同志要跟上时代步伐，不能身子进了新时代，思想还停留在过去"[③]，只有让自己的思想观念、知识水平和思维视野跟上时代前进的步伐，方能使自己的精神立于主动地位，在认识和看清时代方向和世界发展大势的基础上，以饱满的奋斗姿态，保持学习的紧迫感，把学习新时代党的创新理论和学习"四史"结合起来，把学习收获转化为

---

① 《十九大以来重要文献选编》（上），中央文献出版社，2019，第428页。
② 《习近平在中央党校春季学期第二批入学学员开学典礼上强调：认真学习马克思主义经典著作 不断推进中国特色社会主义事业》，《人民日报》2011年5月14日。
③ 《十九大以来重要文献选编》（中），中央文献出版社，2021，第378页。

对党的创新理论的认同以及勇于创新、敢于斗争的底气，进而在新时代创造一番不错的事业。

（二）重视运用马克思主义理论，实现"质的飞跃"

恩格斯指出："马克思的整个世界观不是教义，而是方法。它提供的不是现成的教条，而是进一步研究的出发点和供这种研究使用的方法。"① 这启示我们运用马克思主义基本原理必须与本国具体实践相结合，实现"质的飞跃"就是"使马克思主义在中国具体化"。马克思主义基本原理与中国革命和建设、改革开放、新时代中国具体实际的结合，带来了从"站起来"到"富起来"再到"强起来"的三个"伟大飞跃"，这是"活用"马克思主义的鲜明表现，学习马克思主义理论最终要落实到"怎么用"上来，就是要运用它坚强党的领导，运用它不断探索如何走好"改革开放的强国之路""中国式现代化新道路""中国特色乡村振兴之路"等，运用它继续实现可持续发展，以及分析、研究和解决不断涌现的现实问题。回顾历史，正是因为一代又一代中国共产党人信仰马克思主义，才能在艰难的革命浪潮中、在严峻的风险考验面前成功开辟一条具有中国特色的民族复兴之路。为此，我们要在矛盾斗争中不断夯实思想防线，自觉抵制各种错误思想和腐朽落后思想观念的影响和侵蚀，坚信只要我们每一代人都为之持续奋斗，民族复兴理想就一定能实现。

二　增强大局意识，把握斗争时机

古人云："不谋全局者，不足谋一域"，大局是基础和要求。从系统的角度看，局部的发展受大局影响和限制，增强大局意识要从空间维度上把握好局部和全局的关系，要有整体意识；从历史发展的角度看，大局就是要看得长远，增强大局意识要从时间维度上把握好当下和长远的关系，要有长远意识。

（一）正确认识和牢牢把握大局

没有大局制胜，就没有局部风光。一切从全局出发的大局意识不是自

---

① 《马克思恩格斯选集》（第 4 卷），人民出版社，2012，第 664 页。

动生成的，一方面，它是基于对马克思主义关于整体与部分的辩证关系的科学理论的学习；另一方面，它是基于对各个历史时期党的奋斗经验的总结。如土地革命战争时期，毛泽东站在大局的角度开辟了中国最大的农村革命根据地；长征途中无数革命者不计个人安危，以大局为重，掩护大部队撤离和转移，最终取得长征的伟大胜利，铸就了伟大的长征精神；改革开放，从大局考虑，形成优先发展沿海地区，进而带动内地发展的开放格局；国内国际双循环也是基于大局观构建的相互促进的新发展格局。因此，我们需要从学习党的大政方针政策入手，认识到我国处于社会主义初级阶段的基本国情大局，实现中华民族伟大复兴的总体大局，基于大局的"五位一体""四个全面"的总体规划和"五大发展理念"的总体要求都是我们必须坚决服从和维护的大局部署，要集中精力，做到心中装大局；要勤于思考，清晰认识局部与全局的关系。

（二）自觉服从和坚决维护大局

一切事物都处于发展变化当中，我国的历史方位、社会主要矛盾、周围环境都发生了变化，我们不能再停留于过去，而要以改革创新的态度和眼光，结合具体的客观实际去把握、分析和服从大局，跳出一己、一事、一地、一时的局限。习近平总书记告诫我们，"当前和今后一个时期，我国发展进入各种风险挑战不断积累甚至集中显露的时期，面临的重大斗争不会少"[1]，"两个一百年"奋斗目标已完成了第一个，越往后形势越复杂、任务越艰巨，我们必须审时度势、胸怀大局，在大局下思考、努力拼搏奋斗。在复杂多变的环境中、诸多的挑战面前，一方面要坚定服从和维护大局的思想自觉，矛盾无处不在、无时不有，要时刻保持清醒，做好长期斗争的思想准备，不因局势复杂而迷失方向、不因眼前利益而舍弃大局，历尽艰辛矢志不渝；另一方面要坚持服从和维护大局的行动自觉，在面对危机困难时，要敢于出击、勇担责任，以扎实有效的行动贯彻落实好党中央的决策部署，以敢于向自身利益动刀的勇气正确处理好各种利益关系，如当下和长远、个人和整体的利益关系，诠释舍小我、顾大局的精神。

---

① 《习近平谈治国理政》（第3卷），外文出版社，2020，第226页。

三 运用矛盾分析法，抓住斗争着力点

矛盾具有特殊性，不同领域的斗争有不同的斗争侧重点及核心点，需找准着力点，采用不同的斗争方法。马克思和恩格斯在《共产党宣言》1872 年德文版序言中指出："这些原理的实际运用，正如《宣言》中所说的，随时随地都要以当时的历史条件为转移。"① 这启示我们，具体问题具体分析的斗争策略是与时俱进地解决各种矛盾问题的重要方法，针对不同情况、不同问题，要坚持"重点论"，明确斗争主攻方向，避免没有主次；还要坚持"发展论"，灵活运用斗争策略，避免思维固化或者僵化。

（一）坚持"重点论"，解决主要矛盾和突出问题

在斗争中问题有大小、矛盾有主次，要根据实际情况，分清先后主次、轻重缓急，全力找出和抓住主要矛盾和突出问题，"捉住了这个主要矛盾，一切问题就迎刃而解了"②。一方面，要优先抓住和解决对全局影响最大、亟待解决的且有把握能够解决的关键问题，明确重点、精准发力。当前全面做好疫情防控工作，持续推动经济社会发展是我们需抓住和解决的主要矛盾。2021 年，国内疫情散点多发，应抓住不同地区的工作重点精准施策，对有效保护人民生命安全与身体健康极为重要。另一方面，要集中优势力量持续攻关，找到突破口，打攻坚战。例如，攻克最后的绝对贫困堡垒是世界性难题，中国共产党带领各地干部群众用最好资源、派最强力量，以解决问题为突破口攻克发展壁垒，提高了反贫困斗争的效率，创造了世界减贫史的奇迹。总之，新时代为抵御风险挑战、解决矛盾问题就必须坚持"重点论"，精准"嵌入"难点和痛点，抓主要矛盾和矛盾的主要方面，扭住关键解决主要矛盾和突出问题，做到张弛有度。

（二）坚持"发展论"，研判形势动态、调整斗争策略

矛盾不是一成不变的。矛盾会随着时代的发展而发生动态演变，主次矛盾和矛盾的主次方面在一定条件下也可以相互转化。抗日战争时期，中日民

---

① 《习近平谈治国理政》（第 3 卷），外文出版社，2020，第 226 页。
② 《建党以来重要文献选编（1921~1949）》（第 14 册），中央文献出版社，2011，第 452 页。

族矛盾上升为主要矛盾。针对这一矛盾，面对敌我实力悬殊的情况，中国共产党提出了建立抗日民族统一战线的策略方针，在不同斗争阶段，根据形势灵活采用运动战、游击战和阵地战。第一阶段，运动战是主要的，游击战和阵地战是辅助的；第二阶段，则游击战将升到主要地位，而以运动战和阵地战辅助之；第三阶段，运动战再升为主要形式，而辅之以阵地战和游击战。第二阶段游击战争之所以表现为主要形态，是在敌人保守占领地、中国共产党准备反攻却不能实行反攻的情况下灵活采取的斗争策略。正是这三个基本作战形式的有机结合，中国共产党最终带领人民取得了抗日战争的胜利。可见，斗争方法的灵活性会影响斗争的成效乃至成败。我们必须坚持"发展论"，认真分析和把握不同事物在不同过程、不同阶段中的矛盾，根据事态变化和形势需要，灵活采取斗争策略，做到取舍有度显智慧、进退有度知分寸、宽严有度守原则，从而学会以变应变，在不同时候都能及时、准确地采取灵活的斗争方式和策略，高质量实现斗争目标，确保斗争胜利。

四　把握斗争规律，力求斗争实效

斗争不是蛮干斗狠、有勇无谋的乱斗，也不是一味强势、无凭无据的批斗。任何事物的发展都有其内在的规律性，遵循事物发展的规律才能事半功倍、扩大斗争成效。"坚持增强忧患意识和保持战略定力相统一、坚持战略判断和战术决断相统一、坚持斗争过程和斗争实效相统一"[①]、坚持法治思维和法治方式相统一，是我们发扬斗争精神、进行伟大斗争的重要方法论遵循。把握这些斗争规律，我们才能力求最大的斗争效果，增强斗争实效。

（一）坚持增强忧患意识和保持战略定力相统一

忧患意识是居安思危、知危图安，是党治国理政的重大原则和中华民族的生存智慧；而战略定力是把握战略主动，坚定战略自信、意志和毅力，实现国家强盛和民族兴旺的重大战略保障。两者相辅相成、密不可分，不是只有危机观念，而是还有清醒认识风险、从容应对风险的定力。保持两

---

① 《习近平谈治国理政》（第 3 卷），外文出版社，2020，第 227 页。

者相统一，要时刻不忘我们仍面临许多复杂的问题和艰巨的挑战，遇到新问题新情况要保持清醒冷静，莫让"浮云"遮眼、"乱花"分神。如此，才能在复杂的形势下积极作为，化解矛盾风险、推动事物发展。

（二）坚持战略判断和战术决断相统一

正确的战略判断是从全局考虑，为党和人民事业作出科学的分析、判断和决策，是进行正确斗争的前提条件；而战术决断是围绕科学的战略判断、现实的阶段性目标，作出的一种具体的、细节的方法决断。两者是整体和局部的关系，保持两者相统一，我们既要从宏观上把握全局斗争层次，做好顶层设计，又要从微观上把握局部斗争要害，细化具体措施。既要考虑斗不斗争的问题，又要考虑采取何种方式、运用何种策略达到斗争目的的问题。新民主主义革命之所以取得胜利，在很大程度上就是基于毛泽东同志对各阶段的斗争局势的宏观的认识把握和科学的战略判断，制定出相应的战略战术，做到果断出击、投入革命斗争。

（三）坚持斗争过程和斗争实效相统一

斗争过程是斗争发展所经历的"斗争、失败、再斗争"如此循环往复直至胜利的过程；而斗争效果是斗争最后达到的状态。两者一个体现过程、一个体现结果，是一个统一的范畴体系。保持两者相统一，一方面不能"唯过程论"，事物的发展是一个过程，我们强调要注重过程，并不是要追求轰轰烈烈的过程，而效果却平平淡淡。我们必须牢记所有的斗争过程最终都是为斗争效果服务的，在过程中必须瞄准结果进行斗争，如此斗争才不会盲目。另一方面不能"唯结果论"，斗争的过程是追求结果、实现结果的过程，达到预期结果是斗争的最终目标，但不可为了结果而不注重方式方法和过程选择，这不仅会产生极大的内耗，增加斗争的难度，甚至可能会出现非法的程序，危及人民利益。如期实现全部脱贫的承诺是我们所追求的斗争目标，目标现已完成，脱贫成就显著。总之，要想实现斗争胜利，真正为民造福，就必须把这两者统一起来。

（四）坚持法治思维和法治方式相统一

法治思维是行为主体以法治理念为基本要求，依法思考、分析、解决各种问题和化解各种矛盾的一种习惯和取向，维护、保障人民各种权益是其价值依归；法治方式是在法治思维的指导下，落实法治理念、贯彻法律精神的实践活动和行为方式。两者是内容和形式的关系。用法治思维和法治方式开展斗争要保持二者统一。一方面，要坚持依法依规斗争，把"合不合法"作为一种思维习惯。以法治思维开展斗争是破解"唯结果主义"倾向的重要方法，必须反对和抵制法律虚无主义和法律工具主义、"运动论"和"敌我论"等思维。另一方面，要坚持公平正义原则。法治是公平、正义的，不可因身份、地位的不同而有所偏私和倾斜。经过法治思维分析得出的解决方案，必须以刚正不阿的处事品格守住正义，回应人民对公平正义的期待，捍卫法律的尊严。习近平总书记指出："法律是治国之重器，法治是国家治理体系和治理能力的重要依托。"① 伟大斗争只有在民主和法治轨道上展开，才能实现每一个斗争目标、巩固好每一个斗争成果，最终实现民族伟大复兴、共建和谐美丽家园。

第四节　新时代发扬斗争精神必须增强斗争本领

斗争精神与斗争本领相辅相成，立足新时代的环境、任务和要求，如何让斗争精神在传承中汇聚起更强大的斗争力量、焕发出更夺目的时代光芒、发挥引领时代进步发展的巨大作用，必须在开拓进取中练就钢筋铁骨、在服务国家和社会的战略中敢战能胜、在向第二个百年奋斗目标奋勇前进中逢山开路、遇水架桥。新时代对提高敢于斗争、善于斗争的斗争本领提出了新的要求，2019 年 9 月，习近平总书记在秋季学期中央党校（国家行政学院）中青年干部培训班开班式上强调，广大干部特别是年轻干部"要经受严格的思想淬炼、政治历练、实践锻炼，发扬斗争精神，增强斗争本领"②。在 2020 年秋季学期中央党校（国家行政学院）中青年干部培训班上习近平总书记要求年轻干部要提高七种能力，敢于直面问题，善于解决难题。2021 年 9 月 1 日，习近平总书记在新一期的开班式上再次强调，年轻

① 《习近平关于社会主义政治建设论述摘编》，中央文献出版社，2017，第 80 页。
② 《习近平在中央党校中青年干部培训班开班式上发表重要讲话》，"人民日报"百家号，2019 年 9 月 3 日，https：//baijiahao.baidu.com/s？id=1643660675006242074&wfr=spider&for=pc。

干部要"坚持原则、敢于斗争、严守规矩、不逾底线，勤学苦练、增强本领，努力成为可堪大用、能担重任的栋梁之才"①，斗争本领和斗争精神一样，都不是与生俱来的，也不会一劳永逸，更不会随年龄、党龄的增加或者地位、职务的升迁而自然提高，只有在敢于面对复杂严峻的斗争形势中、在勇于不断磨炼和不断扬弃的过程中，才能将斗争精神落到实处，才能练就斗争的真本领。

一　自觉接受思想淬炼，强化理论武装

只有理论上清醒，政治上才能坚定。新时代，面对深刻变化的世情、国情、党情，面临"四种考验""四种危险"的严峻考验，面对民族伟大复兴的历史重任，要站在实现民族复兴、人民幸福的历史使命高度，统一思想认识，弄明白为什么而斗争、为了谁而斗争，深刻把握思想伟力，把思想淬炼摆在首位，在淬炼中夯实斗争思想的理论根基。2019 年 3 月、2019年 9 月、2020 年 10 月的三次"中青班"开班式上，习近平总书记在讲话中都强调要牢牢把握正确的政治方向，以理论上的清醒保证政治上的坚定，他说："我们的头脑要特别清醒、立场要特别坚定，牢牢把握正确斗争方向，做到在各种重大斗争考验面前'不畏浮云遮望眼'，'乱云飞渡仍从容'。"② 思想淬炼是广大年轻干部，尤其是党员干部加强自我修养的重要方法，在全面建设社会主义现代化强国的新征程上，面对复杂形势和艰巨任务，要求我们发扬斗争精神、增强斗争本领，自觉锤炼党性修养，学懂弄通做实党的思想理论，坚持用习近平新时代中国特色社会主义思想武装头脑。

（一）加强党性锻炼、增强党性修养

党性是坚定纯洁而富有力量的。在不断斗争中，共产党人将保持先进性、纯洁性的党性修养作为立党立身的"必修课"，严于律己、不畏艰辛、精益求精，用生命书写历史使命。进入新时代，必须坚持不懈夯实党性修

---

① 《信念坚定对党忠诚实事求是担当作为 努力成为可堪大用能担重任的栋梁之才》，《人民日报》2021 年 9 月 2 日。

② 《发扬斗争精神增强斗争本领 为实现"两个一百年"奋斗目标而顽强奋斗》，《人民日报》2019 年 9 月 4 日。

养的信仰之基、筑牢党性修养的思想之魂，注重锻炼党性、提高党性、培养党性，永葆斗争精神的不竭动力，以更加饱满的热情自觉锤炼敢于斗争、善于斗争的本领。

1. 强化党员意识，严于律己锻炼党性

习近平总书记深刻指出："党性是立身、立业、立言、立德的基石，而党性不可能随着党龄的增加而自然增强，也不可能随着职务的升迁而自然增强，必须在严格的党内生活锻炼中不断增强。"① 在党内生活中锻炼党性，一方面，要学党规，与令不行、禁不止、各行其是的行为作斗争，做遵规守纪的排头兵。把遵守党的"六项纪律"视为对党应尽的义务，守住理想信念和思想道德防线，坚决维护党的团结和集中统一领导，坚决做到"四个服从"，坚决遏制权权交易、权钱交易和权色交易等腐败蔓延的势头，始终保持党同人民群众的深厚感情，认清、落实主体责任，自觉培养高尚道德情操。另一方面，要在斗争中加强组织修养，锻造坚强战斗堡垒。中国共产党作为马克思主义执政党，在人民群众中发挥着坚强领导核心作用，是赢得伟大斗争的重要组织保障。党员加强组织修养首要的是坚持民主集中制，民主集中制是政党开展政治工作的组织原则，党的一切工作离不开组织，党的优良传统就是"组织严密"。1928 年，毛泽东在《井冈山的斗争》一文中提到，要在革命斗争中彰显民主集中制的效力；1956 年，党的八大提出，"必须在党的各级组织中无例外地贯彻执行党的集体领导原则和扩大党内民主"；经历过"文革"时期对民主集中制的削弱和破坏，党的十一届三中全会后党实行拨乱反正，加速恢复与创新民主集中制，邓小平鲜明指出，解放思想和开动脑筋的重要条件就是真正实行无产阶级的民主集中制。进入 21 世纪后，党从新的思维高度确立了民主集中制的"根本性"地位，为党在原则问题上进行思想斗争、开展批评与自我批评、坚持真理和修正错误，打开了既有集中又有民主、既有纪律又有自由、既有统一意志又生动活泼的政治局面。经历"四个发展阶段"的曲折反复，进一步具体化、规范化、制度化了党的民主集中制，取得了一定程度的胜利。党的十八大以来，中国共产党面临复杂严峻的挑战和考验，以习近平同志为核心的党中央审时度势，提出全面强化和落实民主集中制的要求，凸显统揽

---

① 《习近平关于全面从严治党论述摘编》，中央文献出版社，2016，第 25 页。

全局、协调各方的组织作用，发挥集中力量办大事的组织领导功能。

新时代的共产党人应不断加强组织修养，正确处理民主与集中的辩证关系，发挥各领域党支部"顶梁柱""压舱石"的作用，既要打造积极宣传党的主张、认真贯彻党的决定、细心领导基层治理、热情团结动员群众、努力推动改革发展的坚强战斗堡垒，又要坚决同党内搞"一言堂"、家长制、独断专行、个人依附等缺乏组织观念的行为作斗争，积极主动参与党组织生活，定期接受思想洗礼和组织考察，增强"四个意识"，为党尽责，心系国家、心系人民。

2. 强化问题导向，不畏艰辛提高党性

毛泽东曾指出，"有许多党员，在组织上入了党，思想上并没有完全入党，甚至完全没有入党"①，借此强调思想入党的重要性。习近平总书记也指出："共产党人讲党性、讲原则，就要讲斗争。"② 中华民族伟大复兴，不是轻轻松松、敲锣打鼓就能实现的，党历史上的每一次胜利都来之不易。进入新发展阶段，国际敌对势力对我国进行西化、分化，实施和平演变的图谋一直没有改变，国内形式主义、官僚主义、享乐主义和奢靡之风的"四风"问题反弹回潮，这些重点问题和紧迫问题对加强党性修养提出了新的要求。加强党性修养要以问题为导向，帮助党员领导干部坚守共产党人的核心价值追求，明大德、守公德、严私德。

首先，共产党人的明大德，就是要铸牢为国为民的理想信念。没有理想信念或理想信念不坚定的问题，表现为对马克思主义信仰动摇，对共产主义理想信念缺失，对中华民族伟大复兴的中国梦理解不深、践行不力，对中国特色社会主义道路不坚定，对党的宗旨意识淡化等，对于这类问题，应在思想中始终贯穿永不动摇信仰的红线、永不脱离党性的底线、永不背叛灵魂的主线。在思想上坚定信仰共产主义，发扬优良传统，坚守共产党人精神追求；在行动上以先进典型模范为榜样，学习革命先烈李大钊为共产主义事业坚贞不屈、矢志不渝，学习铁人王进喜忘我拼搏、埋头苦干，学习英模任长霞清正廉洁、执法为民，努力提高党性的品质与情怀，以崇高的思想境界和端正的道德追求锤炼共产党人的坚强党性。

---

① 《毛泽东选集》（第3卷），人民出版社，1991，第875页。

② 《习近平谈治国理政》（第4卷），外文出版社，2022，第532页。

其次，共产党人的守公德，就是时刻牢记"为了谁""依靠谁"的根本问题，把中国人民和中华民族的根本利益看得高于一切，坚持全心全意为人民服务的宗旨意识。人民对美好生活的向往是我们当前要解决的主要矛盾，谨记习近平总书记说的"我将无我，不负人民"，以"不忘初心，牢记使命"和"大道之行，天下为公"的奋斗与担当精神去实现人民对美好生活的向往。

最后，共产党人的严私德，关键在于加强自我约束、自我反省，就是要严格约束自身言行，直面"四种考验"、化解"四种危险"，努力做到敢于自我批评、自我反省、慎独慎微、慎言慎行、慎始慎终，立场坚定，敢于斗争，努力做到坚守正道、坚持原则、光明磊落、清正廉洁。

3. 强化系统培养，精益求精培养党性

《格言联璧》中有"人生四看"之说："大事难事看担当，逆境顺境看襟度，临喜临怒看涵养，群行群止看识见。"① 全面加强党员领导干部的思想淬炼，提高斗争本领，要注重对党性修养的系统培养，从大处着眼、小处入手，去虚、去空、去粗，抓小、抓细、抓落实，做到毫厘不差、一丝不苟。首先，要规划专门性的培养方案，包括总体思路和工作目标，坚持"缺什么补什么、干什么学什么、弱什么强什么"的原则，紧紧围绕"走在前列"的目标定位和"永创最好"的价值追求，从党中央到各级基层党组织，对各级党委书记、党支部书记、党务工作者和广大党员开展全覆盖式的思想理论系统培训，并建立常态化教育培训的体制机制，建立个性化定制培训模式，进一步坚定广大党员理想信念、发扬优良作风、提升综合能力。其次，优化学习内容和主要方式，围绕习近平新时代中国特色社会主义思想和党的十九大精神，深入贯彻学习党中央精神，采取集中培训、集体学习、党员自学、考核促培等方式加强党章党规党纪教育培训，随时开展形势与政策教育、爱党爱国爱岗教育等。最后，制定具体的培养计划和培养要求，把常态化培养和重点培养结合起来，以优化党组织建设促进党员发展，按照"合格型""职业型""专家型"三个梯次递进式培养，源源不断地为党组织输送新鲜血液、优秀人才和政治骨干，严格强化责任落实、积极创新培训形式、努力强化组织保障、用心抓好总结宣传。做有党性的

① 本书编写组编《领导干部要讲政德》，人民出版社，2018，第30页。

党员，就要发扬愚公移山、蚂蚁啃骨头和燕子衔泥垒窝的斗争精神，磨炼"不将就""不凑合""不放弃"的斗争意志，着力在精益求精中下一番"绣花"功夫，增强敢于斗争的底气。

（二）学习"斗争秘籍"，筑牢思想根基

只有在理论上保持头脑清醒、政治上保持立场坚定，斗争才有底气和力量，才能保证伟大斗争向着正确方向、获得战略主动。习近平总书记强调："共产党人要把读马克思主义经典、悟马克思主义原理当作一种生活习惯、当作一种精神追求，用经典涵养正气、淬炼思想、升华境界、指导实践。"①

1. 增强斗争本领要在"学懂"上下功夫，自觉主动学习经典

增强斗争本领，要求党员领导干部聚焦解决思想根子问题，下功夫学懂党的思想理论必修课，掌握贯穿其中的马克思主义基本立场、观点和方法。

首先，读经典原著是学懂马克思主义理论的基本前提条件。马克思主义基本原理作为科学世界观和方法论，是以历史唯物主义和辩证唯物主义为基础的，更是中国共产党建党学说的坚实理论基础。正如习近平总书记所强调的："无论时代如何变迁、科学如何进步，马克思主义依然显示出科学思想的伟力，依然占据着真理和道义的制高点。"② 由此看来，马克思主义对科学社会主义的伟大之处进行了全面准确地阐述，这既符合中国发展的实际需要，又顺应时代发展的潮流，成为中国共产党人坚定信仰马克思主义的重要支撑。学习它最有效的办法，就是抓住经典著作这个"牛鼻子"，认真反复研读马克思主义经典著作，毛泽东说书要经常读，他把《共产党宣言》看了不下 100 遍，每读一遍都会获得新的启发。

其次，要以坚定、深入和科学的态度研读。在读经典的过程中，抱着与懒惰思想和不负责任的态度作斗争的精神，原原本本读、精思熟学读，不断加深对经典著作的研究阐释，及时跟进、常学常新，不能浅尝辄止、蜻蜓点水，防止出现马克思主义"失语"、"失声"和"失踪"的问题，将

---

① 《习近平谈治国理政》（第 3 卷），外文出版社，2020，第 75 页。
② 《习近平谈治国理政》（第 2 卷），外文出版社，2017，第 329 页。

马克思主义基本原理变成在意识形态领域斗争的武器，巩固马克思主义在意识形态领域的指导地位。

最后，要完整准确系统的学习。毛泽东曾经说过："如果我们党有一百个至二百个系统地而不是零碎地、实际地而不是空洞地学会了马克思列宁主义的同志，就会大大提高我们党的战斗力量。"① 应全面掌握马克思主义的基本观点和理论体系，切忌碎片化阅读和抱着实用主义的态度去阅读，要不断同把马克思主义教条化的倾向作斗争。

2. 增强斗争本领要在"弄通"上下功夫，深刻学习领会经典

学好马克思主义基本原理的关键环节在于融会贯通，在学全学准的同时，促进对其由"知"向"信"转变，把握真理性和现实性相统一，在真懂真学真用中，不断弄通马克思主义中国化最新理论成果。

要把马克思主义理论产生的历史背景与时代发展进程相统一。历史唯物主义批判地继承了法国资产阶级历史学家 J. N. A. 梯叶里和 F. A. M. 米涅等人的阶级斗争思想，是运用辩证唯物主义的观点和方法研究人类社会历史发展的科学理论。自马克思主义理论传入中国，就以其穿越时空的思想魅力，在解决中国革命、建设、改革的实际问题中不断发展与完善。进入新时代，围绕"坚持和发展什么样的中国特色社会主义、怎样坚持和发展中国特色社会主义"这一重大时代课题，形成了习近平新时代中国特色社会主义思想，在坚持马克思主义的基础上，赋予其当代中国的时代、理论和实践特色。弄通与时代课题相适应的理论经典，要在以下三点上下功夫。

一是要弄通最新的时代课题背景。党的十八大以来，中国特色社会主义进入了新时代，我国发展已经处在从"富起来"向"强起来"飞跃的新历史方位。随着历史阶段的飞跃性发展，新的斗争也应运而生。矛盾越复杂，形势越多变，就必须发扬斗争精神，增强斗争本领，展开斗争实践，必然催生符合新时代进行伟大斗争的理论。新的斗争实践的开展，迫切需要能够引领新时代斗争发展的思想理论，习近平新时代中国特色社会主义思想在面临当今世界百年未有之大变局的斗争实践中产生，符合时代发展条件，把马克思主义哲学中国化推进到一个新的境界。

二是要弄通最新的科学理论体系。习近平新时代中国特色社会主义思

---

① 《毛泽东选集》（第 2 卷），人民出版社，1991，第 533 页。

想是系统、科学的理论体系，兼具理论、历史和时代的逻辑必然性，具备时代性、实践性和原创性，体现了严整的思维逻辑体系，主要内容包含"八个明确"和"十四个坚持"，是中国特色社会主义理论体系中最鲜活的一部分。

三是要立足于最新的实践发展。中国共产党精准把握社会发展的历史方位，洞悉矛盾斗争的内在逻辑，在实践中艰辛探索形成了习近平新时代中国特色社会主义思想，这一思想是为巩固马克思主义在意识形态领域的指导地位，在意识形态斗争中形成和发展起来的，不仅有利于推进中国特色社会主义发展、促进中华民族伟大复兴中国梦的实现，还在坚守党的话语权等方面发挥重要的作用，这一思想在开展反贫困斗争的过程中发展和丰富起来。这一思想也为反腐败斗争提供了思想武器，使党坚决"打虎"、"拍蝇"和"猎狐"，同各种腐败现象作斗争。

3. 增强斗争本领要在"做实"上下功夫，联系实际运用经典

马克思主义不仅是共产党人理想信念的不朽灵魂，更是共产党人带领人民认识、改造世界的科学理论武器，回顾党长期执政的历程，党的丰富执政经验来源于成功地把马克思主义基本原理同中国具体的革命实践和伟大斗争实际相结合，并在理论创新和实践创新中丰富发展当代中国的马克思主义。新时代，党推进中国特色社会主义伟大事业面临的风险挑战前所未有，我们不仅需要在矛盾冲突面前敢于担当迎难而上、在大是大非面前勇于担当敢于亮剑，还必须在攻坚克难中学会运用马克思主义基本理论，认识和把握中国发展的客观规律，紧密结合当前的新实践、新要求，在实践中提高创新的能力和发展马克思主义的才干，不断赋予其新的内涵，在顺应时代发展的需求中，发挥理论指导实践的现实作用。

一方面，坚持用马克思主义基本原理指导中国特色社会主义事业的伟大实践。在纪念马克思诞辰 200 周年大会上，习近平总书记强调指出："马克思主义是实践的理论，指引着人民改造世界的行动。"[①] 马克思主义实践性的鲜明品格是斗争精神的重要思想来源，也是区别于其他理论的显著特征，这一特性决定了中国共产党人在知行合一中发扬斗争精神，适应当前国际国内形势变化，勇于开拓创新，破除阻碍科学发展的思想观念弊端，

---

① 习近平：《在纪念马克思诞辰 200 周年大会上的讲话》，人民出版社，2018，第 9 页。

在理论与实践双创新互动中实现更高层次的发展。正如恩格斯指出："马克思的整个世界观不是教义，而是方法。它提供的不是现成的教条，而是进一步研究的出发点和供这种研究使用的方法。"① 运用马克思主义基本原理必须与本国具体实践相结合，在不同的历史时期，中国共产党人分别把马克思主义基本原理与中国革命和建设、改革开放、新时代中国具体实际结合起来，带来了从"站起来"到"富起来"再到"强起来"的三个"伟大飞跃"，这是"活用"马克思主义的鲜明表现，学习马克思主义理论最终要落实到"怎么用"上来，就是要运用它坚强党的领导，运用它不断探索如何走好"改革开放的强国之路""中国式现代化新道路""中国特色乡村振兴之路"等，回顾历史，正是因为一代又一代中国共产党人在马克思主义信仰之力的引领下，才能在艰难的革命浪潮中、在严峻的风险考验面前成功开辟了一条具有中国特色的民族复兴之路，一条如今已不可逆转的复兴之路。广大党员领导干部要坚持运用马克思主义基本原理分析和研究中国的现实问题，增强自觉性和主动性，确保党的新思想、新理念、新精神和中央的各项决策部署在基层落地生根，推动马克思主义的"实践性"在中国特色社会主义事业新领域、新发展中转化为全体人民的自觉行动。

另一方面，马克思主义的人民性，决定了其是适合我国国情的指导思想和行动指南。马克思主义的基本价值追求，就是让人民大众摆脱压迫、消灭剥削，实现人类全面解放和自由。正如马克思和恩格斯指出的，"无产阶级的运动是绝大多数人的，为绝大多数人谋利益的独立的运动"②。马克思主义始终不忘人民、关怀人民，中国共产党在对马克思主义长期的坚守中，坚持以人民为中心，在服务人民中，用实际行动证明马克思主义何以能推动中国的发展进步。进入新时代，我国社会的主要矛盾已经发生了变化，主要突出解决的是生活"稳不稳、好不好"的问题，包括对生命安全和身体健康提出了更高的要求，因此，战胜重大自然灾害，保证社会安全稳定，成为伟大斗争的重要内容。要坚持安全发展，确保落实好人民群众的生命财产安全。平安是解决温饱后的第一诉求，面对 2020 年初发生的新冠疫情，广大党员在同疫情的斗争中，努力提高斗争本领，切实历练成了

① 《马克思恩格斯选集》（第 4 卷），人民出版社，2012，第 664 页。
② 《马克思恩格斯选集》（第 1 卷），人民出版社，2012，第 411 页。

一支不断满足人民群众美好生活需要的先锋队伍。

4. 汲取传统文化的"斗争精髓"，提升自身修养

中华民族上下 5000 年的历史，孕育了中华优秀传统文化。在马克思主义中国化的进程中，中华优秀传统文化与其有着内在契合性，发挥着立根固魂的作用。

一是将弘扬中华优秀传统文化与马克思主义理论相结合，坚定马克思主义科学信仰，树立共产主义远大理想。首先要从经典的传统文化故事与文学作品中汲取斗争文化，充实斗争精神。中华文化历史悠久且受到了较好的保存，流传下来许多具有重大文学价值、历史意义的史料、文学作品以供后人研究观赏，这些神秘的神话故事、优美的文学作品使今天的我们能够得以窥见古代先人们的精神世界与物质生活。中华民族顽强不屈、自强不息、刚健有为的拼搏意志也因为这些文学作品得以流传。愚公移山故事中，愚公敢于与大自然作斗争，并立下即使世代不停歇也要将大山移走的誓言，彰显出坚定的斗争意志与斗争信念。我们要充分利用好这些传统文学作品，使传统文化在与当代斗争的融合中迸发出新的阐释，充实斗争精神的历史内涵与文学底蕴。其次要从我国古代哲学中寻找斗争智慧，提高斗争本领。儒家自强不息的斗争品格、道家无为而无不为的斗争智慧、兵家纵横捭阖的斗争战略里充满了斗争的智慧，为我们提供了斗争的方法与启示，给我们党提供了精神指导，为中华民族伟大复兴提供了强大的思想武器。哲学是对世界本质的探索，通过对古代哲学的学习，将其与马克思主义哲学结合起来，探寻斗争的本质，使斗争精神更具中国特色与中国韵味，用斗争精神在世界舞台上展现新时代中国的崛起与强大魅力。最后要从中国历代英雄人物身上学习斗争精神，坚定斗争信念，中国古代有许多感人至深、保家卫国的英雄豪杰，不论是打通河西走廊的霍去病、收复台湾的郑成功还是虎门销烟的林则徐，这些人都出于对国家的热爱，勇于斗争，并作出伟大的斗争实践。

二是大力传承红色基因，保持革命者的奋斗精神。新文化运动拉开了中国新民主主义革命的序幕，空前解放了中国人民的思想。陈独秀、李大钊、鲁迅等人在国民政府与外国势力的多重压迫、威胁下不为所动，毅然决然地用自己的笔杆与之抗争，深刻批判和揭露了那些人的丑恶嘴脸，艰难探寻着中国革命的出路。抗日战争时期，无数仁人志士投身战争，誓要

赶走侵略者，争取来华民族的独立与解放。斗争不单指战争，而是多方面、多途径、多形式的。新文化运动的文人墨客通过文章来斗争，抗日战争的英雄烈士通过战斗来斗争。改革开放是一场新的伟大革命，在此过程中我们坚定斗争信念、坚持中国特色社会主义道路不动摇，开创改革开放伟大革命中的一次又一次奇迹，获得了一次又一次胜利。毛泽东、周恩来、刘少奇、朱德、邓小平、陈云等老一辈革命家，为中国共产党的建立、巩固、发展作出了重大贡献，建立了伟大功勋，给我们留下了丰富的红色资源。我们要在理论学习中，加强红色文化的学习，发扬红色传统，更要深入实践，讲好中国故事，深入红色教育实践基地，宣讲好党的路线方针，党员带头传播好中国声音。

（三）强化创新理论武装，树牢"四个意识"

理论学习穿越历史长廊，彰显出改造世界的物质力量。习近平新时代中国特色社会主义思想是中国特色社会主义理论体系的重要组成部分，当前，理论自觉和实践发展的诉求，要求我们筑牢斗争的思想根基，坚持和发展这一思想，树牢"四个意识"、坚定"四个自信"、做到"两个维护"，才能汇聚起实现中华民族伟大复兴的磅礴力量。

1. 用习近平新时代中国特色社会主义思想武装头脑

2023 年 4 月 3 日，学习贯彻习近平新时代中国特色社会主义思想主题教育工作会议在北京召开，指出主题教育的总要求是"学思想、强党性、重实践、建新功"。其中强调，"学思想，就是要全面学习领会新时代中国特色社会主义思想，全面系统掌握这一思想的基本观点、科学体系，把握好这一思想的世界观、方法论，坚持好、运用好贯穿其中的立场观点方法，不断增进对党的创新理论的政治认同、思想认同、理论认同、情感认同，真正把马克思主义看家本领学到手，自觉用新时代中国特色社会主义思想指导各项工作"[①]。

广大党员领导干部只有始终坚持以习近平新时代中国特色社会主义思想为指导，聚焦显著优势、重点任务、组织保障，全方位、多角度、立体

---

① 《在学习贯彻习近平新时代中国特色社会主义思想主题教育工作会议上的讲话》，《求是》2023 年第 9 期。

化、深层次地加强创新理论研究，才能"补钙壮骨"、行稳致远。习近平新时代中国特色社会主义思想在马克思列宁主义、毛泽东思想、邓小平理论、"三个代表"重要思想、科学发展观的批判继承的基础上，实事求是、求真务实，实现了与时俱进的发展，因而要学会融会贯通，领会蕴藏的理论逻辑、历史逻辑与实践逻辑，在理论学习上实现高度自觉。要做"起而行之的行动者"，用马克思主义创新理论武装头脑，坚持学用统一、知行合一，理论与实践是历史的统一，在理论武装下要把握实践要求，指导中国特色社会主义事业的发展，发现和领悟我国社会发展的前进方向，分析、解决中国实际问题，成为中华民族伟大复兴的行动指南，在斗争实践中为实现党和国家的奋斗目标而努力。

2. 坚持以习近平新时代中国特色社会主义思想为指导，树牢"四个意识"

中国特色社会主义进入新时代，以人民群众对美好生活的向往和追求为目标，面对一系列难以预料的自然灾害和突发事件，我们要树牢政治意识、大局意识、核心意识、看齐意识，深刻把握中国特色社会主义进入新时代的科学论断，深刻把握全面建设社会主义现代化国家分两步走的宏伟目标，深刻把握新时代中国特色社会主义建设的重大部署和党的建设的新要求，在组织学习新思想中走在前、作表率，深刻领会"八个明确"和"十四个坚持"蕴含的理论与实践相统一的指导意义，强化政治责任、提升工作水平、全面增强本领；更要贯彻学习习近平总书记关于伟大斗争重要论述的系列讲话文本，不能忘却和丢弃斗争精神，要在伟大斗争实践中深刻把握国际国内形势，深刻认识当前和今后我国发展所处的重要战略机遇期，努力做到正确认识、自觉服从、坚决维护国家民族发展的大局，坚决拥护中国共产党的核心领导地位，坚决执行党中央的决定、维护党中央的权威，将斗争精神继续发扬下去，为新时代推动伟大斗争指明正确前进方向。

二　切实强化政治历练，涵养政治定力

党员干部提高政治能力是新时代进行具有许多新的历史特点伟大斗争的必然要求。习近平总书记强调，干部是"党和国家事业发展的生力军"[①]，

---

① 《习近平谈治国理政》（第4卷），外文出版社，2022，第536页。

是执政"脊梁"和社会主心骨，政治过硬才能克服困难、打败挫折，适应形势的发展。加强党员干部的政治历练是政治能力建设的重点，要求不断增强政治意识，在涵养政治定力中提高政治判断力，在练就政治慧眼中提高政治领悟力，在恪守政治规矩中提高政治执行力。

（一）在作风建设中保持政治定力

判断党员领导干部在政治上成熟与否的一个重要标志是政治定力的坚强程度。首先，"风云变幻看定力，沧海横流显本色"，政治定力是党员领导干部经受风浪的"压舱石"、政治生涯的"护身符"。领导干部作为广大群众的"领头雁"，要培养"一叶知秋、见微知著"的政治判断力、善于从政治上看问题的政治领悟力、同党中央精神对标对表的政治执行力，锤炼对党忠诚的政治品格。其次，政治定力更是党员领导干部站稳脚跟的"定盘星"。面对复杂多变的形势，要绷紧政治这根弦，增强政治判断力，在旗帜、道路、路线方针等重大问题上，要旗帜鲜明敢于亮剑，主动坚决敢于斗争；在大是大非面前，不能被错误言论所误导，不能动摇政治立场、"态度暧昧"。新时代要在作风建设方面勇敢接受现实的政治历练，在复杂的执政环境中训练"硬"的作风。当前，党的作风问题的顽固性、反复性始终存在，并在原有问题中出现了"荣誉索贿""打擦边球"等变异现象，以及转向隐蔽场所、熟人门店消费等新样态，严重影响党的先进性和纯洁性，作风问题的隐蔽性也越发突出，思想作风问题的不可见性较难把握，工作作风中形式主义、官僚主义"顽疾"被隐于表面的虚假性所取代，领导"合理机智避责"式的不作为和懒政现象催化了作风方面的干群矛盾，学习作风中低要求、不变通的情况有很强的主观性，学习强度也难以量化定性。作风问题在不同的历史时期有不同的反映，挖掘作风不纯产生的原因，除了理论修养不足、理想信念动摇外，主要是缺乏"咬定青山不放松，任尔东西南北风"的政治定力，始终把锤炼党的作风挺在前面，与党的先进性和纯洁性不足作斗争，需要保持永不懈怠的斗争精神，坚决同损害人民利益、破坏党和国家形象、威胁党的执政地位等行为斗争到底，处处以人民为重、为人民谋利，遵守政治纪律，着力提高抵御诱惑的免疫力，永葆"功成不必在我"的政治本色，才能增强斗争本领，将自己锻造成"疾风劲草""烈火真金"。

（二）在日常工作中历练政治品格

2018 年 7 月，习近平总书记在全国工作组织会议上强调指出："政治训练不可能毕其功于一役，不是搞几次培训就万事大吉了，而要持续用力、久久为功。"① 政治历练要在工作中磨砺，讲政治要贯穿日常工作的各方面、全过程，这是塑造坚定政治品格的重要土壤。在党组织的教育引导下，每一个岗位、每一项工作、每一次党内组织生活会，都应该成为党员干部提高政治能力、历练政治本领的机会，严肃认真对待。

一是"乐于奉献、踏实可靠"的政治品质的培养离不开平凡岗位的历练。岗位不同，分工各异，要树立岗位就是使命的担当意识，作为党员干部尤其是年轻干部，更不能挑三拣四、拈轻怕重，要发扬"钉钉子"精神，以勤勤恳恳、任劳任怨的积极态度，"实打实""硬碰硬"地落实各项工作。在干部选拔任用上，坚持正确的选人用人导向，着重考虑干部的政治品德，既对党的事业保持进取心，积极鼓励有能力、有担当、有责任的党员领导干部积极作为，同时实行能者上、庸者下、劣者汰的任用机制，激发干部一心一意做好工作。在具体的选贤任能中，锤炼忠诚干净担当的政治品格。

二是"朝气蓬勃、顽强奋斗"的政治锐气需要在干事创业中激发。顽强奋斗是新时代进行伟大斗争的核心内容。党的十八大以来，"三个区分开来"多次被提及，容错纠错理论发展进入了一个新的阶段。我国的改革开放步入攻坚区和深水区，在"四位一体"战略布局的统筹安排下，加快全面深化改革的步伐，必须激励广大干部在新时代有新担当、新作为，严格区分消极应对与大胆创新，明辨"为公"与"为私"，"无心"与"有意"，"无禁"与"严禁"，"失误、错误"与"违纪、违法"的界线。党的基层组织要紧跟中央步伐，不折不扣落实好"三个区分开来"的具体要求。一方面，针对消极懈怠的现象，情节严重的追责问责，情节较轻的加强教育、强化引导，给予改过自新的机会，鼓励他们担当作为；另一方面，针对那些大胆创新，敢于第一个吃螃蟹的干部，要建立容错机制，考核考察不能"一棍子打死""求全责备"，充分调动干部探索创新的积极性。

三是"忠厚老实、光明坦荡"的政治德行要在严肃党内政治生活中涵

① 习近平：《在全国组织工作会议上的讲话》，人民出版社，2018，第 31~32 页。

养。在党内生活中，党支部发挥着重要作用，是党全部工作和战斗力的基础。党支部在发展自身过程中，切实提升组织力，严肃党内政治社会生活是重要抓手。严肃党内政治生活要长期坚持"三会一课"制度，对内与对外同时抓。对内要教育引导党员领导干部正确处理个人与组织、同志的关系，不拉帮结伙、溜须拍马、攀附投机，让"红脸""出汗"成为常态，勇于开展批评与自我批评，在"三会一课"的大熔炉中自我淬炼；对外要加强党员领导干部推动改革发展的魄力，严格贯彻党的路线方针，在经常性的政治体检中增强政治免疫力。

四是"清白做人、干净做事"的清廉本色要在强化监督管理中保持。清正廉洁是衡量党员领导干部人格德性的重要标尺。随着我国经济多年高速增长，人民生活水平不断提高，物质产品极大丰富，各种物质利益的诱惑也汹涌而至。面对金钱、权力等各种诱惑，共产党员要经得起"糖衣炮弹"的诱惑，守住清白做人、干净做事、坚持原则的党性，必须坚持踏踏实实工作、本本分分做人的清廉本色，在党组织开展的警示教育中筑牢廉洁自律的底线，在失足腐化的案例警醒中正心明道、慎独慎微，经常监视剖析，运用批评与自我批评的方法增强党的战斗力。

（三）在重点任务中历练政治本领

政治能力是党员领导干部的首要能力，使自己的政治能力与担任的职责相匹配，必须在现实斗争中历练铸就、在具体实践中巩固强化。当前，统筹国内国际两个大局、协调发展安全两件大事、扎实践行新发展理念、推动经济高质量发展、解决群众"急难愁盼"问题、防范化解各类风险考验，都需要党员领导干部将"讲政治"的外部要求转化为干事创业的内在主动，只有在面对重大考验时始终保持头脑清醒，在接受严峻的斗争锻炼中慧眼如炬，养成吃透领会党中央精神、不折不扣推动党中央政策部署的政治习惯，强化"问题就在身边、斗争就在眼前"的意识，才能练就思想坚毅笃定、筋骨结实健壮的过硬斗争本领。

一是投身经济社会高质量发展的实践是培养锻炼党员领导干部的主战场。"十四五"规划的开局之年，描绘了2035年基本实现社会主义现代化的远景目标，明确了经济社会发展六个方面的主要目标，确保开好局、起好步，取得新成效、得到新提升，在重要项目、产业、地区和活动中历练党员领导干部的政治能力，将进一步坚定党员领导干部的政治理想、政治意志、政治价值，深化其对社会发展大势的动态把握，激发其改革创新的工作潜力，提升其大胆开拓的专业素养和协作能力。进一步聚焦重点任务，强能力、强作风，引导党员领导干部把讲政治落实到为国家发展建功立业中，下真功夫把工作往深抓、往实做，发挥模范作用，练就"实际干"的真本领。

二是应对重大斗争和突发事件是党员领导干部必备的能力素养。实践历练是党员领导干部提升斗争本领的必经之路，是历练政治本领的磨刀石，在斗争实践中提升疫情防控能力、脱贫攻坚能力、防污治污能力、防汛减灾能力、安全生产能力等，在改革发展过程中，啃难啃的硬骨头，不躲避、不退缩，掌握处置矛盾的方法，及时发现各类风险和急难险重问题，有效防控、果断处置政治风险。党员领导干部要在斗争实践中找方向、找遵循、找方法，敢于担当，党的各级组织要提供机会、创造条件让年轻干部上火线，主动出击、提前谋划。一方面要训练政治慧眼，用政治眼光观察和分析社会问题，坚信有能力应对重大斗争；另一方面要统筹发展与安全，善于未雨绸缪，研判重大风险。

三是接受群众工作的磨炼是加强政治历练的关键环节。党员领导干部是否政治过硬、本领高强，由人民群众检验。"党群关系好比鱼水关系"，处理好党与群众的关系是党员接受政治历练的关键环节。革命战争年代，党领导下的人民军队与人民群众建立了深厚的感情，今天为实现中华民族伟大复兴的艰巨任务，更需要广大党员领导干部树牢宗旨意识、厚植为民情怀，虚心向群众学习本领、切实为群众排忧解难，努力解决群众"急难愁盼"问题，把好事、实事办到群众心坎上。随着社会主要矛盾的变化，党的群众工作也发生了新的变化，不仅要解决问题，更要尊重群众主体地位，不仅要服务周到，更要创新思路、扩大格局，不仅要有组织、有计划地开展工作，更要点对点、面对面地管理覆盖，同时还要尽力解决好人民切身利益问题，听民声、解民情、达民心，对于人民群众关注的热点话题，及时准确发声、及时处置。为取得新发展阶段群众工作的良好成效，需要历练党员领导干部迅速准确狠抓主要矛盾、因时因地研判矛盾成因、未雨绸缪把握矛盾先机的政治执行力，练就解决问题、化解矛盾的过硬本领。

三 主动蓄能实践锻炼，提升斗争能力

不断在斗争实践锻炼中增强干事创业、主动担当的斗争本领，才能培养你追我赶、坚韧顽强、服务人民的斗争精神和斗争态度。实践出真知，无论是斗争精神、斗争能力，还是斗争本领，都是在经风雨、见世面中磨砺锻炼而成的，既不会因为年龄的增长而自然增加，也不会随着社会地位的提高而逐渐增强。现阶段，我们正处于开启全面建设社会主义现代化国家新征程的关键时期，危机并存、危中有机，既要抓住一系列新机遇，又要应对一系列新挑战，应以担当之责、精准之策、有效之举学真本领、长真本事，在实践中经风雨、见世面，在勇于作为中担重任，牢牢掌握斗争的主动权，在披荆斩棘中长才干，在艰苦奋斗中提升能力，在层层历练中学真知，练就真本领、真功夫，顺利完成社会发展的既定目标任务，接续奋进中华民族伟大复兴。

（一）在斗争实践锻炼中积极主动担当作为

实践锻炼是提升斗争本领、增长才干能力的现实要求，也是磨炼一个人的胆魄和意志的关键。新时代，面对社会生活中的各种困难和诸多矛盾问题，中国共产党人表现出敢于担当的政治本色，他们在大是大非的抉择面前、在千钧一发的关键时刻，拿出不怕吃苦、不怕跌跤的勇气积极与之斗争，努力克服"新办法不会用、老办法不管用、硬办法不敢用、软办法不顶用"[1] 等问题，在斗争中了解形势状况，不断发现问题、分析问题、解决问题，用实际行动诠释了可堪大用、能担重任的建设者和接班人的职责。

1. 在大是大非面前要敢于亮剑，不做"开明绅士"

大是大非是关于原则性、根本性的是非问题，在大是大非面前敢于亮剑，代表了每位共产党员的党性原则和信仰立场，要明确方向性、坚守原则性，敢于负责、勇于担当。首先，必须树立正确的是非观。正确的是非观是价值观的核心，是我们党的一贯传统，是加强领导干部党性修养和作风建设的重要遵循。这就要求具备明辨是非对错的能力，在繁杂的斗争迷雾中廓清方向，划清是非界限，坚决抵制在错误言行面前无立场、无态度、

---

① 《习近平谈治国理政》，外文出版社，2014，第 403 页。

无动于衷，不抵制、不斗争，明哲保身的不良行为。其次，练就政治上的"火眼金睛"。广大党员领导干部要不懈培养"见微知著"的洞察力，提高睹始知终的发现力，练就一双知事识人的"火眼金睛"，努力提高政治判断力，克服理想信念动摇、宗旨意识淡化的弊病；强化政治鉴别力，同对党不忠诚、做人不老实的行为作斗争；提高政治领悟力，对国之大者要心中有数，明确职责定位、维护党和国家的战略全局，确保党的路线、方针、政策落实好，党的事业发展好，人民群众的根本利益维护好。

2. 在矛盾冲突面前要迎难而上，不做"逃避者"

狭路相逢勇者胜。遇到矛盾，碰到冲突，要以压倒一切困难而不为困难所压倒的决心和勇气，迎难而上，敢于斗争，才能化解矛盾冲突，维护国家主权安全，促进社会和谐稳定。纵观中国共产党的百年发展历程，党带领人民披荆斩棘，不屈不挠，即使面对血与火、生与死的考验，仍然冲锋在前，即使历经多次动荡，仍然一往无前，保持昂扬向上的生机活力，展现解矛盾、化冲突无畏无惧的斗争精神。进入新时代，置身于百年未有之大变局，改革发展稳定的任务艰巨，纷繁复杂的矛盾问题凸显，党初心不改，以"明知山有虎，偏向虎山行"的斗争精神，直面问题、解决问题，回应时代关切。首先，应当理性认识矛盾冲突。问题是矛盾的表现形式，增强问题意识、坚持问题导向是马克思主义的鲜明特点。这就要求善于认识矛盾、勇敢直面冲突、克服慵懒作风，聚焦我国在发展过程中面临的理论与实践问题，将认识矛盾、直面冲突作为开展工作的突破口，以理性的思维、积极的心态，科学统筹、锐意创新，做到临危不惧、处变不惊，切实干出成效。其次，应当科学分析矛盾冲突，运用马克思主义立场、观点和方法具体分析矛盾冲突，分清主要矛盾和次要矛盾等不同形态的矛盾问题，直面冲突，有效应对各类风险挑战。最后，应当解决矛盾、化解冲突。强化使命意识和责任意识，领导干部要发挥"关键少数"的引领作用，敢于冲锋挑重担、敢于带头当尖兵，保持忧患意识，在为人民服务中提升把握方向、大势、全局的政治能力，身先士卒驾驭好政治局面，在矛盾发生前要未雨绸缪，在矛盾发生时要及时、统一、协调解决，在矛盾发生后要及时总结教训、找到症结、改正错误。普通党员要发扬"钉钉子"精神，高度自觉地恪守党员的身份义务，听党指挥、跟党走，善于抓住矛盾的重点和关键，努力攻坚克难、探寻对策，运用专业方法来化解冲突，破解发展中"缺芯""少核""弱基"等各类难题，强化担当精神，提高抵御风险的能力。

3. 在危机困难面前要敢于挺身而出，不置身事外

刀在石上磨，人在事上练，在危机面前不怯懦，多经历几回"热锅上蚂蚁"的煎熬，培养波澜不惊的从容淡定；在困难面前不低头，多经受几回急事、难事的考验，增进举重若轻的成熟老练。新时代，我们更加强调树立担当意识，克服思想上的"软骨病"、精神上的"恐惧症"、行动上的"拖延症"。当前，我们迎接新任务、面临新困难，改革发展进入深水区，科技攻关困难重重、智造升级面临挑战，要实现业务转型持续推进、发展质效稳步提升，需要在高质量发展的主战场攻坚克难，在改革创新的最前沿奋力拼搏，在国家治理现代化的第一线履职尽责，在重大实践中砥砺品格、提高本领，在急事、难事、险事和吃劲任务中，提高处理复杂问题的能力。

4. 在歪风邪气面前要敢于坚决斗争，不做"老好人"

纵观党的百年史，中国共产党人始终保持一身正气，敢于同歪风邪气作坚决斗争，严肃党内政治生态。新时代接续传承党的斗争精神，要保持共产党人的风骨、气节，坚守共产党人的操守、胆魄，坚持原则、充满正气，敢抓、敢管、敢批评，不做随波逐流、不贪不占也不干的"老好人"。一要正心修身、严于律己，筑起抵制歪风邪气的坚固屏障；二要树立邪不压正的信心，自觉抵制错误思潮、模糊认识和不良癖好；三要坚定绝不屈服的决心，在歪风邪气面前打压到底、绝不手软，防止滋长歪风邪气的萌芽；四要磨砺常抓常打的顽强意志，严惩违反政治纪律的恶意行为，坚决同危害政治安全的行为作斗争，做好挡风驱邪的"泰山石"；五要强化担当意识，面对失误敢于承担责任，在日积月累、持之以恒中铲除歪风邪气。

（二）在斗争实践锻炼中总结积累斗争经验

古人云："人才自古要养成，放使千霄战风雨"，毛泽东同志也曾强调："我们是为着解决困难去工作、去斗争的。"[①] 斗争是一种能力，斗争能力的培养和提升不是一蹴而就的，仅靠习得理论知识难以在盲目争斗中提高斗

---

① 《建党以来重要文献选编（1921~1949）》（第22册），中央文献出版社，2011，第749页。

争能力，不仅要坚持以斗争实践为磨刀石，在真刀真枪斗争中多思考、多总结，汲取失败教训、积累斗争经验，还要坚持实践、认识、再实践的指导，加深斗争经验的检验运用，从而形成系统性、条理性、科学性、规律性的斗争经验，形成富有创造性的实践智慧、斗争策略和斗争方法。这是新时代永葆党的斗争精神的必要准备，是提高斗争本领的重要资源，是赢得伟大斗争胜利的行动指南。

1. 善于总结和提炼斗争实践经验

总结和提炼斗争实践经验，是为新时代更好地开展斗争、提供方法论指导的关键手段，也是提高斗争意识、坚定斗争信心、增强斗争本领的必然要求。中国共产党在斗争中积累了丰富而宝贵的经验，为新时代进行新的斗争实践提供了有益借鉴和参考。新时代进行伟大斗争，更应该有主动参与斗争、丰富斗争经验、提升斗争本领的自觉意识。

首先，积极参加重大实践，在层层历练中积累经验。历练是必要过程，斗争本领不是与生俱来的，参加重大实践是砥砺斗争精神的重要途径。在夯实敢于斗争、善于斗争思想根基的基础上，主动投身斗争实践，在具体实践中学以致用，经受住重大斗争的考验，锻造出烈火真金的斗争本领。2018 年 12 月，在中共中央政治局召开的民主生活会上，习近平总书记强调，领导干部作为"关键少数"，要经风雨、见世面、长才干、壮筋骨，发挥示范引领作用，落实求真务实的工作作风，主动承担急难险重的任务。改革发展稳定是我国现代化建设的重要支点，领导干部要锤炼作风、提高本领，在复杂斗争实践中积累经验，要对"发展是硬道理"保持高度警醒，为清除高质量发展道路上的一切障碍、解决自身内部的一切问题积累经验；对"改革是动力"保持高度警觉，为积极化解经济体制改革、政治体制改革、文化体制改革等全面改革的矛盾积累经验；对"稳定是前提"保持高度警惕，为妥善处置突发事件，在维护稳定的第一线履职尽责、积累经验。

其次，重视总结经验教训，在重重阻力中吸取经验。斗争实践蕴含丰富的实践智慧和斗争方法。总结斗争实践的经验是提升斗争能力的灵丹妙药，能为今后的斗争实践提供重要的方法论指导。新时代发扬斗争精神必须重视对伟大斗争实践的经验总结，提炼出应对风险挑战的法宝。因此，对于缺乏斗争经验的领导干部，更要为其提供相应的锻炼岗位与实践平台，例如只有深入脱贫攻坚一线风雨兼程、披星戴月，才知虽然脱贫攻坚取得较大成就，但是实现脱贫攻坚与乡村振兴有效衔接，仍然任重道远，根据形势任务的客观变化，提炼行之有效的斗争方法，是党取得斗争胜利的重要经验。

最后，善于升华理论沉淀，在重重实践中总结经验。实践是认识的基础和唯一来源，只靠学习书本知识，不总结斗争经验，便无法提升斗争能力。只有积极投身斗争实践，不断积累经验、总结教训，将根据实践取得的经验上升到理论层面，才能为今后斗争持续有效地开展奠定方法论基础，保证斗争不断取得胜利。重视和善于总结经验是中国共产党的优良传统，中国共产党在革命、建设、改革中积累了丰富的斗争经验，其中上升为重大原则和科学理论的经验总结，有力推动和保障了党和国家事业的稳步发展，如"坚持党的领导""坚持实事求是""坚持群众路线""坚持党指挥枪""坚持批评与自我批评""坚持理论指导"等，这些中国共产党的重要历史经验成为新时代赢得伟大斗争胜利的坚实理论基础。

2. 善于运用实践将斗争经验转化为斗争方法

马克思指出人的思维是一个实践的问题，"应该在实践中证明自己思维的真理性"[1]。斗争经验凝练于具体的斗争实践，斗争方法是随着客观形势的变化而采用，但是经验与方法能否更好地为伟大斗争服务还得经过现实的检验。在斗争实践中对信息的梳理与分析会受到时间、空间等客观条件的束缚，也会受到个人智慧水平、知识储备的局限，导致总结经验时存在偶然性与主观性，因此经验的积累与提取，必须在实践中检验其适用性和有效性。新时代伟大斗争有许多新的历史特点，"四种考验""四种危险"成为新时代自我革命的新对象，"人民日益增长的美好生活需要和不平衡不充分的发展之间的矛盾"成为新时代社会革命的新目标。如此，以往斗争实践中总结出的经验是否经得起现实的检验，还有待证实。我们有必要在实践中对现实依据进行必要的考察，克服经验的惯性思维，不断总结发展新阶段的新经验，创新更实用的方法，实现理论与实践、主观与客观、必然与偶然的有机统一。另外，要善于运用经验方法指导具体的斗争实践。要将归纳和总结出的斗争经验积极运用到新时代伟大斗争的实践中去，为实践服务，提升工作效率，增强斗争能力，实现斗争经验的应有价值。

---

[1] 《马克思恩格斯选集》（第 1 卷），人民出版社，2012，第 134 页。

（三）在斗争实践锻炼中掌握带领群众斗争的方法

江山就是人民，人民就是江山。共产党人在革命、建设、改革中所进行的斗争，都是为了人民，都要依靠人民，坚持从群众中来到群众中去。中国共产党的初心就是为中国人民谋幸福，在伟大斗争实践中更要增强带领群众斗争的本领，积极带领群众同错误思潮进行坚决斗争，依靠群众破解难题、夺取胜利，积极组织群众坚定不移跟党走。在带领群众斗争的过程中掌握了解、发动、组织和服务群众的方法，掌握群众思想脉动，确保社会稳定。

1. 掌握深入群众、了解群众的方法

中国共产党自诞生之日起，就坚持以辩证唯物主义和历史唯物主义为指导，坚持人民是历史的创造者、是推动社会发展的根本力量，贴合群众的需求，站稳以人民为中心的立场，坚守为人民谋幸福的初心，担负为民谋利益的使命。进入新时代，我们党继续奋斗百年目标，满足人民对美好生活的向往，以人民需求为导向进行新的伟大斗争，深入人民群众，倾听群众呼声，深入基层实践，把握群众期待，加强实践锻炼，积极回应群众关切。开展驻村帮扶工作是中国脱贫攻坚的一项重大举措，全国各地累计选派驻村干部300多万人，在指导帮助基层党组织完成脱贫攻坚任务中担当主力军，发挥了关键作用。为解决我国贫困村基层领导和组织力量不足等问题，他们深入一线探寻强村富民的方法、提升帮扶治理的水平、实现为民办事服务的诺言。

2. 掌握发动群众的方法

党在任何阶段的胜利都不是独立完成的，党员领导干部应以人民为中心，当好发动群众的组织者，任何斗争的开展都需要广大群众的理解、支持和参与。在斗争实践中通过学习修炼内功，用党的科学理论武装群众，以坚定的理想信念凝聚群众。增强斗争本领，全面提高发动群众的能力和水平需要从两处着力。一是要坚持以问题为导向，统一思想。中国共产党长期的斗争实践证明，群众是可以发动起来的。党员领导干部应保持头脑清醒，坚持需求导向、问题导向，从人民群众最关心、最直接、最现实的利益问题入手，围绕食品安全、物价、房价、就业、医疗、腐败等焦点民生问题，依托新时代文明实践发动群众寻找破题的思路、方法、抓手和措施。既要广泛征求群众意见，统一思想、达成共识，在与群众讨论中受教育、得提升、受认可，又要试着发动群众自商、自建、自管，选取典型、树立榜样，营造互相看、互相学、互相比的氛围，在比学赶超中培养祖国建设的后备人才。以发动群众的力度和成效作为党员领导干部斗争本领提升的标准和依据，选贤任能，鞭策激励其掌握发动群众的斗争方法。二是要坚持知行合一的原则，学以致用。党员领导干部在广泛发动群众的斗争实践中实现自我发展，经受锻炼、增长才干，将理论学习成果转化为自觉行动，提高解决实际问题的能力。广大党员和群众的积极性、内生动力被充分激发，逐步形成一套集体事务集体议、公共事业都参与的可复制、可借鉴、可推广的经验方法，明确斗争不是为了斗争而斗争，也不是为了一己私利而斗争，而是为了更好的凝聚群众、团结群众，实现人民对美好生活的向往，苦干实干服务群众。

3. 掌握组织群众的方法

推动历史前进的主体是人民群众，中国特色社会主义事业的发展也源于广大人民群众的不懈奋斗。人民群众的支持，是我们党压倒一切的勇气，是战胜一切艰难险阻的决心，广泛组织群众，才能有效整合和凝聚群众力量。

一是组织群众离不开伟大斗争的政治实践。坚定人民立场、坚定维护人民群众根本利益是组织群众开展斗争的关键，只有立足更高的政治站位，"凡是群众反映强烈的问题都要严肃认真对待，凡是损害群众利益的行为都要坚决纠正"[1]，同消极腐败现象和损害群众利益的行为作坚决斗争，才能鼓舞士气保持巡航能力。一方面，广大党员要坚持党的领导、人民当家作主和依法治国的有机统一，在党的领导下，发挥人民的主体作用，充分调动广大人民群众的积极性、主动性和创造性，放手发动群众，形成推进中国特色社会主义事业的统一意志；另一方面，发挥社会主义民主政治，保证人民群众在党的领导下实现当家作主，依靠宪法和法律，管理国家和社会事务。

二是组织群众体现在国内改革发展稳定任务的各个环节。人民是改革的主体力量，党的十九届五中全会公报中强调，"面对错综复杂的国际形势、艰巨繁重的国内改革发展稳定任务特别是新冠疫情严重冲击，以

---

[1] 《十九大以来重要文献选编》（上），中央文献出版社，2019，第216页。

习近平同志为核心的党中央不忘初心、牢记使命，团结带领全党全国各族人民砥砺前行、开拓创新，奋发有为推进党和国家各项事业"①。把中国特色社会主义伟大事业推向前进，离不开全党全国各族人民团结一心、顽强奋斗。习近平总书记强调："以人民为中心的发展思想，不是一个抽象的、玄奥的概念，不能只停留在口头上、止步于思想环节，而要体现在经济社会发展各个环节。"② 坚持以人民为中心，一方面，要尊重发挥人民群众的首创精神。人民亲身实践在生产和生活的第一线，形成了解决问题和矛盾的独特方式方法，组织鼓励人民发挥首创精神，才能更好集合人民群众的智慧。另一方面，要加强顶层设计。加强顶层设计可以明确战略和方法，克服由于环境、位置和眼界带来的自身局限，从而引导人们正确处理好国家与个人利益的关系。面对改革发展稳定任务中的矛盾斗争，站稳以人民为中心的立场，促进各项惠及人民的改革工作有组织、有计划，实现整体性规划、系统性调整、协同性发展，确保人民看齐追随不偏航。

4. 掌握服务群众的方法

"坚持全心全意为人民服务"是马克思主义政党区别于其他政党的显著标志，对此，中国共产党人从未动摇、偏离、懈怠。人民群众是进行伟大斗争时最坚定、最可靠的外部力量，我们要维护好、服务好人民群众最根本的利益，想群众之所想、急群众之所急，提高联系群众、服务群众的能力。

一是深入基层锻炼、接受教育培训，增强服务群众的意识、提高服务群众的能力。培养人民情怀和担当奉献精神是牢固掌握服务群众方法的前提，党的群众路线贯穿于党的一切工作中。进入新时代，在百年未有之大变局中把握航向、笃定前行，把以人民为中心的发展思想贯穿于党治国理政的全过程，中国不得不面临诸多新考验。深入基层实践时，我们仍能看到存在部分基层的民主党派成员对新型政党制度缺乏了解的问题、基层党员干部参政能力有待进一步提高的问题、农村民主监督难以实施的问题、少数干部履职出现偏差的问题等。因此，增强服务群众的意识、提高服务群众的能力，应从创新党外干部教育培训机制入手，依靠规范的管理、严

① 《十九大以来重要文献选编》（中），中央文献出版社，2021，第787~788页。

② 《习近平谈治国理政》（第2卷），外文出版社，2017，第213~214页。

格的制度提升干部服务群众的意识，解决人民疾苦的决心，更好发挥党在密切党群关系中的主体作用，切实激发领导干部为人民群众服务的热情。通过不断深入基层、接受教育培训，增强了服务群众的意识、明确了斗争的使命，有利于更好地提供优质服务，增强勇于斗争和坚持不懈斗争的本领。例如，部分党员在服务残联组织时，认识、体会到残联组织的困难与诉求，有针对性地为残疾人提供优质服务，维护残疾人合法权益，在思想上更加尊重残疾人，行动上主动维护残疾人利益，争取服务得到认可。

二是加大鼓励力度，营造服务群众的良好环境。敢担当、敢斗争的干部在本职岗位上，更愿意积极地发挥模范先锋作用，但遇到前所未有的重大突发事件时，仍然存在斗争经验不足的问题，仍有安于现状、不作为的干部存在，给为人民服务的工作带来挑战。针对这一情况，要加大鼓励力度，营造领导干部为人民服好务的氛围。强化公仆意识和为民情怀，健全完善党内激励、关怀、帮扶的工作机制，党组织和纪委监委要为"基层减负"，要为敢闯敢干的好干部"减压力、兜底线、保基本"，党要大力表扬、宣传报道"好干部"的先进事迹，营造服务群众、增进民生福祉的良好氛围。

（四）不断推进党的自我革命，永葆党的先进性

1. 加强党的政治建设，做到"两个维护"

新时代在应对前进路上的风险挑战时，更要发扬党的斗争精神，加强党的政治建设。"两个维护"是加强党的政治建设的首要任务，是对党历史经验的科学总结，是凝聚全党磅礴力量的根系所在，是确保全党步调一致的根本保证。其内涵是特定的、统一的，要在实践中落实"两个维护"的具体要求，就要保持对党的绝对忠诚，要坚决维护党中央权威，树牢"四个意识"，更要落实到具体行动上，才能万众一心夺取中国特色社会主义事业的新胜利。

（1）保持对党的绝对忠诚。忠诚是中国共产党人的首要政治品质，对党忠诚是根本的政治担当，具有崭新的时代内涵。对党忠诚不仅要对党有朴素的感情，还要有理性的自觉。首先，对党的信仰忠诚，坚定共产主义信仰。马克思和恩格斯在《共产党宣言》中，经过科学分析论证，得出共产主义必然胜利的结论，对于新时代统揽"四个伟大"，实现共产主义远大

理想与中国特色社会主义共同理想有机统一，克服共产主义"渺茫论"思想误区，坚定共产主义信仰，具有重大理论与现实意义。一是要加强对党忠诚教育。没有对马克思主义、共产主义的坚定信仰，不可能做到对党忠诚。崇高信仰是党的强大精神支柱，培养共产主义信仰，坚定理想信念，要充分发挥红色资源优势，通过学习宣传先进典型，引导领导干部见贤思齐，融入家风建设，引导子女跟党走等系列活动，形成党内政治文化。二是要落实共产主义接力赛。邓小平曾强调："我们搞社会主义才几十年，还处在初级阶段。巩固和发展社会主义制度，还需要一个很长的历史阶段，需要我们几代人、十几代人，甚至几十代人坚持不懈地努力奋斗，决不能掉以轻心。"① 习近平总书记强调："实现共产主义是我们共产党人的最高理想，而这个最高理想是需要一代又一代人接力奋斗的。"② 因此我们要发扬斗争精神，砥砺品质，狠抓落实，撸起袖子加油干，完成接力赛。其次，对党的理论和路线方针忠诚。干部特别是党员领导干部，要自觉同党的基本理论、路线和方针政策对标对表，同党中央决策部署对标对表。中央和国家机关广大党员要提高政治站位，把准政治方向，坚定政治立场，决不能在政治方向上走偏了。最后，对党忠诚始于足下。对党忠诚是具体的、实践的，永葆共产党人政治本色，在新时代进行伟大斗争的实践中，将对党忠诚落到实处。坚决贯彻党中央的决策部署，与党中央保持高度一致。新时代要求我们与习近平同志为核心的党中央保持高度一致，在思想上、政治上、行动上，自觉做到"三个坚决"。积极响应党中央的提倡，坚决执行党中央的决定，贯彻执行党中央的决策部署，提高政治执行力，不讲条件、不打折扣和不搞变通。共产党员要牢记自己的身份，明确自己首先是一名党员，第一职责是为党工作，对党忠诚体现在日常言行和工作中。

（2）坚决维护党中央权威。中国共产党在长期实践过程中总结革命、建设和改革的重要经验，选择马克思主义政党作为领导集体，是保证新时代领导人民进行伟大社会革命不可动摇的关键。首先，将维护党中央权威作为党的领导的最高原则。党中央必须有定于一尊、一锤定音的权威。面对新形势、新任务，党领导人民进行伟大社会革命，涵盖领域广、触及利

① 《邓小平文选》（第3卷），人民出版社，1993，第379~380页。
② 《习近平谈治国理政》（第2卷），外文出版社，2017，第142~143页。

益深，这就要求我们在维护党中央权威的时候，不能仅仅停留在口头上，它是具体的而不是抽象的，要落实到实际行动中，服从组织，着力以上率下。其次，维护党中央权威必须严明政治纪律、恪守政治规矩。习近平总书记强调："在所有党的纪律和规矩中，第一位的是政治纪律和政治规矩。"① 政治纪律是全党必须遵守的刚性约束，政治规矩是全党必须遵守的行为规范和规则。当前面临艰难复杂的斗争形势，严守党的政治纪律和政治规矩既是弘扬党优良传统的实践要求，也是推进伟大事业的现实需要。这就要求党员领导干部以敬畏之心对待政治纪律和政治规矩，坚决响应党中央的号召、坚决照办党中央的决定、坚决杜绝党中央的禁令。积极有为不负党组织的培养，不辱时代的责任与使命。

（3）牢固树立核心意识。列宁指出："政党通常是由最有威信、最有影响、最有经验、被选出担任最重要职务而称为领袖的人们所组成的比较稳定的集团来主持的。"② 马克思主义政党经过历史和人民的选择脱颖而出，时势造英雄，习近平总书记的核心地位，也是历史和人民的共同选择。核心的存在，确保中国这艘巨轮在复杂多变的国内外环境中，不迷失方向，不发生重大原则性、颠覆性错误；以舍我其谁的英雄主义气概，带领人民义无反顾地投入斗争，体现了一位伟大的马克思主义者的革命斗争精神；作为全党和全国人民的核心，坚持贯彻习近平新时代中国特色社会主义思想，保持昂扬的斗争精神。增强"四个意识"，将核心意识融入自我情感，切实加强党的政治建设，做到"两个维护"，坚持党的领导，坚决反对在原则问题上出现认识模糊、态度含糊的行为，以忠诚干净的担当来要求自己，培养斗争精神，在思想和行动上都跟得上时代的步伐。

2. 夯实党的基层基础，巩固执政根基

基层党组织是联系群众的桥梁和纽带，加强基层党组织建设，要密切党同人民群众血肉联系，巩固党的执政根基。我们党经历独自表述到逐步融合壮大，成为一个紧密联系的整体，夯实党的基层基础是伟大事业成功的关键，要用好宝贵的组织资源和组织优势，要建好建强基层党支部，要严格执行党内法规，要锻造党的铁军队伍、发挥先锋作用。

---

① 《习近平谈治国理政》（第 2 卷），外文出版社，2017，第 155 页。
② 《列宁全集》（第 39 卷），人民出版社，2017，第 21 页。

（1）要用好宝贵的组织资源和组织优势。党的力量来自组织，党的工作要靠坚强的党组织体系去落实。2020年6月，中共中央政治局举行"深入学习领会和贯彻落实新时代党的组织路线"第二十一次集体学习，在主持学习时习近平总书记强调："基层党组织是贯彻落实党中央决策部署的'最后一公里'，不能出现'断头路'。"① 要把基层党组织建设成为坚强战斗堡垒，必须做到两点。

首先，要用好组织资源。组织资源是巩固党的执政基础，高效解决我国社会改革发展过程中矛盾问题的重要保证。一是构建党建资源整合机制。有效整合与利用城乡资源，发挥区域优势，科学地推进党组织建设进程。当前，城乡党建资源配置差异明显，基层党建工作的开展，困难重重。我们要同困难作斗争，着力解决农村党组织难以解决的问题，坚持互动共建、共同提高的原则，整合城市党组织的技术和人才，促进党建优势资源向农村转移，缩小城乡差距，实现城乡公共资源的互补，满足农村地区基层党建的资源需求。随着新型城镇化进程的推进，优化和整合基层党建资源迫在眉睫。因此，要建立社区党员服务中心，提供党组织资源支持，达到提高社区党建整体水平的目标。二是构建基层党建支持保障体系。以资源集聚促进党务人才的会集、落实基层组织设施建设和完善党建经费保障。推进基层党务人才成为加快基层党建工作进程的重要智力保障和促进党建发展的宝贵资源。当前面临缺乏有实操经验的专业党建人才的问题，因此对于党建人才的专业化培训、选拔和吸引工作是重中之重。基层党建公用设施是开展党务工作的硬核，要遵循共用开放的原则，依托区域优势互补，形成科学有效的资源管理体系。同时，城乡一体化建设加速发展，抓住关键机遇，多途径、多渠道地解决党建设施的经费问题，基于当地的经济发展水平，积极寻找新的党建资源。

其次，要发挥好组织优势。基层组织是党的各项工作落实的坚实基础，也是提升基层治理体系，提高治理能力现代化的现实需求。一是要以提升基层党组织的组织力为重点，通过突出的政治领导，提升基层党组织的组织力，充分发挥党的领导优势。二是突出解决"灯下黑"问题。机关基层党组织建设在从严抓好落实中取得了显著成效，为党的建设积累了重要经

① 《习近平谈治国理政》（第4卷），外文出版社，2022，第504页。

验，但信念动摇、利益诱惑和制度缺失等原因也导致"灯下黑"问题突出。2019 年 11 月，习近平总书记在中央和国家机关党的建设工作会议上指出："中央和国家机关出问题危害很大，属心腹之患而非皮癣之忧，小毛病不治久而久之也可能引起中风、心梗。"① 因此，要找到病因对症下药，解决"灯下黑"问题，就要强化理想信念，开展理论教育，在斗争实践中付诸实际行动，体现政治修养和党性修养，以党的政治建设为统领，坚持深耕基层支部，做好"三个表率"，推进基层党组织建优建强，巩固党长期执政根基。

（2）要建好建强基层党支部。"党的一切工作到支部"，基层党支部是锻造坚强有力党组织的基本建设，面对新时代、新任务、新目标，党支部作为最基本单元，更要加强支部建设，适应新要求、新形势，"抓基层党建从支部入手"，夯实党建基础。首先，选优配强班子是建好建强支部的重要基础。党支部在建设党组织体系的大厦中，具有重要特殊作用。2018 年 3 月，习近平总书记在参加十三届全国人大一次会议重庆代表团审议时强调："在基层就是党支部，上面千条线、下面一根针，必须夯实基层"。② 要建设强有力的党支部领导核心，让组织体系的经脉气血畅通，关键还要靠党的基层组织。包括基层党委、党总支和党支部，其中党支部是基础组织和基本单元，占到 90% 左右，发挥关键作用。抓好党支部工作，支部书记是关键，"铁打"的支部班子队伍是重要保障。要选优配强支部班子成员，纳入敢于担当，善于作为的党员，扎实支部班子队伍，加强党性原则培训、熟练支部党务工作等专业化训练，提升支部战斗力，建强"火车头"，提高党支部建设的本领，增强支部凝聚力，让党支部强起来。其次，发挥党员模范先锋作用是建好建强支部的重要保障。党员是党组织的细胞，是党内生活的主体，每名党员都是一面鲜艳的旗帜。党员的职责是贯彻执行党的各项方针政策，党员的行为展现着党的优良作风。因此，要加大对党员队伍的管理力度，落实基层组织的重要责任，也是增强党的战斗力的中心环节。一要树立党员榜样的先进典范。树立身边榜样，结合不同群体党员实际，积极推动党支部活动方式创新，发挥党小组作用，通过结合不同群体党员

---

① 《十九大以来重要文献选编》（中），中央文献出版社，2021，第 140 页。
② 《习近平李克强栗战书赵乐际分别参加全国人大会议一些代表团审议》，《人民日报》2018 年 3 月 11 日，第 1 版。

实际，加大党员志愿服务力度，设立党员示范岗，开展先进党员评比活动，设立党员责任区，增强吸引力，体现时代性，带动全体党员见贤思齐，在实践锻炼中磨砺党员敢于担当的精神品质。二要抓好党员教育管理监督工作。严格党员教育管理监督，严格执行"三会一课"，全面推行支部主题党日，重温入党誓词仪式，政治上依靠组织；佩戴党员徽章，集中缴纳党费，工作上服从组织；坚持严管和厚爱相结合，充分发挥主体作用，感情上信赖组织。

（3）要严格执行党内法规。在基层党组织建设中，要克服上面严、中间难、下面软的现状，贯彻好建章立制，执行到落地见效。敢于向违反法规制度的言行亮黄牌，从日常规范抓起，敢于对落实不好的突出问题掏红牌。首先，以党章、准则、条例为镜。党章第八条规定，"每个党员，不论职务高低，都必须编入党的一个支部、小组或其他特定组织，参加党的组织生活，接受党内外群众的监督"。这是党的性质决定的，要有严明的纪律，要勇于担当党分配的各种工作，积极发挥党员主体作用，敢于在重大斗争实践中担当历练。党的准则对党员干部的言行作出了要求，如《关于新形势下党内政治生活的若干准则》的规定，《中国共产党党内监督条例》的要求。其次，以监督问责强化履职尽责。对于党的领导弱化、建设缺失等问题，要及时调整，严格贯彻全面从严治党的要求。对出现严重问题、群众反映强烈的党员按照规定严肃问责。发现苗头性、倾向性问题，要及时进行提醒谈话；对于懈怠党费缴纳的行为，要及时开展批评与自我批评；对不按照规定参加基层党组织活动的行为，要严肃进行批评教育；缺乏革命意志的党员，要加强理想信念的教育和到重大岗位斗争实践的锻炼。

（4）锻造党的铁军队伍，发挥先锋作用。在新时代背景下，广大党员要努力锤炼忠诚担当的政治品格，提高斗争本领，努力争做党中央放心、人民群众安心的党员领导干部，锻造党的铁军队伍，把党建设得更加坚强有力，发挥党员领导干部的模范先锋作用。中国共产党在近14亿人口规模的大国中成为执政党，成为全国全党各族人民的坚强领导核心，面临的国际形势云谲波诡，国内改革发展任务艰巨，周边环境复杂敏感。习近平总书记强调，牵牛要牵牛鼻子，要抓好"关键少数"，党的干部是党和国家事业的中坚力量，党员领导干部提高斗争本领是大势所趋。

首先，消除党员干部的"本领恐慌"。2013年3月，在中央党校建校

80周年庆祝大会上，习近平总书记提出"本领恐慌"这一问题，鲜明指出我们的本领有适应党和国家发展的一面，同时随着世情、国情和党情的变化，新问题新情况接连不断，新困难高风险层出不穷，我们的本领不适应的一面，正在凸显。为增强党员干部的斗争本领，习近平总书记重提本领恐慌问题，来告诫党员干部抓紧增强斗争本领。1939年，毛泽东在延安讲话中指出，"我们队伍里边有一种恐慌，不是经济恐慌，也不是政治恐慌，而是本领恐慌"①。习近平总书记也强调，"很多同志有做好工作的真诚愿望，也有干劲，但缺乏新形势下做好工作的本领，面对新情况新问题，由于不懂规律、不懂门道、缺乏知识、缺乏本领，还是习惯于用老思路老套路来应对，蛮干盲干，结果是虽然做了工作，有时做得还很辛苦，但不是不对路子，就是事与愿违，甚至搞出一些南辕北辙的事情来。这就叫新办法不会用，老办法不管用，硬办法不敢用，软办法不顶用。我看这种状态，在党内相当一个范围、相当一个时期都是存在的"②。实现民族复兴的伟大梦想，要靠本领，本领恐慌的问题被重提，就证实了它的存在影响了党的执政基础，阻碍党员干部自我提升，影响党员干部发挥模范先锋作用。改变本领恐慌这一现状，就要求党员领导干部增强学习的紧迫感，提高增强本领的使命感，落实历练本领就是任务的责任感，在外部压力的驱使下，转化为行动上的自觉，转化为实现党的目标任务的动力。

其次，积极选拔在斗争实践中被历练的干部。2018年12月，举行中央经济工作会议，明确提高党的能力建设要在战胜艰难险阻中提高斗争本领，提升完成目标任务的能力，通过各种实践方式的锤炼，选拔在斗争实践中被历练的干部，才能适应世情、国情、党情的变化。新时代选拔干部的一个新导向，就是要注重经历斗争实践的锻炼，积累相关的斗争经验，丰富斗争智慧，才能在新时代有新气象和新作为。2018年11月，在十九届中央政治局第十次集体学习时，习近平总书记强调，在选拔干部时注重在重大斗争中经受过历练的干部，同时对于缺乏斗争经验的干部，也要提供相应的历练平台和机会，让他们到重大斗争中经受锻炼，为民服务，敢于担当，在攻坚克难、搏击风浪中增长胆识和才干。"人才自古要养成，放使干霄战

① 《毛泽东文集》（第2卷），人民出版社，1993，第178页。
② 《习近平谈治国理政》，外文出版社，2014，第402~403页。

风雨"，党员领导干部要在应对每一场风险挑战中练就真本领。

本章小结

斗争精神是我们党领导人民应对重大挑战、克服重大阻力、解决重大困难的重要精神支撑。本章立足新时代斗争环境和斗争形势的新变化，回答了"如何发扬斗争精神"的问题，拓展了发扬斗争精神的新视野。

一是从路径选择上，提出要在坚定斗争意志、把准斗争方向、讲求斗争方法、增强斗争本领"四个方面"保持永不言弃、勇往直前的精神状态，对"路径选择"进行科学设计和部署，力求最大的斗争效果，撸起袖子奋斗美好生活。

二是从思维方法上，步入新的发展阶段，更需要在追问"以什么样的精神状态进行斗争"和"怎样进行斗争"中，运用战略思维方法、系统思维方法和底线思维方法发扬党的斗争精神，为增强斗争制胜本领提供正确的精神指引。指出必须在服务国家和社会的战略中敢战能胜，在向第二个百年奋斗目标奋勇前进中逢山开路、遇水架桥，广大党员和领导干部应保持头脑清醒筑牢斗争精神的信仰之基，涵养政治定力筑牢斗争精神的政治之魂，提升斗争能力培养斗争精神的服务之本，同时为蓄能实践锻炼，需要不断推动党的自我革命斗争，加强政治建设、牢固基层组织、锻造铁军队伍、严格正风肃纪、完善党内法规，不断赓续党的精神血脉、牢固党的执政根基，不断增强进行斗争的实践本领。

结　语

纵观中国共产党历史，是马克思主义科学指导思想"激活了"中国共产党人彻底的革命斗争精神，从唯物辩证的角度看，整个世界处在普遍联系中，构成了一个错综复杂的矛盾体系，自然界、人类社会及人的思维的发展都充满着矛盾与斗争，矛盾的存在是绝对的，决定了矛盾斗争性也是绝对的，必须树立斗争的整体意识；从社会发展的角度看，一个民族的生存、发展乃至复兴，都需同挑战、磨难、矛盾、问题和消极现象作坚决彻底的斗争，必须树立斗争到底的民族使命感和历史责任感。

100多年来，中国共产党继承和发展了马克思恩格斯列宁的斗争思想学说和中华民族传统文化的优秀基因，在党的历届领导人永葆斗争精神思想的指引下、在伟大斗争实践的过程中，中国共产党人准确把握时代脉搏，赋予党的斗争精神主题以鲜明特质，具体表现为"知重负重、自觉担当、苦干实干、甘于奉献、攻坚克难、开拓创新"的理论意蕴，中国共产党把马克思主义的唯物史论运用到中国发展实际，准确把握时代脉搏，赋予党的斗争精神主题重要的价值意蕴，还表现出信仰之美、正义之美、崇高之美的美学意蕴。

习近平总书记强调，中华民族伟大复兴"要战胜前进道路上的各种风险挑战，没有斗争精神不行"①。在斗争中成长和壮大起来的中国共产党和中国人民，之所以能经历挫折而不退缩、经历磨难而不畏惧，一个非常重要的原因就在于党始终坚持发扬斗争精神，坚持为取得斗争的胜利注入强大精神力量。我国发展进入新阶段，"世界百年未有之大变局加速演进，中华民族伟大复兴进入关键时期，我们面临的风险挑战明显增多，总想过太

---

① 《习近平谈治国理政》（第3卷），外文出版社，2020，第101页。

平日子、不想斗争是不切实际的"①。唯有传承和发扬中国共产党的斗争精神，保持习近平总书记提出的"四个敢于"的斗争态度，即"在大是大非面前敢于亮剑，在矛盾冲突面前敢于迎难而上，在危机困难面前敢于挺身而出，在歪风邪气面前敢于坚决斗争"②，才能继续在新时代新征程的长征路上攻坚克难、坚持斗争。

　　本书从对党的斗争精神内在内涵和理论渊源的梳理，到对党的百年历程中"四个阶段"演进脉络、精神特质的考证，到对党的斗争精神经验启示的总结，到对党的伟大斗争精神与实现中华民族伟大复兴必然性的逻辑分析，到对新时代中国共产党人发扬党的斗争精神的路径选择的提出，再到对发扬斗争精神为增强斗争制胜本领提供精神指引的探讨，本书力图对中国共产党斗争精神的精神特质、形成历史进行系统考证和梳理，对发扬斗争精神的主要经验进行客观评价和全面总结，在认真分析、研究、借鉴学界对党的伟大斗争精神研究成果的基础上，不仅明晰了发扬党的斗争精神的独特时代背景和主要内涵、价值意蕴、影响因素，而且提出了新时代如何更好发扬党的斗争精神的对策和路径，构建起了比较完善的发扬党的斗争精神的理论体系和方法体系，为党的斗争精神在新时代的继续发扬奠定了重要基础。

---

① 《习近平谈治国理政》（第 4 卷），外文出版社，2022，第 533 页。
② 《习近平谈治国理政》（第 3 卷），外文出版社，2020，第 227 页。

参考文献

【经典著作与重要文献】

[1]《马克思恩格斯全集》（第1卷），人民出版社，1995。

[2]《马克思恩格斯全集》（第2卷），人民出版社，1957。

[3]《马克思恩格斯全集》（第3卷），人民出版社，2002。

[4]《马克思恩格斯全集》（第4卷），人民出版社，1958。

[5]《马克思恩格斯全集》（第18卷），人民出版社，1964。

[6]《马克思恩格斯全集》（第25卷），人民出版社，2001。

[7]《马克思恩格斯全集》（第33卷），人民出版社，1973。

[8]《马克思恩格斯全集》（第35、40卷），人民出版社，1982。

[9]《马克思恩格斯全集》（第36卷），人民出版社，1975。

[10]《马克思恩格斯全集》（第39卷），人民出版社，1974。

[11]《马克思恩格斯全集》（第42卷），人民出版社，1979。

[12]《马克思恩格斯文集》（第1、2、3、5、9卷），人民出版社，2009。

[13]《马克思恩格斯选集》（第1、2、3卷），人民出版社，2012。

[14]《马克思恩格斯选集》（第3卷），人民出版社，2012。

[15]《马克思恩格斯选集》（第4卷），人民出版社，1972。

[16] 马克思、恩格斯：《共产党宣言》，人民出版社，2018。

[17] 马克思：《1844年经济学哲学手稿》，人民出版社，2000。

[18]《列宁全集》（第60卷），人民出版社，1990。

[19]《列宁选集》（第1、2、3、4卷），人民出版社，2012。

[20]《斯大林选集》（上卷），人民出版社，1979。

[21]《毛泽东文集》（第2卷），人民出版社，1993。

［22］《毛泽东文集》（第3卷），人民出版社，1996。

［23］《毛泽东文集》（第6、7、8卷），人民出版社，1999。

［24］《毛泽东选集》（第1、2、3、4卷），人民出版社，1991。

［25］《毛泽东著作选读》（上、下），人民出版社，1986。

［26］《毛泽东著作专题摘编》（上、下），中央文献出版社，2003。

［27］《毛泽东传》，中央文献出版社，2011。

［28］毛泽东：《目前抗日统一战线中的策略问题》，人民出版社，1953。

［29］《毛泽东年谱（1949~1976）》（第1卷），中央文献出版社，2013。

［30］《建国以来毛泽东文稿》（第7册），中央文献出版社，1992。

［31］《建国以来毛泽东文稿》（第9册），中央文献出版社，1996。

［32］中共中央文献研究室、中共湖南省委《毛泽东早期文稿》编辑组编《毛泽东早期文稿》，湖南人民出版社，1990。

［33］中共中央文献研究室编《毛泽东思想年编（1921~1975）》，中央出版社，2011。

［34］《邓小平文集》（第3卷），人民出版社，2014。

［35］《邓小平选集》（第1卷），人民出版社，1994。

［36］《邓小平文选》（第1、2卷），人民出版社，1994。

［37］《邓小平年谱（1904~1974）》（中），中央文献出版社，2009。

［38］《邓小平年谱（1975~1997）》（下），中央文献出版社，2004。

［39］《邓小平关于建设有中国特色社会主义的论述专题摘编》，中央文献出版社，1992。

［40］《江泽民文选》（第1、2、3卷），人民出版社，2006。

［41］《江泽民论党的建设》，中央文献出版社，2001。

［42］《江泽民论"三个代表"》，中央文献出版社，2001。

［43］《江泽民论有中国特色社会主义（专题摘编）》，中央文献出版社，2002。

［44］《胡锦涛文选》（第1、2、3卷），人民出版社，2016。

［45］《习近平谈治国理政》，外文出版社，2014。

［46］《习近平谈治国理政》（第2卷），外文出版社，2017。

［47］《习近平谈治国理政》（第 3 卷），外文出版社，2020。

［48］《习近平谈治国理政》（第 4 卷），外文出版社，2022。

［49］《中国共产党中央委员会关于建国以来党的若干历史问题的决议》，人民出版社，1981。

［50］中共中央党史研究室著，胡绳主编《中国共产党的七十年》，中共党史出版社，1991。

［51］中共中央党史研究室：《中国共产党历史》（上卷），人民出版社，1991。

［52］中共中央文献研究室、中央档案馆编《建党以来重要文献选编（1921~1949）》，中央文献出版社，2011。

［53］中共中央文献研究室、中央档案馆编《建国以来重要文献选编（第 1~20 册）》，中央文献出版社，2011。

［54］中共中央文献研究室编《十三大以来重要文献选编》（中），人民出版社，1991。

［55］中共中央文献研究室编《十五大以来重要文献选编》（上），中央文献出版社，2011。

［56］中共中央文献研究室编《十六大以来重要文献选编》（下），中央文献出版社，2005。

［57］中共中央文献研究室编《十七大以来重要文献选编》（上），中央文献出版社，2009。

［58］中共中央文献研究室编《十八大以来重要文献选编》（上），中央文献出版社，2014。

［59］中共中央文献研究室编《十八大以来重要文献选编》（下），中央文献出版社，2018。

［60］中共中央文献研究室编《十九大以来重要文献选编》（上），中央文献出版社，2019。

［61］中共中央党史研究室：《中国共产党的九十年（新民主主义革命时期）》，中共党史出版社、党建读物出版社，2016。

［62］中共中央党史研究室：《中国共产党的九十年（社会主义革命和建设时期）》，中共党史出版社、党建读物出版社，2016。

［63］中共中央党史研究室：《中国共产党的九十年（改革开放和社会

主义现代化建设新时期）》，中共党史出版社、党建读物出版社，2016。

[64]《改革开放三十年重要文献选编》（上），人民出版社，2008。

[65] 中央档案馆、中共中央文献研究室编《中共中央文件选集（1949年 10 月~1966 年 5 月）》，人民出版社，2013。

[66] 中共中央宣传部：《习近平总书记系列重要讲话读本》，人民出版社，2014。

[67]《习近平新时代中国特色社会主义思想学习纲要》，学习出版社、人民出版社，2019。

[68] 中共中央宣传部：《习近平新时代中国特色社会主义思想三十讲》，学习出版社，2018。

[69]《习近平关于实现中华民族伟大复兴的中国梦论述摘编》，中央文献出版社，2013。

[70]《习近平关于协调推进"四个全面"战略布局论述摘编》，中央文献出版社，2015。

[71]《习近平关于严明党的纪律和规矩论述摘编》，中央文献出版社，2016。

[72]《习近平关于党风廉政建设和反腐败斗争论述摘编》，中央文献出版社、中国方正出版社，2015。

[73]《习近平关于全面从严治党论述摘编》，中央文献出版社，2016。

[74]《习近平关于全面依法治国论述摘编》，中央文献出版社，2015。

[75] 中共中央党校（国家行政学院）：《习近平新时代中国特色社会主义思想基本问题》，人民出版社、中共中央党校出版社，2020。

[76] 习近平：《在南京大屠杀死难者国家公祭仪式上的讲话》，人民出版社，2014。

[77] 习近平：《干在实处走在前列——推进浙江新发展的思考与实践》，中共中央党校出版社，2006。

[78]《习近平总书记在河北、兰考两地调研指导党的群众路线教育实践活动报道集》，人民出版社，2014。

[79] 习近平：《在第十八届中央纪律检查委员会第六次全体会议上的讲话》，人民出版社，2016。

[80] 习近平：《在纪念红军长征胜利 80 周年大会上的讲话》，人民出

版社，2016。

[81] 习近平：《在纪念五四运动 100 周年大会上的讲话》，人民出版社，2019。

[82] 习近平：《在经济社会领域专家座谈会上的讲话》，人民出版社，2020。

[83] 习近平：《在党史学习教育动员大会上的讲话》，人民出版社，2021。

[84] 习近平：《在庆祝中国共产党成立 100 周年大会上的讲话》，人民出版社，2021。

[85] 中共中央宣传部理论局：《论学习——重要论述摘编》，学习出版社，2009。

[86]《中国共产党第十九届中央委员会第五次全体会议公报》，人民出版社，2020。

[87]《中共中央关于制定国民经济和社会发展第十四个五年规划和二〇三五年远景目标的建议》，人民出版社，2020。

[88]《中国共产党第十九届中央委员会第六次全体会议公报》，人民出版社，2021。

[89]《中共中央关于党的百年奋斗重大成就和历史经验的决议》，人民出版社，2021。

[90]《孙中山选集》（下卷），人民出版社，1956。

[91]《李大钊选集》，人民出版社，1959。

[92]《李大钊全集》（第 2 卷），人民出版社，1999。

[93]《李大钊全集》（第 3 卷），人民出版社，2013。

[94]《陈独秀文集》（第 1 卷），人民出版社，2013。

[95]《陈独秀著作选》（第 1 卷），上海人民出版社，1993。

[96]《蔡和森的十二篇文章》，人民出版社，1980。

[97]《一大前后》（1），人民出版社，1980。

[98]《陈望道全集》（第 7 卷），浙江大学出版社，2011。

[99]《邓恩铭文集》，人民出版社，2013。

[100]《张闻天文集》（第 1 卷），中共党史资料出版社，1990。

[101]《蔡元培选集》（上卷），浙江教育出版社，1993。

［102］《刘少奇选集》（上卷），人民出版社，1981。

［103］《陈云文选》（第1卷），人民出版社，1995。

［104］中共中央文献研究室、中央档案馆编《建国以来刘少奇文稿》（第3册），中央文献出版社，2005。

［105］中共中央党史资料征集委员会、中央档案馆编《遵义会议文献》，人民出版社，1985。

［106］周恩来生平和思想研讨会组织委员会：《周恩来百周年纪念——全国周恩来生平和思想研讨会论文集》（下），中央文献出版社，1994。

［107］胡锦涛：《在庆祝中国共产党成立90周年大会上的讲话》，人民出版社，2011。

［108］胡锦涛：《坚定不移沿着中国特色社会主义道路前进 为全面建成小康社会而奋斗》，人民出版社，2012。

【国内相关著作】

［109］本书编写组编《中国共产党90年学习读本》，人民出版社，2011。

［110］沈云锁、潘强恩主编《共产党通史》（第1卷、上册），人民出版社，2011。

［111］新华社中央新闻采访中心编《部长访谈录》，人民出版社，2017。

［112］《新民学会资料》，人民出版社，1980。

［113］周天度：《蔡元培传》，人民出版社，1984。

［114］谭培文、陈新夏、吕世荣主编《马克思主义经典著作编与导读》，人民出版社，2005。

［115］时希平、张严：《马克思主义政党先进性建设的理论与实践》，人民出版社，2006。

［116］傅治平：《精神的升华——中国共产党的精气神》，人民出版社，2007。

［117］《民族脊梁》编写组编《民族脊梁：100位为新中国成立作出突出贡献的英雄模范人物》，人民出版社，2009。

［118］王伟光：《利益论》，中国社会科学出版社，2010。

［119］王真：《中国共产党抵御执政风险研究》，人民出版社，2011。

［120］求是杂志社、中共云南省委宣传部编《指导进行具有许多新的

历史特点的伟大斗争的政治宣言》，学习出版社，2016。

[121] 李洪峰：《共产党员系列谈》，人民出版社，2016。

[122] 王伟光主编《共产党员必备哲学修养》，人民出版社，2016。

[123] 肖冬松：《马克思主义及其中国化研究散论》，人民出版社，2016。

[124] 本书编写组编《不忘初心——坚守中国共产党人的精神家园》，人民出版社，2016。

[125] 本书编写组编《领导干部要讲政德》，人民出版社，2018。

[126] 徐成芳等：《意识形态安全与建设问题研究》，人民出版社，2018。

[127] 中共中央宣传部、中央广播电视总台：《平"语"近人——习近平总书记用典》，人民出版社，2019。

[128] 本书编写组编著《做不忘初心、牢记使命的新时代党员》，人民出版社，2019。

[129] 刘佳：《中国共产党"伟大斗争"研究》，人民出版社，2019。

[130] 张政主编《红船初心——"红船精神"的理论与实践》，人民出版社，2019。

[131] 郝永平、黄相怀编《伟大斗争与新时代共产党人的使命担当》，人民出版社，2019。

[132] 本书编写组编《精神的力量——共产党人的初心和使命》，人民出版社，2019。

[133] 李小三主编《中国共产党人精神研究》，中央文献出版社，2008。

[134] 本书编写组：《中国共产党简史》，人民出版社、中共党史出版社，2021。

[135]《庄子》，方勇译注，中华书局，2010。

[136] 薄一波：《若干重大决策与事件的回顾》（上卷），中共中央党校出版社，1991。

[137] 张学森：《中国特色社会主义信念与党的先进性建设》，中共中央党校出版社，2005。

[138] 董振华主编《斗争》，中共中央党校出版社，2019。

［139］杨瑞勇主编《发扬斗争精神　增强斗争本领》，中共中央党校出版社，2019。

［140］吕增奎主编《执政的转型：海外学者论中国共产党的建设》，中央编译出版社，2011。

［141］王良学：《使命》，中国社会科学出版社，2011。

［142］刘亚斌：《文化霸权论的变异学研究》，中国社会科学出版社，2016。

［143］郑冬芳等：《精神的力量》，中国社会科学出版社，2019。

［144］张英伟主编《全面从严治党永远在路上》，中国社会科学出版社，2019。

［145］王京清主编《深入推进新时代党的建设新的伟大工程》，中国社会科学出版社，2019。

［146］金民卿、陈绍华、吕延涛主编《中国共产党精神的时代解读》，社会科学文献出版社，2016。

［147］于建荣、何芹主编《用伟大成就伟大：与党员干部谈"四大伟大"》，红旗出版社，2017。

［148］本书编写组编《精进新时代如何成就伟大》，红旗出版社，2018。

［149］吴黎宏编著《共产党员如何不忘初心、牢记使命》，红旗出版社，2019。

［150］燕连福：《马克思主义诞生的标记：〈共产党宣言〉新读》，红旗出版社，2020。

［151］李石头：《斗争的艺术》，国家行政学院出版社，2012。

［152］许罡：《共产党人的精神坐标》，国家行政学院出版社，2015。

［153］周辅成编《从文艺复兴到十九世纪资产阶级哲学家政治思想家有关人道主义人性论论选辑》，商务印书馆，1966。

［154］中国大百科全书出版社《简明不列颠百科全书》编辑部译编《简明不列颠百科全书》（第3卷），中国大百科全书出版社，1985。

［155］石仲泉主编《中国共产党与马克思主义中国化》，中国人民大学出版社，2011。

［156］张启华、张树军主编《中国共产党思想理论发展史》（上、下

卷），中国人民大学出版社，2011。

［157］黄相怀等：《不忘初心：中国共产党为什么能永葆朝气》，中国人民大学出版社，2016。

［158］王毅：《共产党人的伟大精神》，人民日报出版社，2016。

［159］人民日报理论部编《精神的力量：中国共产党伟大精神最新阐释》，人民日报出版社，2016。

［160］吴文珑：《如何做合格党员：共产党员的人格风范》，人民日报出版社，2016。

［161］戴立兴、黄宇、龚上华：《精神——新时代中国共产党的伟大精神》，人民日报出版社，2017。

［162］任仲文编《新时代党员干部如何发扬斗争精神》，人民日报出版社，2020。

［163］任仲文主编《共产党人的必修课：学习马克思主义理论》，人民日报出版社，2020。

［164］赵晓强、官蕊、李倩：《中国共产党廉政简史》，人民日报出版社，2021。

［165］肖力、邢洪儒：《中国共产党精神建设研究》，光明日报出版社，2011。

［166］王关兴、陈挥：《中国共产党反腐倡廉史》，上海人民出版社，2001。

［167］孟财、余远来主编《共产党员要勇于自我革命》，浙江人民出版社，2017。

［168］马代绍俊主编《共产党人的精神脊梁》，浙江人民出版社，2018。

［169］吕洪波：《共产党人的初心和使命》，浙江人民出版社，2018。

［170］许进品主编《习近平新时代中国特色社会主义思想研究》，广西人民出版社，2019。

［171］梁妍慧、王长江：《党的信仰和理论基础》，黑龙江人民出版社，1991。

［172］《学习毛主席的敢于斗争敢于胜利的革命精神》，延边人民出版社，1960。

［173］陈先达：《共产党人的必修课：学精悟透用好马克思主义看家本领》，东方出版社，2020。

［174］张福俭、张绍元编著《共产党员道德修养与行为规范》，中国言实出版社，2018。

［175］韩庆祥、张艳涛：《论"四个伟大"》，北京联合出版公司，2018。

［176］刘德军、张荣华主编《创建伟业：中国共产党成长发展史研究》，济南出版社，2018。

［177］谢春涛主编《中国共产党如何应对挑战?》，新世界出版社，2014。

［178］金宝珍主编《坚定的信仰》，上海医科大学出版社，1992。

［179］刘先江、韩景云：《马克思的政党观》，解放军出版社，2014。

［180］吴如嵩、苏桂亮主编《孙子兵学大辞典》，白山出版社，2015。

［181］陆儒德编著《江海客——毛泽东》，海洋出版社，2009。

［182］辛灿主编《西方政界要人谈和平演变》，新华出版社，1989。

【国外著作】

［183］〔德〕黑格尔：《逻辑学》，杨一之译，商务印书馆，1976。

［184］〔英〕伊格尔顿：《马克思主义与文学批评》，文宝译，人民文学出版社，1980。

［185］〔英〕弗·培根：《培根论说文集》，水天同译，商务印书馆，1984。

［186］〔美〕洛易斯·惠勒·斯诺编《斯诺眼中的中国》，王思光等译，中国学术出版社，1982。

［187］〔美〕理查德·尼克松：《1999：不战而胜》，谭朝洁等译，中国人民公安大学出版社，1988。

［188］〔美〕斯图尔特·R.施拉姆：《毛泽东的思想》，田松年、杨德等译，中国人民大学出版社，2005。

［189］〔美〕哈里森·索尔兹伯里：《长征——前所未闻的故事》，过家鼎、程镇球、张援远译，解放军出版社，2005。

［190］〔美〕塞缪尔·P.亨廷顿：《变化社会中的政治秩序》，王冠华

等译，上海人民出版社，2008。

[191]〔美〕埃德加·斯诺：《红星照耀中国》，董乐山译，作家出版社，2011。

[192]周杰荣、毕克伟编《胜利的困境：中华人民共和国的最初岁月》，姚昱等译，香港中文大学出版社，2011。

[193]〔美〕沈大伟：《中国共产党：收缩与调适》，吕增奎、王新颖译，中央编译出版社，2012。

[194]〔日〕江田宪治：《中国共产党的"党内民主"：历史与现状》，中央编译出版社，2011。

[195]〔法〕艾米莉·唐：《中国的党校与领导精英的培养》，中央编译出版社，2011。

[196]〔德〕海克·霍尔比：《当代中国的意识形态重构：决定因素、进展和局限》，中央编译出版社，2011。

[197]〔英〕阿克顿：《自由与权力——阿克顿勋爵论说文集》，侯健、范亚峰译，商务印书馆，2001。

[198]〔美〕道格·麦克亚当、西德尼·塔罗、查尔斯·蒂利：《斗争的动力》，李义中、屈平译，译林出版社，2006。

【期刊论文】

[199]习近平：《深入学习中国特色社会主义理论体系 努力掌握马克思主义立场观点方法》，《求是》2010年第7期。

[200]习近平：《在全国组织工作会议上的讲话》，《当代党员》2018年第19期。

[201]习近平：《关于坚持和发展中国特色社会主义的几个问题》，《求是》2019年第7期。

[202]习近平：《努力造就一支忠诚干净担当的高素质干部队伍》，《求是》2019年第1期。

[203]习近平：《牢记初心使命，推进自我革命》，《求是》2019年第15期。

[204]习近平：《推进党的建设新的伟大工程要一以贯之》，《求是》2019年第19期。

［205］习近平：《在"不忘初心、牢记使命、主题教育总结大会上的讲话》，《求是》2020年第13期。

［206］习近平：《中国共产党领导是中国特色社会主义最本质的特征》，《求是》2020年第14期。

［207］习近平：《在中央和国家机关党的建设工作会议上的讲话》，《当代党员》2019年第22期。

［208］习近平：《以猛药去疴、重典治乱的决心　以刮骨疗毒、壮士断腕的勇气　坚决把党风廉政建设和反腐败斗争进行到底》，《党建》2014年第2期。

［209］胡锦涛：《领导干部要带头增强党性》，《求是》1995年第18期。

［210］石平：《开展积极健康的思想斗争》，《求是》2013年第15期。

［211］辛向阳：《把握"具有许多新的历史特点的伟大斗争"的深刻含义》，《红旗文稿》2015年第7期。

［212］仰义方：《党员干部在大是大非面前必须保持政治定力》，《红旗文稿》2017年第2期。

［213］陈培永：《新自由主义对中国未来发展的潜在危害》，《红旗文稿》2017年第24期。

［214］朱继东：《永葆斗争精神》，《红旗文稿》2019年第5期。

［215］金民卿：《"两个时代"叠加交织的特殊历史情境与新的伟大斗争》，《红旗文稿》2019年第5期。

［216］双传学：《双传学：发扬斗争精神》，《红旗文稿》2019年第11期。

［217］孙炳炎：《清醒认识西方意识形态渗透的"四化"新态势》，《理论探索》2020年第6期。

［218］赵智奎：《发扬斗争精神　增强斗争本领》，《红旗文稿》2020年第19期。

［219］李清堂：《发扬斗争精神 走好新的赶考之路》，《红旗文稿》2021年第17期。

［220］徐俊、刘魁：《马克思主义信仰中国化论析》，《马克思主义研究》2011年第2期。

［221］韩庆祥、王海滨：《"伟大斗争"的基本内涵及新形式、新特点》，《马克思主义研究》2014 年第 11 期。

［222］田旭明：《"让人民群众有更多获得感"的理论意涵与现实意蕴》，《马克思主义研究》2018 年第 4 期。

［223］岳奎：《"不忘初心"与自觉抵制西方非意识形态化错误思潮》，《马克思主义研究》2018 年第 9 期。

［224］王公龙：《新时代伟大斗争的历史形态与实践逻辑》，《科学社会主义》2020 年第 1 期。

［225］郭如才：《"必须准备进行具有许多新的历史特点的伟大斗争"——基于习近平有关重要论述的分析》，《党的文献》2015 年第 2 期。

［226］黄相怀：《"伟大斗争"的政治阐释与现实逻辑》，《党的文献》2020 年第 3 期。

［227］田鹏颖：《进行具有许多新的历史特点的伟大斗争》，《中国特色社会主义研究》2017 年第 5 期。

［228］谢觉哉：《革命传统中的艰苦与愉快》，《人民论坛》1994 年第 4 期。

［229］朱继东：《领导干部如何保持斗争精神、增强斗争本领》，《人民论坛》2019 年第 16 期。

［230］张世飞：《新时代领导干部为何要发扬斗争精神》，《人民论坛》2020 年第 4 期。

［231］郝永平、孙林：《新时代伟大斗争的历史特点》，《人民论坛》2020 年第 17 期。

［232］赵卯生：《新时代怎样进行伟大斗争》，《人民论坛》2020 年第 22 期。

［233］鲁君、杨文选：《在"思想道德修养与法律基础"课中加强学生品德修养的几个着力点》，《思想理论教育导刊》2019 年第 12 期。

［234］王绍霞：《习近平对毛泽东斗争精神的继承与发展》，《思想理论教育导刊》2020 年第 2 期。

［235］高翔莲、张聪聪：《习近平对马克思主义斗争思想的守正与创新》，《思想理论教育导刊》2020 年第 11 期。

［236］徐茂华、代渝渝：《从毛泽东到习近平：共产党人的斗争精神及

斗争哲学》，《毛泽东邓小平理论研究》2020年第3期。

[237] 杨明伟：《毛泽东提出"从斗争中创造新局面"的现实意义》，《毛泽东邓小平理论研究》2020年第10期。

[238] 孙瑛辉：《毛泽东"以斗争求团结"策略思想论析》，《毛泽东邓小平理论研究》2020年第10期。

[239] 赵亚楠、安俭：《中国共产党百年斗争精神的历史诠释与现实建构》，《理论视野》2021年第4期。

[240] 陈曙光、李娟仙：《论伟大斗争》，《学校党建与思想教育》2019年第19期。

[241] 魏荣、何文静：《论新时代伟大事业中的理论斗争诉求及实践》，《学校党建与思想教育》2019年第5期。

[242] 鲁君：《中国共产党革命精神的美学意蕴》，《学校党建与思想教育》2021年第19期。

[243] 陈春莲：《整体视域下的斗争精神：多维内涵·生成逻辑·培育进路》，《中学政治教学参考》2020年第30期。

[244] 赵静：《意识形态领域发扬斗争精神、增强斗争本领的三维视野》，《学习论坛》2021年第3期。

[245] 田旭明：《深刻理解共产党人"必须发扬斗争精神"的丰富内涵》，《理论探索》2020年第5期。

[246] 赵金平：《中国共产党百年斗争经验：回望与启示》，《思想政治教育研究》2021年第3期。

[247] 王元骧：《审美自由与人的解放——兼论马克思对德国古典美学的继承与革新》，《杭州大学学报》（哲学社会科学版）1998年第3期。

【报纸文章】

[248] 陈金龙：《认识把握新时代党面临的改革开放考验》，《人民日报》2018年4月1日。

[249] 杨竺松：《以务实举措克服精神懈怠危险》，《人民日报》2018年4月22日。

[250] 陈先达：《从社会规律认识伟大斗争》，《人民日报》2019年1月2日。

［251］唐宏：《用红色文化培养斗争精神》，《人民日报》2019 年 6 月 25 日。

［252］陈名杰：《继续发扬斗争精神》，《人民日报》2019 年 7 月 31 日。

［253］李浩燃：《葆有充沛顽强的斗争精神》，《人民日报》2019 年 9 月 4 日。

［254］江嵩、王晓宁：《夯实敢于斗争善于斗争的思想根基》，《光明日报》2019 年 11 月 25 日。

［255］臧安民：《不懈淬炼勇于担当的政治品格》，《人民日报》2020 年 7 月 28 日。

［256］本报评论员：《坚持原则 敢于斗争》，《人民日报》2021 年 9 月 5 日。

［257］张帆：《不怕牺牲 英勇斗争》，《人民日报》2021 年 9 月 22 日。

［258］郝永平、黄相怀：《在新征程上不断夺取伟大斗争新胜利》，《人民日报》2021 年 9 月 16 日。

［259］宣言：《我们为什么能够成功》，《人民日报》2021 年 9 月 27 日。

［260］宣言：《我们怎样才能继续成功》，《人民日报》2021 年 9 月 28 日。

［261］宋冬：《在敢于斗争中争取更大胜利》，《人民日报》2021 年 11 月 2 日。

［262］本报评论员：《党在革命性锻造中更加坚强》，《人民日报》2021 年 11 月 8 日。

［263］邱巍：《百年大党的精神之源》，《人民日报》2021 年 8 月 6 日。

图书在版编目（CIP）数据

斗争精神的理论阐释／鲁君著. -- 北京：社会科
学文献出版社，2024.1（2025.2重印）
ISBN 978-7-5228-2233-4

Ⅰ.①斗… Ⅱ.①鲁… Ⅲ.①中国共产党-党员-思
想政治教育-研究 Ⅳ.①D261.42

中国国家版本馆 CIP 数据核字（2023）第 141146 号

斗争精神的理论阐释

著　　者／鲁　君

出 版 人／冀祥德
组稿编辑／曹义恒
责任编辑／吕霞云
文稿编辑／李小琪
责任印制／王京美

出　　版／社会科学文献出版社（010）59367126
　　　　　　地址：北京市北三环中路甲 29 号院华龙大厦　邮编：100029
　　　　　　网址：www. ssap. com. cn
发　　行／社会科学文献出版社（010）59367028
印　　装／唐山玺诚印务有限公司

规　　格／开　本：787mm × 1092mm　1/16
　　　　　　印　张：15　字　数：246 千字
版　　次／2024 年 1 月第 1 版　2025 年 2 月第 2 次印刷
书　　号／ISBN 978-7-5228-2233-4
定　　价／98.00 元

读者服务电话：4008918866